Kr

Von Johannes v. Buttlar sind außerdem erschienen:

Supernova (Band 3984 und Band 77160)
Sie kommen von fremden Sternen
(Band 3889 und Band 77150)
Unsichtbare Kräfte (Band 38289)
Drachenwege (Band 4847)
Adams Planet (Band 77034 und Band 77150)

Über den Autor:

Johannes Freiherr v. Buttlar-Brandenfels, Jahrgang 1940, wurde in Berlin geboren und ist in Australien aufgewachsen. Er studierte Psychologie und Philosophie, Astronomie, Physik und Mathematik. In seinen Werken befaßte er sich unter anderem mit der Möglichkeit der Existenz von außerirdischen Zivilisationen und der Verlängerung des menschlichen Lebens, mit der Lichtgeschwindigkeit, der Quantentheorie, mit Psi-Phänomenen und den Beziehungen der Menschen zueinander. Er ist Fellow der *Royal Astronomical Society.* Mit einer Gesamtauflage von über 25 Millionen Büchern gehört er zu den fünf erfolgreichsten Sachbuchautoren der Welt.

Johannes v. Buttlar

Gottes Würfel

Schicksal oder Zufall?

Mit 46 Farbfotos und 1 Zeichnung

Knaur

Bildnachweis: Archiv Autor: 2, 3, 4, 8, 9, 10, 11, 15, 16, 17, 20, 21, 23, 30, 31, 32, 34, 35, 36, 37, 38, 39, 41. Good, Timothy: 27. Hesemann, Michael: 1, 5, 6, 7, 12, 13, 14, 19, 22, 24,25, 26, 29, 40. Klage, Manfred: 18. Litfass, Moschkotte: 42, 43, 44, 45. Müller, Hans-Jürgen / Atlantis 2000: 46. Universal-Experten und Systeme. Rapperswil: 33.

Vollständige Taschenbuchausgabe September 1998
Droemersche Verlagsanstalt Th. Knaur Nachf., München
Dieser Titel erschien bereits unter der Bandnummer 77091

Umschlaggestaltung: Agentur ZERO, München
Umschlagillustration: Bavaria/Stock Imagery, Gauting
Druck und Bindung: Clausen & Bosse, Leck
Printed in Germany
ISBN 3-426-72209-7

2 4 5 3 1

Rupert Sheldrake
und
Roger Penrose
in Bewunderung
gewidmet

Dank

all meinen Freunden, die mich zu diesem Buch inspiriert und bei meiner Arbeit unterstützt haben. Besonderen Dank meinem Verleger, Herrn Dr. Herbert Fleissner, meiner Verlagsleiterin, Frau Dr. Brigitte Sinhuber, und meinem Lektor, Herrn Hermann Hemminger. Aber auch meinen Kritikern, da sie mich in meinem Projekt nur bestärkt haben.

Johannes v. Buttlar

Inhalt

I

Nichts steht geschrieben

Es war auf dem Weg nach Akaba, quer durch die Wüste Nefud, den »Glutofen der Sonne«. Der Verlust fiel erst auf, als die merkwürdige Karawane bewaffneter Beduinen nach der schier endlosen, kochenden Steinwüste die erste Oase erreicht hatte. Ein Mann fehlte, war offenbar beim nächtlichen Ritt eingeschlafen und vom Kamel gefallen. Allein, ohne Reittier, war er inmitten der »ewigen Leere« der erbarmungslos sengenden Sonne ausgesetzt – von seinen Stammesbrüdern aufgegeben, dem Tode geweiht.

Ein Schicksalsschlag, den der junge Engländer, der diese ausgefallene Armee anführte, nicht hinnehmen wollte. Eine Armee, die zum harten Kern des »arabischen Aufstandes« werden sollte – einer Revolte der Beduinen des Hedschas (des Weststreifens der arabischen Halbinsel) gegen die Türkenherrschaft, mit dem Ziel, den Kriegsgegner Türkei im Ersten Weltkrieg durch eine zweite Front zu schwächen.

»Reiten wir zurück, um ihn zu finden«, forderte er die Beduinen auf.

»Wozu? Damit wir mit Gassim sterben? Bis Mittag wird er tot sein«, antwortete Sherif Ali, sein arabischer Freund. »In Gottes Namen, wir können nicht umkehren.«

»Ich kann«, entgegnete der Brite bestimmt.

»Wenn du zurückreitest, kommst du um. Gassim hast du bereits umgebracht«, flehte ihn Ali an. Und einer seiner Kameraden beschwor ihn: »Seine Zeit ist gekommen ›Aurence‹, so steht es geschrieben.«

»Nichts *steht geschrieben«, erwiderte der kleine, drahtige*

Engländer mit dem arabischen Kopfschmuck und der britischen Militäruniform, der als »Lawrence von Arabien« in die Geschichte eingehen sollte. Er trieb sein Kamel mit dem Stock an und ritt in den Glutofen der Wüste zurück.

»Reite zurück, Gotteslästerer«, rief ihm Ali außer sich nach. »Aber nach Akaba wirst du niemals kommen!«

Doch Lawrence lachte nur laut auf: »Ich komme nach Akaba. Das steht geschrieben. Hier drin!« Dabei zeigte er auf seine Stirn. Als die Sonne am höchsten stand, hatte er Gassim gefunden: Ein kleiner, schwarzer Punkt in der Endlosigkeit der Wüste, schwankend vor Erschöpfung, bevor er unter der erbarmungslosen Glut der Sonne zusammenbrach.

Als Lawrence mit Gassim aus der wabernden Hitze zurückkehrte, war der Jubel unter seinen arabischen Gefährten groß. »Wahrlich, Engländer, nichts steht für dich geschrieben!« rühmten sie ihn.

Eine Szene aus David Leans filmischem Meisterwerk »Lawrence von Arabien«, das auf Briefen, Schilderungen und dem autobiographischen Meisterwerk »Die Sieben Säulen der Weisheit« von Thomas Edward Lawrence (1888–1935) beruht. Aber auch eine Szene, die uns mit einer der großen Fragen der Menschheit konfrontiert: Gibt es ein vorbestimmtes Schicksal, oder geschieht alles zufällig? Ist der Mensch dem Willen Gottes oder einer übermächtigen Fügung unterworfen, oder schafft er sich selbst seine Wirklichkeit?

Eine Grundfrage aller großen philosophischen Konzepte, aller Religionen dieser Erde. Die Moslems glauben an »kismet«, die Vorbestimmung der Handlungen und Schicksale der Menschen durch Allah. »Denn es geschieht kein Unheil auf Erden oder an Euch, das nicht in einem Buch wäre, bevor wir es ins Dasein rufen – fürwahr, das ist Allah ein leichtes«, lautet der 23. Vers der 57. Sure des Korans, auf den sich die arabischen Gefährten von Lawrence beriefen. Steht wirklich »alles geschrieben?« Oder hatte Lawrence recht, der sich über den Determinismus des Islam hinwegsetzte?

Das Ereignis in der Wüste hatte ein Nachspiel, das auch Lawrence nachdenklich stimmte. Denn nur wenige Tage nach seiner Rettung aus dem »Glutofen der Sonne« wurde Gassim in eine Fehde verwickelt. Er hatte einen Angehörigen des Stammes der Howeitat ermordet, und das bedeutete sein Todesurteil. Doch durch wen? Gassims Stamm, die Herrith, waren nicht bereit, ihren Bruder zu töten. Aber sein Tod durch einen Howeitat hätte unweigerlich einen Stammeskrieg bedeutet – ein Blutbad unter den Stämmen und das Ende des »arabischen Aufstandes«. Also entschied sich Lawrence notgedrungen zu einer salomonischen Lösung: Er selbst vollzog das Urteil und erschoß Gassim, dem er kurz zuvor das Leben geschenkt hatte. Sein arabischer Freund Sherif Ali meinte dazu lakonisch: »Du hättest ihn der Wüste überlassen sollen. – Es stand also doch geschrieben.«

»Gott würfelt nicht«, sagte kein Geringerer als Albert Einstein, der überzeugt war, daß ein Plan, eine Strategie die Evolution der Schöpfung bestimmt. Wird das kosmische Geschehen von Geist und Logik, vom Gesetz der Ursache und Wirkung bestimmt? Ist unser Schicksalsweg vorgezeichnet, sind zukünftige Ereignisse wie Ortschaften auf einer Landkarte, die uns höchstens die Freiheit lassen, welchen Weg dorthin wir wählen?

Bei vielen Kulturen wurde der Begriff der freien Willensbestimmung nicht akzeptiert, weil ihrer Ansicht nach das Schicksal von bestimmten Verhältnissen und Mächten abhängig war, auf die der menschliche Wille keinen Einfluß hat. Das Geschick wurde vielmehr als übernatürliche Len-

kung empfunden, die den Menschen in dunkler Verkettung aller Lebensumstände oder rein zufällig heimsucht. Im Griechenland des Homer wurde beispielsweise der dem Menschen zukommende Anteil – sein persönliches Geschick – von »Moira«, der Spinnerin des Schicksalsfadens, bestimmt. Konnten »Moiras« Absichten erkundet und damit das Schicksal beeinflußt werden?

In Frühkulturen, insbesondere aber dann in der Antike waren Priester und Wahrsager damit beschäftigt, dem Menschen unter Anwendung der abwegigsten Methoden die Zukunft zu »orakeln«. Oft machten sie wichtige Entscheidungen von der Lage der Organe abhängig, die sie Opfertieren entnommen hatten. Unter anderem deuteten sie die Zukunft aus Feuer, Rauch und dem Glanz von Edelsteinen, vor allem aber aus dem Stand der Gestirne und nach besonderen Himmelserscheinungen.

Abgesehen davon, daß die Eingeweide von Opfertieren als Hilfsmittel zur Vorschau in die Zukunft dem Computer weichen mußten, der nun Horoskope für die Kundschaft vieler Astrologen erstellt, hat sich bis heute eigentlich wenig geändert. Jedenfalls haben die Hellseher und Wahrsager gerade in unserer Zeit einschneidender Veränderungen Hochkonjunktur.

Viele Wissenschaftler, insbesondere Physiker und Mathematiker, haben natürlicherweise Schwierigkeiten, sich mit Phänomenen wie der »Zukunftsschau« beziehungsweise Prophetie oder mit astrologisch erstellten Horoskopen auseinanderzusetzen. Die Frage der Vorsehung und die Möglichkeit der Präkognition berührt ein fundamentales Prinzip des Verständnisses der Zeit. Denn wie sind Begriffe wie Determinismus, Kausalität und freier Wille zu verstehen? Philosophen haben sich darüber seit eh und je die Köpfe heiß geredet. »In der Physik weiß man, daß die Kausalität – die augenscheinliche Entstehung künftiger Ereignisse aus früheren Ursachen – eine in unserem Leben oder im Labor zu beobachtende Tatsache ist, daß sie aber nicht zwangsläufig auch ein Gesetz des Universums ist«, stellen die Psi-Forscher Russell Tard und Harold Puthoff fest und kommen zur Schlußfolgerung, daß die »Nicht-Umkehrbarkeit« der Zeit – der unerbittliche Fluß der Ereignisse in einer einzigen, von der Vergangenheit in die Zukunft führenden (und nicht in umgekehrter) Richtung – eher einem »Tatbestand« als einer »Gesetzmäßigkeit« zu entsprechen scheine. Die Erkenntnisse der Quantenphysik zwangen uns, von linearen Vorstellungen Abstand zu nehmen. Sie eröffneten die verblüffende Vision alternativer Wirklichkeiten, quasi eines kosmischen Hologramms. Mehr noch: Jüngste Ereignisse deuten an, daß die Natur immer wieder die Grenzen unserer »Naturgesetze« überschreitet, daß die Wirklichkeit eben nicht berechenbar ist, sondern vielmehr »chaotisch«. Würfelt Gott also doch?

Dieses Buch versteht sich als schonungslose Kritik an einer rein materialistisch orientierten Weltsicht. Es will zeigen, in welch hohem Maße das naturwissenschaftliche Denken von Glaubenssätzen geprägt ist und wie gesicherte Tatsachen unterdrückt werden, wenn sie nicht in vorgeformte physikalische Denkschemata passen, die mit ideologisch anmutenden Ausschließlichkeitsansprüchen vertreten werden. Dabei werden die Grenzen der von der Wissenschaft aufgebürdeten Denkschemata nicht zuletzt von den Naturwissenschaftlern selbst gesprengt. Schon denken fortschrittliche Neurologen und Physiologen wieder über die Existenz einer immateriellen, durch keinerlei chemische und physikalische Vorgänge erklärbaren Seele nach und entwickeln ganzheitliche Theorien über das Gehirn. Schon experimentieren auch amerikanische Spitzentechniker mit Antrieben für Flugkörper, die weit eher den mysteriösen UFOs als herkömmlichen Flugzeugen ähneln.

Wissenschaftler, die gelernt haben, über den Rand ihrer mit Fachwissen gespickten Lehrbücher hinauszuschauen, werden schon bald zu neuen Ufern vorstoßen. Mit neuen Theorien werden sie nicht nur das wissenschaftliche Weltbild auf den Kopf stellen, sondern auch das Bewußtsein der breiten Masse nachhaltig beeinflussen. Bei allen Fortschritten ist das naturwissenschaftliche Denken in eine Sackgasse geraten, aus der es nie herausfinden wird, wenn es sich nicht der selbstangelegten Fesseln entledigt und gewillt ist, den Blick auf das Ganze zu richten.
»Metadenken« heißt das Zauberwort, das zu dieser Befreiung führen könnte. Voraussetzung ist, daß auch die Wissenschaft vom abendländischen und mittlerweile fast global vertretenen Postulat der Ratio als einzig legitimer Erkenntnisquelle abrückt und den anderen, intuitiven Erkenntnismöglichkeiten des Menschen den ihnen zustehenden Platz einräumt.

Der schneidende Wind schmerzte im Gesicht und drang mir bis auf die Knochen. Trotz meiner Matrosenjacke und der Skimütze zitterte ich, als ich die kleine Anhöhe hinaufstieg, von der man einen Blick über die öde Wüstenlandschaft hatte, die sich weithin erstreckte. Was tue ich eigentlich hier? fragte ich mich. Heute ist mein Geburtstag, es müßte Juli sein. Doch als ich das dachte, wußte ich auch schon die Antwort. Ja, heute war mein Geburtstag. Und es war Juli. Aber es war der Juli des Jahres 1998, und die Welt war aus den Fugen geraten – am ›Tag, an dem der Boden wegbrach‹.« So beschreibt Dr. Chet B. Snow seine Reise in die Zukunft.

Eine Szene aus einem Science-fiction-Roman, ähnlich der »Zeitmaschine« von H. G. Wells? Mitnichten. Vielmehr das Protokoll eines aufsehenerregenden Experiments, das die amerikanische Psychologin Dr. Helen Wambach 1983 mit ihrem Kollegen Dr. Chet B. Snow, einem Zivilangestellten der US-Luftwaffe, durchführte. Es ging darum nachzuweisen, ob Zeitreisen möglich sind. Das Experiment gelang. Nicht nur bei Dr. Snow, sondern auch in Dutzenden von Experimenten mit Hunderten von Personen.

Neben Dr. Wambach war daran auch Professor Dr. Leo Sprinkle von der Universität Wyoming beteiligt. Im Verlauf dieser Experimente gelang es Menschen, Zeit und Raum nicht in einer Maschine, sondern kraft ihres Geistes zu überwinden.

Diese von Dr. Wambach als »Progression« bezeichnete

Methode ist eine Fortentwicklung der sogenannten Reinkarnationstherapie. Wie viele andere Psychologen war auch sie davon überzeugt, daß viele körperliche und seelische Leiden ihren Ursprung in früheren Leben – Inkarnationen – haben. So wie die klassische Freud'sche Psychologie psychische Störungen auf Kindheitserlebnisse zurückführt und sie durch Bewußtmachung und Verarbeitung zu heilen versucht, soll die Reinkarnationstherapie zu traumatischen Erlebnissen im Vorleben führen. Schon Freud hatte empfohlen, durch die Anwendung von Hypnose zu verdrängten Kindheitserlebnissen vorzustoßen.

Zwischen 1902 und 1910 führte der französische Offizier und Forscher Baron Albert de Rochas d'Aiglun Hypnoseexperimente durch, mit denen er den Anfang des menschlichen Bewußtseins bestimmen wollte. Doch es schien keinen Anfang zu geben. De Rochas führte seine Klienten bis in die früheste Kindheit und in das Embryonalstadium zurück. Als Kleinkinder sprachen die Hypnotisierten mit Babystimmen, als sie ihre Zeit im Mutterleib schilderten, nahmen sie die typische Embryo-Haltung an. Darüber hinaus nahmen sie – gewissermaßen als Außenseiter – ihre Empfängnis wahr. Aber irgendwann erreichte der Forscher immer wieder einen Punkt, an dem seine Klienten ein früheres Leben in einem anderen Körper schilderten, oft in Verbindung mit verblüffenden historischen Einzelheiten.

Sein berühmtester Fall wurde die 16jährige Mademoiselle Mayo – Mittelpunkt seines Buches »Die aufeinanderfolgenden Leben«. Mayo, ein ganz normales Mädchen ohne jegliche okkultistische Neigungen, beschrieb in Hypnose, daß sie in ihrem vorherigen Leben Lina, die Tochter eines Fischers in der Bretagne, gewesen sei und mit 25 Jahren geheiratet habe. Eines ihrer Kinder starb im Alter von zwei Jahren, und ihr Mann ertrank bei einem Schiffbruch. Die verzweifelte junge Frau beging Selbstmord. Sie stürzte sich von einer Klippe ins Meer. Während dieser Schilderung überstürzten sich Mademoiselle Mayos Worte, ihr Gesicht war angstverzerrt; sie bewegte sich wie eine Ertrinkende und stieß unartikulierte Schreie aus. Um ihr das Trauma des Ertrinkens zu ersparen, suggerierte ihr de Rochas unter Hypnose einen Zeitsprung in die Zukunft – er ließ sie gewissermaßen einige Minuten älter werden. Daraufhin erklärte sie, Ertrinken sei eine schreckliche Todesart. Aber sie habe keinerlei Schmerz mehr verspürt, als ihr Körper von Fischen gefressen wurde, und sie habe sich eher in der Position eines Beobachters gesehen. Schließlich sei sie in »das Grau« eingetreten, wo sie ihren toten Mann vergeblich gesucht habe.

Dann schilderte Mademoiselle Mayo, daß sie in ihrem vorletzten Leben ein Mann gewesen sei: ein Angestellter, der – zur Zeit Ludwigs XVIII. – hauptsächlich seinem Vergnügen lebte und sogar an Morden beteiligt war. Nach der östlichen Vorstellung des »Karma« müßte das darauffolgende Leben mit seinen schweren Schicksalsschlägen gewissermaßen als Sühne für seine Ausschweifungen angesehen werden.

De Rochas führte seine Versuchspersonen auf diese Weise in bis zu zehn frühere Leben zurück. Wenn er einen Versuch einmal wiederholte, er also einen Klienten bei einer weiteren Sitzung zum zweitenmal in dasselbe Leben zurückführte, stimmten die beiden Schilderungen genau überein. Doch Albert de Rochas' Experimente blieben dennoch weitgehend unbeachtet, ähnlich wie die seines britischen Zeitgenossen Sir Alexander Cannon, der mit seinen »age regressions« zu den gleichen Ergebnissen gekommen war. Erst als der amerikanische Geschäftsmann und Hypnotiseur aus Leidenschaft, Morey Bernstein, die Experimente von de Rochas und Cannon wiederholte und sein »Protokoll einer Wiedergeburt: Der Fall Bridey Murphy« veröffentlichte,

erregte die Technik der hypnotischen Rückführung Aufsehen. Bernsteins Buch, das die Rückführung seiner Bekannten Virginia Tighe beschreibt, die als Bridey Murphy im Irland des 19. Jahrhunderts gelebt hatte, wurde ein Bestseller. Nun begannen anerkannte Psychiater, sich mit dieser Möglichkeit der Rückführung auseinanderzusetzen.
Dr. Helen Wambach aus San Francisco gehörte zu den Pionieren. Um den Vorwurf einer persönlichen Beeinflussung ihrer Klienten auszuschließen – einer der Einwände gegen die Rückführungen –, hypnotisierte sie kleinere Gruppen von Menschen, die sie in bestimmte Epochen zurückversetzte. Nach einem festgelegten Verzeichnis mußten sie dann eine Reihe von Fragen über ihr Geschlecht, über ihren Beruf, ihre Kleidung, ihre Eßbestecke und so weiter beantworten. Im Verlauf ihrer zwanzigjährigen Forschungsarbeit hat Dr. Wambach bis zu ihrem Tod im Jahre 1985 Tausende und Abertausende von Personen hypnotisiert und eine Reihe aufschlußreicher Fakten zusammengetragen.

An der Reinkarnation wird fälschlicherweise kritisiert, daß sich die Betreffenden an ein früheres Leben anscheinend nur als historische Berühmtheiten erinnern. Es läßt sich allerdings nicht leugnen, daß einschlägige Kreise den Eindruck vermitteln, als hätte es nur Pharaonen und Hohepriester/innen gegeben. Und auf entsprechenden Kongressen überwiegen die ehemaligen Marias, Kleopatras und Hatschepsuts, die Jesusse und Cäsaren bei weitem die ägyptischen Fellachen oder französische Handwerker.
Dr. Wambachs Klienten waren da eine Ausnahme. Mehr als 90 Prozent von ihnen erinnerten sich an ein Leben als Bauern, Arbeiter oder einfache Sammler. Weniger als zehn Prozent hatten eine Inkarnation als Aristokrat hinter sich. Wenn auch kein einziger von ihnen als historische Persön-

lichkeit geboren worden war, kannten sie doch eine Reihe hochinteressanter historischer Einzelheiten. Als Dr. Wambach die Hypnotisierten zum Beispiel auf ihr Vorleben im 18. Jahrhundert ansprach, berichteten sie, beim Abendessen eine dreizinkige Gabel benutzt zu haben, während die Gabeln nach 1790 meist vier Zinken gehabt hätten. Eine Beobachtung, die sich ziemlich genau mit der geschichtlichen Entwicklung des Eßbestecks deckt. Ebenso zuverlässig waren Beschreibungen der Kleidung, des Schuhwerks und der Speisen.

Hypnotische Rückführungsversuche sollten allerdings nicht vorbehaltlos akzeptiert werden. Denn Hauptmerkmal der Hypnose als eines veränderten Bewußtseinszustandes ist die Überantwortung des Willens an eine andere Person – an den Hypnotiseur. Seine als Halluzination wahrgenommene Suggestion wird entsprechend ausgedeutet. Wenn der Hypnotiseur etwas von einem früheren Leben zu hören erwartet, wird sich dieser Wunsch auch im Bericht des Hypnotisierten niederschlagen. Der Phantasie sind hier keine Grenzen gesetzt. Symbolische oder direkte Übereinstimmungen zwischen Ereignissen in früheren Leben und augenblicklichen Problemen körperlicher oder psychischer Art besitzen eine innere, subjektive Berechtigung. Wobei es allerdings für einen Außenstehenden problematisch ist, nachzuweisen, ob der Hypnotisierte Erfahrungsmaterial aus dem Unterbewußtsein seines gegenwärtigen Lebens in ein angeblich früheres Leben projiziert oder ob hier tatsächlich die Information über eine Vorlebenserinnerung zu Tage tritt.

Ich glaube, daß unser Geist, auch wenn er sich seiner paranormalen Fähigkeiten bedient, die zweifellos während der Hypnose in gesteigertem Maße zugänglich sind, sich sozusagen eine Person »aussucht«, die – wie eine erfundene – eine symbolische Entsprechung der eigenen Situation und

Persönlichkeit darstellt. Ich erwähne diese psychologisierende These, nicht weil ich den Gedanken der Wiederverkörperung ablehne, sondern weil mir die westlich-zivilisierte Zuwendung zu diesem Phänomenkomplex dubios erscheint. Ich bin der Tatsächlichkeit der Reinkarnation gegenüber unentschieden eingestellt, wenngleich mir der Punkt der Kontinuität – was reinkarniert eigentlich und wozu? – unklar zu sein scheint.

In westlicher Ausprägung wird der Gedanke der Reinkarnation vielfach zu einem Alibi für gegenwärtige seelische, körperliche oder gesellschaftliche Mißstände, deren Ursachen erleichtert auf eine frühere Existenz abgeschoben werden; darüber hinaus ein Alibi für die Verfehlung der Entfaltung des Wesenskerns in dieser Welt und diesem Leben, dessen Realisierung auf ein kommendes Leben »vertagt« werden kann; und schließlich Alibi für die alles durchdringende Angst vor dem Tod und seine hartnäckige Leugnung. Kann die Reinkarnation nachgewiesen werden, dann ist der Tod besiegt, und zwar in der denkbar »besten« Form: als ständige Wiederkehr auf Erden. Schließlich ist allein schon der Glaube an eine nachtodliche Existenz für viele nur erträglich, wenn er die vulgärspiritistische Form eines Lebens in einer erdenähnlichen Art – wohlgemerkt ohne die Leiden des irdischen Daseins – annimmt. Die Furcht vor dem »ganz anderen«, die in solcher Auffassung noch stekken mag, wird durch den Wiederverkörperungsglauben gemindert; das »andere« ist uns schon bekannt, es ist die Existenz auf Erden, stellt Dr. Elmar R. Gruber in seinem Buch »Psi-Phänomene« fest.

Demgegenüber darf allerdings auch nicht unerwähnt bleiben, daß die Reinkarnationserinnerungen rückgeführter Personen von Forschern genauestens recherchiert worden sind. In vielen Fällen ließen sich Teilangaben, unter anderem über den dereinstigen Wohnort der Rückgeführten, deren Lebensumstände und die Namen von Verwandten, verifizieren. Oft kamen dabei Einzelheiten ans Licht, von denen die Versuchspersonen unter normalen Umständen nichts wissen konnten.

Indizien für ein mögliches Weiterleben nach dem Tod liefern natürlich nicht nur hypnotische Rückführungen, sondern zum Beispiel auch Kommunikationsphänomene durch medial veranlagte Personen.

Hier stellt sich nun die Frage, ob nicht Forscher, die zu ihren Lebzeiten mit Reinkarnationsphänomenen befaßt waren, geeignet sein könnten, nach ihrem Tod wichtige Nachrichten »aus dem Jenseits« an Lebende zu übermitteln.

Nun sind einige der führenden Forscher auf diesem Gebiet zwischen 1888 und 1901 gestorben, nämlich Edmund Gurney, Henry Sidwick und Frederic Myers. Wenige Wochen nach Myers' Ableben fing die Dozentin für klassische Literatur an der Universität von Cambridge, Mrs. A. W. Verall, plötzlich mit automatischem Schreiben an. Da sie und ihr Mann zu Myers' Lebzeiten dessen Begeisterung für paranormale Forschung geteilt hatten, fühlten sie sich nach Myers' Tod verpflichtet festzustellen, ob er Verbindung aufnehmen wollte. Erst nach dreimonatiger, unermüdlicher Anstrengung kam sie hinter den Sinn ihrer automatischen Niederschriften. Sie waren ziemlich unzusammenhängend und mysteriös abgefaßt, meist in Latein und Griechisch, und trugen die Unterschrift »Myers«.

Einige Monate danach trug sich etwas Sonderbares zu: In Trance erläuterte die Amerikanerin Mrs. Pipers die Niederschriften von Mrs. Verall; und angeblich stammten ihre Kommentare ebenfalls von Myers. Damit nicht genug, fing auch Mrs. Veralls Tochter ein Jahr später mit automatischem Schreiben an. Aber schon bald stellte sich heraus, daß die von ihr festgehaltenen Themen sich in nichts von den Niederschriften ihrer Mutter und denen der Mrs. Pipers

unterschieden, obwohl sie diese vorher nie zu Gesicht bekommen hatte. Grund genug, um die Manuskripte nun zum Vergleich an die Society for Psychical Research zu schicken.
Zu allem Überfluß tauchte nun auch noch eine Mrs. Fleming auf. Diese in Indien lebende Schwester von Rudyard Kipling hatte 1903 Myers' Buch »Human Personality and Its Survival of Bodily Death« gelesen. Damit war ihr Interesse an automatischem Schreiben erwacht, und sie begann, mit »Myers« unterzeichnete Texte niederzuschreiben. In einer dieser Niederschriften erhielt sie die Anweisung, das Manuskript an »Mrs. Verall, 5 Selwyn Gardens, Cambridge« zu senden. Sie kannte diese zwar dem Namen nach, war ihr aber weder je persönlich begegnet, noch kannte sie deren Anschrift.
Die skeptische Mrs. Fleming dachte nicht daran, der Anweisung nachzukommen, obwohl sich die Adresse als richtig erwies. Statt dessen übersandte sie der Society for Psychical Research, dem Zentrum für derartige Informationen, diese und eine Auswahl weiterer Aufzeichnungen. Dort wurden sie fein säuberlich zu den Akten gelegt. Allerdings wurde unterlassen, eine Verbindung zu den Protokollen der Damen Verall und Pipers herzustellen.
Nach zwei Jahren wurde diese Verbindung durch Zufall dann doch noch aufgedeckt. Nun sah es wirklich so aus, als hätten Myers, Gurney und Sidwick durch die von ihnen stammenden Manuskripte beabsichtigt, die Fortdauer ihrer Existenz zu demonstrieren und ihre Identität zu beweisen! Zu Lebzeiten war den drei Forschern natürlich klar gewesen, daß es unglaublich schwierig sein würde, ihre Identität durch »Botschaften aus dem Jenseits« nachzuweisen. Denn unweigerlich mußten sie beim Passieren der unbewußten Wünsche, Anschauungen und Emotionen des jeweiligen Mediums verzerrt werden.
Die Experten der Society for Psychical Research hielten die

in den automatischen Niederschriften aufgezeichneten Aussagen für echt. Denn offensichtlich stammten sie von »klassisch gebildeten« Personen – im Gegensatz zu den Medien, die, außer den Veralls, auf diesem Gebiet nicht die geringste Ahnung hatten. Nach Ansicht der Psychical Research Society-Experten enthielten die Manuskripte auch einige Charakteristiken der angeblichen Autoren und zutreffende Hinweise auf ihr früheres Leben.

Schließlich waren in diese Sache eine Reihe automatischer Schreiber verwickelt. Sie hielten eine Folge literarischer Zitate und Anspielungen fest, Hinweise auf die griechische Mythologie sowie Anagramme, die Bezug auf die jeweils anderen Manuskripte zu haben schienen. Für sich allein schienen diese Botschaften wenig Sinn zu ergeben, während sie zusammen ein Mosaik von Assoziationen zu bilden schienen. Die Texte selbst verdeutlichten die Absicht dahinter. So diktierte der »Myers« von Mrs. Verall: »Schreiben Sie die einzelnen Bruchstücke nieder; beim Zusammensetzen werden sie ein Ganzes ergeben... Ich will die Botschaft unter euch aufteilen; allein kann sie keiner verstehen, jedoch zusammen werden die Teile das gewünschte Ergebnis aufzeigen.«

In über drei Jahrzehnten wurden über 3000 Dokumente durch automatisches Schreiben erstellt. 1932 hörten diese »Kommunikationen« dann langsam auf.

Doch nun zurück zu Dr. Snow: Als er 1983 erstmals mit Dr. Wambach in Berkeley, Kalifornien, zusammentraf, litt er unter chronischen Rückenschmerzen und einer hartnäckigen Schreibblockierung. Aber durch konventionelle Methoden wurde ihm keine Hilfe zuteil. Schließlich erzählten ihm Kollegen von Dr. Wambachs großen Heilerfolgen mittels Reinkarnationstherapie. Nach einigen Sitzungen gelang es der Psychologin, Snow nach und nach von seiner Schreib-

blockierung zu heilen. Eines Tages erzählte sie ihm dann von ihren Zukunftsforschungen; daß sie bereits mit derselben Methode, die sie bei den Rückführungen angewandt habe, Patienten in ihre Zukunft geführt hätte und daß sie Dr. Snow für eine geeignete Versuchsperson halte.
Bereits damals verfügte Dr. Wambach über eine dreijährige Erfahrung mit der Progressionsmethode – das heißt: durch Hypnose herbeigeführte Progression in die Zukunft, die sie 1980 zusammen mit dem Psychologen Professor Dr. Leo Sprinkle entwickelt hatte. Die beiden veranstalteten Dutzende von Zukunfts-Workshops, in deren Verlauf die Teilnehmer mental in die Zukunft versetzt wurden – meist in mögliche zukünftige Leben im 22. und 25. Jahrhundert.
Von seiner eigenen Progression in die Zukunft fasziniert, war Dr. Snow interessiert, an Dr. Wambachs Projekt mitzuarbeiten. Er wurde von ihr ausgebildet, wenn seine Hauptaufgabe auch im Protokollieren der Sitzungen bestand. Inzwischen gab Dr. Snow seinen Job bei der Luftwaffe auf, studierte Psychologie, bekam eine Zulassung als Hypnotherapeut und eröffnete eine Privatpraxis für Regressionstherapie. Zeitweilig hielt er sich in Paris auf, um eine kulturübergreifende Untersuchung vergangener Leben durchzuführen. Tatsächlich hatte er seine Zeit in Europa bereits bei seiner eigenen Progression in die Zukunft vorausgesehen. Dann erfuhr er von Dr. Wambachs Tod im August 1985. Das bedeutete für »Projekt Zukunft« erst einmal das Ende.
Erst drei Jahre später entschloß sich Dr. Snow, das Projekt »Zeitreisen in die Zukunft« wieder aufzunehmen. Eine Entscheidung, die nicht zuletzt darauf beruhte, daß sich viele der von den Versuchspersonen vorausgesehenen Trends immer deutlicher abzuzeichnen schienen. So deuteten eine Welle von Erdbeben und klimatische Veränderungen auf einen globalen Umbruch hin. In den USA zeichnete sich der Beginn einer Rezession ab, zudem wurden die

Staaten von Dürreperioden heimgesucht. In Afrika forderte die Dürre Millionen von Todesopfern, und Aids, die neue Seuche, breitete sich in bedrohlichem Maße aus. Seuchen, Klimakatastrophen und Wirtschaftskrisen gehörten jedoch zu jenen Ereignissen, die Dr. Wambachs Klienten für die späten achtziger und neunziger Jahre »vorausgesehen« hatten. Das aber machte das »Projekt Zukunft« besonders brisant.

In einer Reihe von Workshops begann Dr. Snow gemeinsam mit Professor Sprinkle über 2500 Personen durch in Hypnose ausgelöste Trance in die Zukunft zu führen. »Eine Art Gallup-Meinungsforschung beim Unterbewußtsein«, nannte er diese Studie später in seinem faszinierenden Buch »Zukunftsvisionen der Menschheit«. Und er kommt zu der Schlußfolgerung, daß die Aussagen seiner Klienten »mit den Vorhersagen der ehrwürdigen geheimen Überlieferungen alter Kulturen übereinstimmen, wonach der Menschheit große Veränderungen bevorstehen... Ein Atomkrieg wird von Dr. Wambachs und meinen Versuchspersonen nicht vorausgesehen. Die Erde scheint vielmehr in eine Periode großer evolutionärer Veränderungen einzutreten.«

Vorausgesetzt, Dr. Snows Inkarnationsprojekt »Zukunft« hat Hand und Fuß, dann ergäbe sich folgendes Bild: Im Jahre 2100 hätten nur sechs Prozent der »in die Zukunft Versetzten« wieder eine Inkarnation auf der Erde durchgemacht. Damit wäre ein Rückgang der Erdbevölkerung um 94 Prozent angedeutet. Da diese im Jahre 2300 bereits wieder auf 13 Prozent angestiegen sein soll, müßten sich also die globalen Katastrophen, vor denen die Ökologen warnen, in der Zwischenzeit abgespielt haben. Jedenfalls schildern die Hypnotisierten ein düsteres Bild: verbrannte, verschmutzte Erde, verödete Felder... Aber rekonstruieren wir die Zukunft chronologisch, wie sie Snow in seinem Buch »Zukunftsvisionen der Menschheit« darstellt:

Danach soll es zwischen 1992 und 1997 zu einer weltweiten Wirtschaftskrise, zu prekärem Geldmangel und zum Verfall der Aktienmärkte kommen. Auf dem Lande wird der Tauschhandel wieder eingeführt. Der Nahe Osten bleibt ein Unruheherd, und der fünfte arabisch-israelische Krieg wird ausbrechen. In Europa mehren sich die politischen Probleme; es kommt zu Massenstreiks und sozialen Zerwürfnissen. Zudem spielt das Wetter verrückt: Klimakatastrophen brechen herein, und der Meeresspiegel steigt an. Nach Snow soll 1998 das verhängnisvollste Jahr werden: In einer Reihe von Erdbeben und Vulkanausbrüchen versinkt der Westen der Vereinigten Staaten im Pazifischen Ozean, das Wasser dringt landeinwärts bis nach Nevada und Arizona vor, und ein Großteil Japans wird zerstört. Die beiden Mega-Beben ereignen sich im März und im Mai. Auch in Europa brechen die großen Vulkane aus. Asche verdunkelt den Himmel; es kommt zu Klimastürzen und Mißernten. Schließlich bauen die Überlebenden der Weltkatastrophe eine neue Welt auf.

Nach Snow sollten im Jahr 2100 bereits Menschen in Raumstationen im Erdumlauf oder auf Basen unserer Nachbarplaneten leben und in Verbindung zu außerirdischen Zivilisationen stehen.

In den Bergen oder in Küstennähe existieren »ganzheitlich orientierte, neuzeitliche Gemeinden«, in denen ökologischer Landbau betrieben wird und deren Bewohner Anhänger der Meditation und eines »spirituellen Lebensstils« sind. Zudem gibt es High-Tech-Siedlungen, deren Bewohner in supermodernen, meist umschlossenen oder unterirdischen Kolonien leben. Andere Überlebende hausen dagegen – wie dereinst im Wilden Westen – in armseligen Dörfern oder in den Trümmern der ehemaligen Großstädte.

Bis 2300 hat sich die ökologische Situation auf der Erde stabilisiert. Von den in dieser Zeit Inkarnierten hört Snow von einer »regenerierten, grünen, fruchtbaren Umwelt«: Der Mensch kann 400 Jahre alt werden; er bereist den Weltraum und sucht andere, bewohnte Planeten auf. Die Hälfte der Vertreter aller ganzheitlich orientierten Gemeinden berichtet zudem vom Kontakt mit einer »höheren Energie«, die sie als »Christuslicht« bezeichnen. Während Menschen mit ausgeprägter Spiritualität und ökologischem Bewußtsein in Harmonie mit ihrer Umwelt leben, schotten sich High-Tech-Kolonien in künstlichen, überkuppelten Städten auf der Erde und unter dem Meeresspiegel von der Außenwelt ab.

Snow verweist auf die Parallelen zwischen den Berichten seiner »mental in die Zukunft gereisten« Versuchspersonen und den Zukunftsvisionen großer Seher, zum Beispiel des Amerikaners Edgar Cayce, der von geologischen Veränderungen der Erde um die Jahrtausendwende sprach. Er verweist auch auf Nostradamus, die Offenbarung des Johannes oder auf die Prophezeiungen der Hopi-Indianer.

Für die Wende des Jahrtausends sagte Cayce bereits 1934 voraus: »Im Westen der Vereinigten Staaten wird sich die Erde spalten, Japan zum großen Teil im Meer versinken. Nordeuropa wird seine Form verändern, und vor der Ostküste Amerikas wird neues Land auftauchen. In der Arktis und Antarktis kommt es zu Bodenerhebungen. Vulkanausbrüche und Dürreperioden nehmen weltweit zu. Und die Verlagerung der Pole wird drastische Klimaveränderungen im Gefolge haben.«

Veränderungen im derzeitigen Zustand des pazifischen Meeresbodens und der Ausbruch des Ätna könnten den Beginn der sich nach und nach vollziehenden Umwandlungen bedeuten – möglicherweise von plötzlichen Verlagerungen unterbrochen, wie sie für Nordeuropa vorausgesagt worden waren. Schließlich würden Los Angeles und San Francisco durch starke Erdbeben und vulkanische Aktivität zerstört, das Mississippi-Tal überschwemmt und die amerikanische Ostküste weitgehend vernichtet werden.

Schon Nostradamus, der große französische Seher des 16. Jahrhunderts, deutete für das Jahr 1999 Erdbeben und eine Weltkatastrophe an. Er schreibt von einer »großen Verlagerung, so daß jedermann glaubt, die Schwerkraft der Erde habe ihre natürliche Bewegung verloren, und die Welt sei in ewige Finsternis geschleudert.« Und Jakob Lorber (1800–1864), das von seinen Anhängern als »Schreibknecht Gottes« bezeichnete steiermärkische Schreibmedium, sagte für die Zeit »nahe an 2000 Jahre« voraus: »Für das menschliche Leben stünden auf der Erde recht üble Aussichten bevor. Denn die Erde werde unfruchtbar und große Teuerungen, Kriege und Hungersnöte brächen über sie herein. In den Wäldern würden die Lichtungen überhandnehmen.«

Auch die Hopi-Indianer warnen vor den Gefahren unserer Zeit. Sollte einmal ein »Adler auf dem Mond landen«, »Spinnweben sich quer über den Himmel spannen«, ein »Kürbis voller Asche ausgeleert werden« und »ein großes Haus erfunden werden, das in den Himmel fliegen und viele Menschen und Dinge da hinauftragen wird«, dann sei der »Tag der Reinigung« nahe. Moderne Hopi-Vertreter deuten die Mirakel als die Mondlandung der Raumfähre »Eagle« (Adler), als die Kondensstreifen der Düsenflugzeuge, die Atombombe und das Space shuttle der Amerikaner. Steht die Apokalypse also bevor?

Die Umweltkatastrophen rund um den Globus sind furchterregend: »Schnee auf der Akropolis, Dürre in Australien, Überschwemmungen in Texas«, zählt der »Stern« (18/1992) auf; »Wissenschaftler sehen im Wetterchaos dieses Winters den Auftakt zu einer Klimakatastrophe, an der der Mensch schuld ist.« Ozonloch und Treibhauseffekt drohen, den »blauen Planeten« für immer zu verunstalten. »Auf der Erde wird es immer wärmer. Die Wüsten werden wachsen, die Eismassen an den Polen schmelzen, die Meere ansteigen und fruchtbares Land überschwemmen.« Die Häufung schwerer Erdbeben in den letzten Jahren, die Vulkankatastrophen des Unzen in Japan und des philippinischen Pinatubo 1991 sowie des Ätna im Frühjahr 1992 lassen Szenarien wie die von Edgar Cayce gezeichneten immer realistischer erscheinen. Aber *muß* es so kommen? Und wie lassen sich die zahlreichen Fehlvoraussagen erklären, die es in der Geschichte der Prophetie (auch) immer wieder gegeben hat?

»Wir können die Zukunft nicht als starr festgelegt, das heißt als vorbestimmt auffassen, sondern nur als wahrscheinliches Ereignis in der Vielzahl anderer Wahrscheinlichkeiten«, meint Dr. Chet B. Snow.

Es ist nur allzu verständlich, daß emotional aufgeladene Ereignisse, wie zum Beispiel bevorstehende Konflikte oder Naturkatastrophen, im allgemeinen leichter vorausgesagt werden können als unbedeutende, alltägliche Vorkommnisse. Der englische Mathematiker J.W. Dunne bewies allerdings durch seine vieldiskutierte Versuchsreihe in der Traumforschung, daß praktisch jeder Mensch zukünftige Ereignisse in Träumen vorauserlebt. Dunne, der in seinem Projekt die Träume von Versuchspersonen in allen Einzelheiten notierte und analysierte, kam zum Ergebnis, daß die in Träumen erlebten künftigen Ereignisse meistens so trivial sind, daß sich selten jemand daran erinnert, wenn sie tatsächlich eintreten. Es sind fast immer nur drastische Geschehen – wie zum Beispiel Erdbeben, Vulkanausbrüche oder Eisenbahnunglücke –, die mit einem vergangenen Traumerlebnis in Verbindung gebracht werden. Für Dunne waren prophetische Träume kein okkulter oder übersinnlicher Vorgang, sondern als Mathematiker kam er zum

Schluß, daß Zeit mehr als eine Dimension hat und Vergangenheit, Gegenwart und Zukunft nichts als eine Illusion sind.
Viele Medien verweisen darauf, daß sich – während wir uns in der Zeit auf vorausgesagte Ereignisse zubewegen – unsere Wahlmöglichkeiten beträchtlich verringern und bedingte zukünftige Geschehen immer unvermeidlicher werden. Jedoch bis zu einem bestimmten Zeitpunkt – dem Punkt ohne Wiederkehr – gibt es immer noch Möglichkeiten der Wahl. Somit besteht die Welt aus Wahrscheinlichkeiten, die uns zur Verwirklichung freistehen. Also sind die von uns bezeichneten Wirklichkeiten realisierte Wahrscheinlichkeiten!
Dieses Prinzip habe ich in meinem Buch »Adams Planet« als den »Ninive-Effekt« bezeichnet. Denn einst sprach der Herr zu Jonas, dem Propheten: »Auf, geh nach Ninive, der großen Stadt, und verkünde ihr: Noch vierzig Tage, und Ninive wird untergehen.« Die Einwohner von Ninive glaubten Jonas, und ihr König befahl ihnen, zu fasten und Buße zu tun: »Jeder bekehre sich von seinem bösen Handel und von dem Unrecht, das an seinen Händen klebt!« Als nun Gott ihr Tun sah, daß sie sich nämlich von ihrem bösen Tun bekehrten, da ließ er sich des Unheils gereuen, das er ihnen angedroht hatte, und führte es nicht aus.« (Jonas, 3,4–10)
In der parapsychologischen Literatur wird in einer Reihe von Fallbeispielen nachgewiesen, daß Menschen mittels Präkognition Katastrophen vermeiden können. So sind allein 19 Fälle dokumentiert, in denen Menschen den Untergang der »Titanic« vorausgesehen haben. Einige sagten die bereits gebuchte Reise mit dem Unglücksschiff ab, während andere die ignorierte Vorahnung mit dem Leben bezahlten. Eine dritte Gruppe hatte weder auf die eine noch auf die andere Weise etwas mit dem Schiff zu tun.

Als der amerikanische Mathematiker William Cox die Begleitumstände von Eisenbahnunglücken näher untersuchte, fiel ihm auf, daß die Anzahl der Passagiere in einem verunglückten Zug geringer war als sieben, 14, 21 oder 28 Tage vor dem Unglück im gleichen fahrplanmäßigen Zug. Darüber hinaus befanden sich in den am stärksten beschädigten Waggons stets die wenigsten Fahrgäste. Cox schloß einen Zufall mit einer Quote von 1 : 100 aus. Hat etwa jeder von uns latente präkognitive Fähigkeiten und damit die Möglichkeit, Katastrophen vorauszusehen – und zu verhindern?

Es hat also den Anschein, als stecke in jedem von uns ein »kleiner Nostradamus«. So sah George Washington den amerikanischen Bürgerkrieg korrekt voraus, er wußte auch, daß er etwas mit »Schwarzen« und »Sklaverei« zu tun haben würde. Abraham Lincoln sah einige Tage vor dem Attentat im Traum seinen Tod voraus. Und Adolf Hitler, jene Inkarnation des Bösen, entging »durch die Vorsehung« so oft seinen Attentätern, daß es für seine Gegner geradezu gespenstisch wurde.

Offenbar ist eher Intuition dafür verantwortlich als okkulte Kräfte, daß die präkognitiven Fähigkeiten bei manchen Zeitgenossen stärker entwickelt zu sein scheinen als bei anderen. »Gewöhnlich ist Vorauswissen von etwas Unfaßbarem, Okkulten, Unheimlichen umgeben«, schreibt der amerikanische Psychologe Dr. David Loye von der Princeton University. »Deswegen wird meistens vorausgesetzt, daß die mediale oder präkognitive Persönlichkeit etwas verschroben, exzentrisch oder menschenscheu sein müsse... Die wissenschaftliche Untersuchung parapsychologischer Begabung ergibt jedoch ein völlig anderes Bild.« Danach ist das Psi-Genie im allgemeinen »warmherzig, gesellig, gutmütig, gewinnend, begeisterungsfähig, redselig, fröhlich, gefühlsbetont, sorglos, entspannt und gelassen«.

Der Psi-Unbegabte ist dagegen verschlossen, introvertiert und abweisend. Imagination und Kreativität gehen mit Psi-Fähigkeiten Hand in Hand. Der Grad der »Offenheit« eines Menschen ist also entscheidend, zusammen mit seiner Fähigkeit, die rechte, intuitive Hirnhemisphäre zu nutzen.

Auf der Grundlage der »Delphi-Methode« des Psychologen Olaf Delmer und des Buches »Muster der Prophetie« von Alan Vaugham entwickelte Dr. Loye den »Hemispheric Consensus Profile Test« (HCP) zur Überprüfung der individuellen Prognosefähigkeit. Es wird getestet, welche Gehirnhälfte »tonangebend« ist. Dabei ist jeweils nur eine Antwort möglich, deren Punktzahl schließlich addiert wird:

Bitte beantworten Sie zu diesem Test folgende Fragen:

1. Ihre besten Schulfächer waren:

Mathematik: 1 Punkt — Kunst: 2 Punkte

2. Sprachen: 1 Punkt — Werken: 2 Punkte

3. Analysieren Sie Probleme schrittweise, um sie zu lösen: 1 Punkt

Gehen Sie rein gefühlsmäßig davon aus, für das gesamte Problem plötzlich und unerwartet die richtige Lösung zu finden: 2 Punkte

4. Gehen Sie im Berufs- und Privatleben nur dann Ihren »Eingebungen« nach, wenn Sie auf logischen Überlegungen beruhen?

Ja: 1 Punkt — Nein: 2 Punkte

5. Gehen Sie im Berufs- und Privatleben nur dann Ihren »Eingebungen« nach, wenn diese zwar logisch nicht vertretbar sind, aber gefühlsmäßig zu stimmen scheinen?

Nein: 1 Punkt — Ja: 2 Punkte

6. Ist es Ihnen schon einmal passiert, daß Sie von der Krankheit oder den ernsthaften Schwierigkeiten eines(r) Verwandten oder eines(r) Freundes(in) wußten, ohne vorher darüber informiert worden zu sein?

1

2

3

4

1 T. E. Lawrence, Gemälde von Augustus John. Der in die Geschichte als »Lawrence von Arabien« eingegangene englische Offizier sagte einmal: »Nichts steht geschrieben.«

2 Die Pyramiden von Giseh – Geheimnisträger der Zeiten und Schicksalszeugen einer vergangenen Kultur.

3 Nubische Wüste. Johannes v. Buttlar auf Forschungsreise.

4 Gott, der das Universum mit all seinen Schöpfungen mit dem Zirkel umkreist. Gemälde von William Blake.

5 Dr. Chet B. Snow, der in einer Reihe von Hypnose-Experimenten Versuchspersonen in die Zukunft reisen ließ.

6 Das Psi-Medium Hella Hammid, die bei präkognitiven Experimenten mit unglaublichen Erfolgsraten aufwarten konnte.

5

6

7

8

Die Grundlage der allgemeinen Relativitätstheorie.

~~A. Prinzipielle Erwägungen zum Postulat der Relativität.~~

~~§1. Die spezielle Relativitätstheorie.~~

Die im Nachfolgenden dargelegte Theorie bildet die denkbar weitgehendste
Verallgemeinerung der heute allgemein als „Relativitätstheorie" bezeichneten
Theorie; die letztere nenne ich im Folgenden „spezielle Relativitätstheorie" und setze sie
als bekannt voraus. Diese Verallgemeinerung wurde sehr erleichtert
durch die Gestalt, welche der speziellen Rel…
Minkowski gegeben wurde, welcher Mathem…
Gleichwertigkeit der räumlichen Koordinaten und der …
und für den Aufbau der Theorie nutzbar m…
Relativitätstheorie nötigen mathematischen …
bereit in dem „absoluten Differentialkalkül", …
von Gauss, Riemann und Christoffel üb…
Mannigfaltigkeiten ruht und von Ricci und …
System gebracht und bereits auf Probl…
Physik angewendet wurde. Ich habe im …
Abhandlung alle für uns nötigen, bei dem …
vorauszusetzenden mathematischen Hilfsmittel ~~entwickelt~~
in einfacher und durchsichtiger Weise entwickelt, sodass ein St…
mathematischen Literatur für das Verständnis der vorliegenden
Abhandlung nicht erforderlich ist. Endlich sei an dieser Stelle dankbar
meines Freundes, des Mathematikers Grossmann gedacht, der mir
durch seine Hilfe nicht nur das Studium der einschlägigen
mathematischen Literatur ersparte, sondern mich auch beim
Suchen der Feldgleichungen der Gravitation ~~~~ unterstützte.

A. Prinzipielle Erwägungen zum Postulat der Relativität.

§1. Bemerkungen zu der speziellen Relativitätstheorie.

Der speziellen Relativitätstheorie liegt folgendes Postulat
zugrunde, welchem auch durch die Galilei-Newton'sche Mechanik
Genüge geleistet wird: Wird ein Koordinatensystem K so gewählt, dass in bezug
auf dasselbe die physikalischen Gesetze in ihrer einfachsten Form
gelten, so gelten dieselben Gesetze auch in bezug auf jedes andere Koordinaten-
system K', das relativ zu K in gleichförmiger Translationsbewegung
begriffen ist. Dies Postulat nennen wir „spezielles Relativitätsprinzip".
Durch das Wort „speziell" soll angedeutet werden, dass das Prinzip auf

11

7 Versuchsperson am Zufallsgenerator von Helmut Schmidt während eines Experiments.

8 Der Physiker und Psi-Forscher Helmut Schmidt vor seinem Testgerät.

9 Mit seiner Relativitätstheorie revolutionierte das Genie Albert Einstein unser Verständnis von Raum und Zeit.

10 Einsteins handschriftliches Konzept der Allgemeinen Relativitätstheorie.

11 Physiker-Konferenz 1927. Teilnehmer u. a.: Albert Einstein (1. Reihe, 5. von rechts); Marie Curie (1. R., 3. v. l.); Louis de Broglie, Max Born und Niels Bohr (2. R., r.); Schrödinger (letzte R., 6. v. l.) und Heisenberg (3. v. r.).

12 Der große theoretische Physiker David Bohm. Er propagiert die implizite beziehungsweise die verborgene Ordnung.

13 Der Inder Krishnamurti. Er war David Bohms geistiger Lehrer und »Brückenbauer« zwischen den Kulturen.

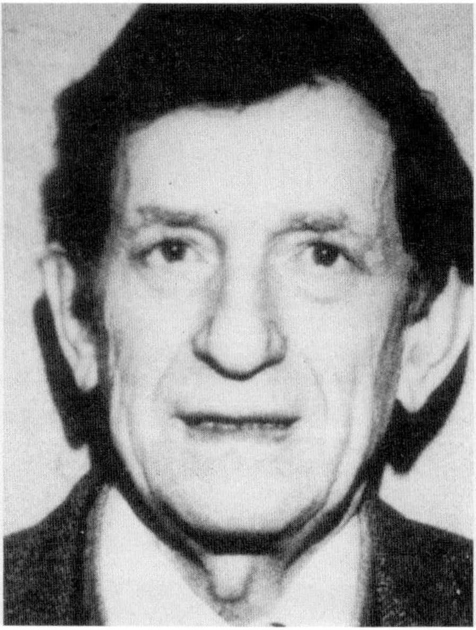
12

13

Nein: 1 Punkt Ja: 2 Punkte

7. Wie beurteilen Sie Ihre Fähigkeit, Lagepläne nach Abbildungen zeichnerisch korrekt wiederzugeben?

ziemlich gut: 1 Punkt weniger gut: 2 Punkte

8. Was liegt Ihnen bei der Inangriffnahme eines Projektes am meisten am Herzen?

Seine gute Planung: 1 Punkt

Daß aus seiner Konzeption etwas Neues entsteht: 2 Punkte

9. Welche Art der Problemlösung befriedigt Sie mehr?:

Wohlüberlegtes Vorgehen: 1 Punkt

Assoziierung faszinierender Ideen: 2 Punkte

10. Ist es schon vorgekommen, daß von Ihnen vorausgeahnte zukünftige Ereignisse später eingetreten sind?

Ja: 2 Punkte Nein: 1 Punkt

Addieren Sie nun Ihre Punkte. Sie werden eine Zahl zwischen 10 und 20 erreichen, beispielsweise 14. Die durch ein Komma getrennten einzelnen Ziffern ergeben die Dezimalzal 1,4. Beachten Sie nun die Kurve der HCP-Normalverteilung nach Dr. Loye, die in der Mitte durch die senkrechte Linie getrennt ist. Links befinden sich die Werte für eine Dominanz der linken – rationalen – Gehirnhälfte, rechts die Werte, die für eine dominierende – intuitive – rechte Hemisphäre sprechen.

HCP-Normalverteilung nach Loye

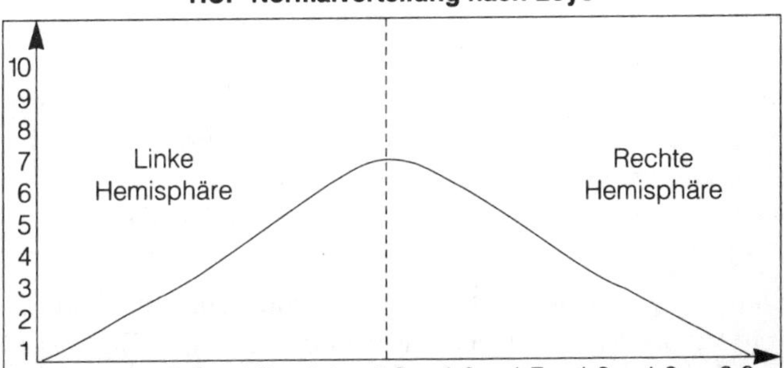

Kann ein für die Präkognition günstiger Zustand künstlich herbeigeführt werden? Bereits in den frühen sechziger Jahren wiesen Karlis Osis und J. Fahler nach, daß sich die Voraussagefähigkeit ihrer Testpersonen nach vorheriger Hypnose steigerte. Ende der sechziger Jahre führten die Psychologen Montague Ullman und Stanley Krippner am Maimonides Medical Center in Brooklyn, New York, Experimente mit der Präkognitions-Fähigkeit im Schlaf durch. Im Schlaflabor schlossen sie ihre Versuchspersonen an ein EEG an und weckten sie, sobald die REM-Phase erreicht war. REM bedeutet Rapid Eye Movement (schnelle Augenbewegungen) und ist die Schlafphase mit dem intensivsten Traumerleben. Die Testschläfer berichteten so häufig von Träumen, die sich erfüllten, daß Ullman und Krippner unbedingt nachprüfen wollten, ob sie dem schwer faßbaren Phänomen der Weissagungsträume vielleicht mit Hilfe der rigorosen Kontrollmechanismen eines modernen Schlaflabors auf den Grund gehen konnten.

Zu diesem Zweck fiel die Wahl auf einen jungen Mann namens Malcolm Bessent, der bei vorangegangenen Testreihen bewiesen hatte, daß er offenbar über ausgeprägte präkognitive Fähigkeiten verfügte. Es war nun seine Aufgabe, ein Ereignis im Traum zu erleben, das sich erst am darauffolgenden Tag abspielen würde. An das EEG-Gerät angeschlossen, verbrachte er deswegen die Nacht im Labor. Sobald es eine REM-Phase anzeigte, wurde er aufgeweckt und seine Träume protokolliert. Krippner blieb diesem Experiment absichtlich fern. Denn am nächsten Tag sollte er aus einem Buch aufs Geratewohl ein Wort herauspicken, zu dem er eine kleine Szene inszenierte, in die auch Bessent verwickelt war.

Nach abgeschlossener Testreihe wurden Bessents Träume mit den Szenen verglichen, die für den folgenden Tag ausgewählt waren. Das Ergebnis übertraf alle Erwartungen: In

fünf von acht Nächten hatte Bessent das Ereignis im Traum richtig vorausgesehen.
Mit modernsten Biofeedback-Geräten durchgeführte Untersuchungen des »Instituts für Noetische Wissenschaften« in Berkeley, Kalifornien, haben ergeben, daß beim Voraus-wissen in beiden Hirnhemisphären synchron Alpharhythmen entstehen. Das gesamte Hirn mußte also sozusagen holistisch zum Einsatz kommen – bei unserer linkshemisphärisch orientierten Gesellschaft würde das ein »Hinzuschalten« der rechten Gehirnhälfte bedeuten.

Seher und Medien aller Zeiten haben versucht, sich künstlich in einen tranceartigen Zustand zu versetzen. So atmete die berühmte Pythia zum Beispiel die einer Erdspalte bei Delphi entweichenden Schwefeldämpfe ein. Dagegen waren die Branchiden, die Seherinnen von Kolophon, auf die Dünste eines besonders aufbereiteten Wassers spezialisiert. Eine Methode, die Nostradamus (1503–1566) kopierte, um seine berühmt gewordenen Gesichte zu empfangen:

»Nachts sitze ich bei geheimen Studien
allein auf bronzenem Stuhl:
Da dringt aus der Einsamkeit eine schlichte Flamme,
läßt erkennen, woran man nicht vergeblich glauben soll.
Mit der Rute in der Hand bin ich versetzt
in die Mitte der Branchiden,
das Wasser netzt mir Füße und Saum,
durch die Zweige überkommt mich Furcht,
meine Stimme zittert.
Göttliches Leuchten.
Das Göttliche läßt sich bei mir nieder.«

All diese Praktiken scheinen nur der Aktivierung der rechten Gehirnhälfte zu dienen, das Gehirn in seiner Ganzheit wirken zu lassen und den Geist freizumachen für das, was kommen mag. Trance, Hypnose und Meditation gehören zu den Methoden, die uns »wie ein Landungssteg in den Ozean hinausführen und befähigen, in seine Tiefen zu tauchen«, wie es der Quantenphysiker Professor David Bohm formulierte. Aber zu welchem Ozean?

»Wenn Sie bei geistiger Konzentration mit der elektromagnetischen Aktivität Ihres Gehirns in Resonanz treten, können Sie sich mit anderen Dimensionen der Realität identifizieren – und zwar mit dem Bereich, den die Physiker ›Hyperraum‹ nennen«, erklärt Steven Weinberg, der 1979 den Nobelpreis für Physik erhielt. »In diesem Raum können Raumzeitinformationen transzendiert werden, lassen sich Distanzsehen, außerkörperliche Erlebnisse und vergangene Leben erfahren. Und flüchtig können uns auch Visionen von der Zukunft zuteil werden.«

Aber was bedeutet eine Zukunft, die so undeterminiert ist, daß durch ihre Vorausschau Ereignisse abgewendet werden können? In seinem aufsehenerregenden Buch »Die Sphinx und der Regenbogen« geht Dr. David Loye davon aus, daß die Wirklichkeit ein Riesen-Hologramm ist, in dem Vergangenheit, Gegenwart und Zukunft zwar zusammenwirken, jedoch ohne genau festgelegt zu sein. Entscheidend ist, daß dieses Hologramm nur eines von vielen ist, die in den zeit- und raumlosen Gewässern von Bohms »impliziter Ordnung« treiben und einander umschweben wie Amöben. Loye: »Solche holographischen Gebilde könnte man auch als Parallelwelten oder Paralleluniversen betrachten.« Ihre Zukunft, so Loye, ist prädestiniert. Die Präkognition erlaubt uns den Blick in die Zukunft eines bestimmten Hologramms. Doch die Hologramme kollidieren, verschmelzen, teilen sich. Und wenn sich die Zukunft scheinbar verändert, springen wir tatsächlich nur von einem Hologramm ins andere.

Bohm definiert das Phänomen der Präkognition auf andere Weise: »Wenn Menschen zutreffend von Katastrophen träumen und daraufhin das fragliche Flugzeug oder Schiff nicht besteigen, haben sie nicht die konkrete Zukunft vorausgesehen, sondern nur etwas in der Gegenwart Verhülltes, das sich auf die Gestaltung dieser Zukunft zubewegte. In Wahrheit unterschied sich die von ihnen vorhergesehene Zukunft von der realen, weil sie diese veränderten. Deshalb erscheint mir die Aussage plausibler, daß es sich hier, falls diese Phänomene existieren, um eine Vorwegnahme der Zukunft in der impliziten Ordnung der Gegenwart handelt. Kommende Ereignisse werfen ihre Schatten voraus, wie man zu sagen pflegt. Sie fallen tief in die implizite Ordnung.«

Vielleicht kommt der argentinische Dichter Jorge Borges der Wirklichkeit am nächsten, wenn er das Holo-Versum in seiner Kurzgeschichte »Garten der Vergabelung« beschreibt:

»...eine unendliche Zeitenreihe, ein Netz sich teilender, überlagernder und paralleler Zeiten, das schwindelerregend wächst. Dieses Zeitennetz – dessen Stränge Jahrhundert um Jahrhundert aufeinander zustreben, sich verästeln, überschneiden und wissentlich verfehlen – umfängt jede Daseinsmöglichkeit. In den meisten Strängen existieren wir gar nicht. In anderen bist Du da, aber nicht ich, in weiteren ich, aber nicht Du, in einigen hingegen wir beide. Im jetzigen hat mich das Schicksal begünstigt: Du kamst an meine Tür. In einem anderen fandest Du mich tot am Boden, als Du gerade durch den Garten gingst. In wieder einem anderen spreche ich dieselben Worte und bin doch Irrtum, doch Phantom.«

Der in Kuba geborene Hellseher Cordero beschrieb die Zukunft mit der Metapher eines allmählich entstehenden Hurrikans, der an Kraft gewinnt und immer konkreter und

unausweichlicher wird, je mehr er sich nähert. Dagegen vergleichen die hawaiischen Orakelpriester, Kahunas genannt, die Zukunft mit einer »Flüssigkeit im Prozeß der Kristallisation«. Der mit sogenannten »Nahtod-Erfahrenen« zusammenarbeitende Psychologe Kenneth Ring beschrieb zahlreiche Zukunftsvisionen dieser Menschen, die diese quasi an der Schwelle des Jenseits »gesehen« hatten. Vom Bericht einer Frau mit drei offenbar alternativen Zukunftsversionen war Ring besonders fasziniert. Zukunft A »hätte eintreffen können, wenn es vor etwa dreitausend Jahren, also zu Zeiten des Pythagoras, nicht zu bestimmten Ereignissen gekommen wäre. Es ging um eine Zukunft, in der Frieden und Harmonie regierten.« Zukunft B stimmte im wesentlichen mit Dr. Chet B. Snows Szenarien überein: Hier spielten zunehmende Klimakatastrophen, ein Zusammenbruch der Weltwirtschaft und die Gefahr eines nuklearen Unfalls eine Rolle. Nach diesen Katastrophen würde ein »neues Zeitalter« des Friedens und guten Willens anbrechen. Zukunft C würde noch zerstörerischer ausfallen.
Ebenso wie Ring glaubt auch Dr. Snow, daß die Schilderungen seiner Klienten auf mehrere potentielle Zukunftsaussichten (oder Hologramme) hindeuten, die sich aus dem dichten Nebel des Schicksals herauskristallisieren. Die vier von ihnen beschriebenen Szenarien können sowohl parallel als auch alternativ bestehen. Und nach Dr. Snow sind auch die Katastrophen vermeidbar. »Wir leben und bewegen uns in einem Raumzeitkontinuum, das uns zweifellos Wahlmöglichkeiten bietet. Die neue Physik der Quantenmechanik demonstriert, daß unsere Beobachtung jeden Vorgang der materiellen Welt verändert, also die grundlegende Natur der von uns erlebten Wirklichkeit beeinflußt... Wir werden zum Produkt unserer Gedanken, unseres Glaubens – zum Produkt unserer Überzeugung. Die jederzeit in unserer Kultur vorherrschenden Überzeugungen steuern uns auf

die apokalyptische ›Lösung‹ der Probleme unserer Zeit zu. Daher gilt es, individuell und kollektiv, diese Überzeugungen zu ändern... Wir haben die Wahl!«
Als die Seherin Kassandra das Volk von Troja vor dem Holzpferd warnte, das vor seinen Toren stand, verlachte man sie, und brachte es in die Stadt; in seinem Inneren aber waren feindliche Soldaten verborgen ... Heute ruft Kassandra, die Unglücksprophetin, wieder. Es liegt an uns, ob wir sie hören wollen – oder einfach den Kopf in den Sand stecken, um unser Schicksal zu besiegeln. Wir haben die Wahl!

II

Experimente mit dem Schicksal

Die Suche nach versteckten Massenvernichtungsmitteln im Irak habe die Inspekteure der UNO-Sondermission veranlaßt, übersinnliche Wahrnehmung als Hilfsmittel einzusetzen, hieß es in der »Spiegel«-Ausgabe vom 25.11.1991. »Als herkömmliche Aufklärungsdaten nichts mehr hergaben«, habe US-Major Karen Jansen, Mitglied eines der internationalen Suchtrupps, die in der Nähe von Washington situierte Firma PSI Tech um Hilfe gebeten, gab der Firmen-Präsident und ehemalige Major Edward Dames bekannt. Daraufhin habe sein sechsköpfiges Team auf telepathischem Wege zwei Lager für biologische Kampfstoffe ausfindig gemacht.
Das Training der Psi-Experten stand mit einem der geheimsten Pentagon-Programme im Zusammenhang und diente vor allem in den achtziger Jahren dem Zweck, die Sowjets daran zu hindern, sich mittels parapsychologischer Methoden Vorteile im Rüstungswettlauf gegen die Vereinigten Staaten zu verschaffen.
Es gibt wohl kaum ein umstritteneres Gebiet als die Parapsychologie. Eine Tatsache, die nicht weiter überraschen dürfte, da hier Vernunft und Gefühl, Glauben und Wissen im starken Widerspruch zueinander stehen. Wer auch immer sich mit diesem Gebiet befaßt, muß mit den Vorurteilen anderer rechnen. So wird die Parapsychologie von fanatischen Gegnern als eine auf Schwindel und Manipulation beruhende Pseudowissenschaft abgetan. Ihre Anhänger setzen sich dagegen sehr oft aus blauäugigen und kritiklosen

Gläubigen zusammen. Aber es gibt natürlich auch Ausnahmen: seriöse Wissenschaftler, die auf diesem Gebiete sorgfältige Forschungsarbeiten durchgeführt und deren Ergebnisse in psychologischen, medizinischen, psychiatrischen und weiteren Fachjournalen veröffentlicht haben.
Paranormale Wahrnehmungen wie Hellsehen, Telepathie und Präkognition, aber auch Psychokinese gehören zu den interessantesten Phänomenen, die eine Reihe von Forschern durch rationale Überlegungen und Experimente zu ergründen suchen. Durch die vielen positiven Resultate solcher Versuchsreihen ist das orthodoxe naturwissenschaftliche Verständnis ins »Schleudern« geraten. Denn Experimente mit der Problematik »Vorsehung oder Zufall« lassen erkennen, daß sich die Zeit nicht unbedingt linear (von der Vergangenheit in die Zukunft) fortbewegen muß, sondern unter bestimmten Voraussetzungen auch die andere Richtung einschlagen kann – von der Zukunft in die Vergangenheit. Daraus ergibt sich dann aber auch ein ganz anderes Verhältnis zu den Begriffen Schicksal/Vorsehung und Zufall.

Es wird wohl immer ein Rätsel bleiben, warum der kleine, dunkelhaarige Mann ausgerechnet Mitte September in die über 3200 Meter hoch aufragenden Felsen und Gletscherzungen der Ötztaler Alpen aufgestiegen ist. Ging er auf die Jagd, war er Hirte, oder suchte er nach Erzen?

Dort oben kann das Wetter um diese Jahreszeit ganz plötzlich umschlagen: gerade eben noch strahlender Sonnenschein und warme Föhnluft, die vom Süden herauf über das Gebirge streicht, kann sich die Windrichtung ganz unversehens ändern. Eisige Sturmböen aus dem Norden jagen schwarze Wolkenbänke mit Schneegestöber vor sich her.

In seiner gegerbten Fellkleidung ist der circa 1,60 Meter große, etwa dreißig Jahre alte Mann für seine Bergtour eigentlich gut gerüstet. Seine Füße steckten in Schnürschuhen aus Wildleder, die innen mit einer »Isolationsschicht« aus Birkenrinde und wärmendem Heu wetterfest ausgelegt sind. Die Trage auf dem Rücken ist an einem U-förmigen Haselnußrahmen befestigt. Neben einem mannshohen Bogen führt er einen Lederköcher und 14 Pfeile mit sich, vier knöcherne Pfeilspitzen, dazu eine starke Tiersehne für den Bogen.

In seiner Gürteltasche verwahrt er neben einem Amulett zwei wie Kinderkreisel geformte, kleinere Steine. Zudem eine Steinperle, die auf sechs feine Schnüre aus geflochtenen Grashalmen aufgezogen ist. Vor allem ist da ein Zunderschwamm und ein Holzstäbchen mit eingelassener Kieselsteinspitze, um Feuer zu machen. Schließlich birgt die Gür-

teltasche noch einen Klebstoff aus Birkenwurzeln zur Befiederung der Pfeile. Der Mundvorrat des einsamen Bergsteigers besteht aus Dörrfleisch, Fladenbrot und getrockneten Beeren. Er hat gamslederne Fäustlinge an und trägt ein Beil mit sich, das zu 99 Prozent aus Kupfer gegossen ist und nur winzige Spuren von Silber und Antimon enthält.
Anfangs kommt der Mann verhältnismäßig gut voran. Stunde um Stunde quält er sich auf seinem beschwerlichen Weg durch Geröll und bizarre Felsformationen nach oben. Erschöpft muß er schließlich immer öfter eine Pause einlegen. Er ahnt nicht, daß jeder weitere Schritt in ferner Zukunft eine Weltsensation auslösen wird. – In 3200 Metern Höhe ist er dann am Ende seiner Kräfte. In eine Felswanne stolpernd, kann er seine Trage gerade noch von den Schultern gleiten lassen, bevor seine Knie nachgeben und er bäuchlings zusammenbricht.

September, etwa 4800 Jahre später.
Am 19. Tag dieses Monats entschließt sich der in Nürnberg beheimatete Urlauber Helmut Simon, das schöne Wetter zu nutzen. Er will von der Similaun-Hütte, die nach dem nahegelegenen Gletscher im österreichisch-italienischen Grenzgebiet der Alpen benannt ist, ins Ötztal absteigen. Mit acht Grad Celsius über dem Gefrierpunkt ist es an diesem Tag dort oben verhältnismäßig warm. Da der von ihm eingeschlagene Weg in 3200 Metern unerwartet durch Schmelzwasser überschwemmt ist, muß er ausweichen. Als er plötzlich neben dem Paß Kopf und Schulter eines Menschen aus dem Eis ragen sieht, fährt ihm der Schrecken in die Glieder. So schnell ihn seine Füße tragen, läuft er zur rund zwei Kilometer entfernten Hütte zurück, um seine schreckliche Entdeckung zu melden.
Der Similaun-Wirt rief den zuständigen Gendarmerieposten an und setzte damit automatisch den Behördenapparat

in Gang. Der Leichnam wurde also von Amts wegen sichergestellt: In Gegenwart des Gerichtsmediziners Professor Dr. Rainer Henn scheuten freiwillige Helfer keine Mühe, um ihn mit brachialer Gewalt – unter Anwendung von Eispikkeln, Skistöcken und Preßlufthammer – von seiner eisigen Umklammerung zu befreien.

Daß »Ötzi«, wie er inzwischen von den Österreichern getauft wurde, dabei eine erhebliche Hüftverletzung davongetragen hat, dürfte mittlerweile nur noch die zu Hauf mit ihm beschäftigten Wissenschaftler schmerzen. Der 1,60 Meter große, lederbraune Tote mit den tiefliegenden, ausgedörrten Augen unter offenen Lidern und dem klaffenden Mund ist längst über jede Schmerzgrenze hinweg.

Nach seiner Fundstätte als Similaunmann registriert, geriet er nach seiner Bergung in die Fänge der High-Tech-Zivilisation des 20. Jahrhunderts. Unter einem Hubschrauber schwebend, wurde der Holzsarg mit seinen sterblichen Überresten ins Tal geflogen und gelangte von dort ins Gerichtsmedizinische Institut der Leopold-Franzens-Universität der Stadt Innsbruck. Seither befassen sich Spezialisten der unterschiedlichsten Fakultäten mit dem »Boten« aus grauer Vorzeit – diesem »Zeitreisenden« aus einer längst vergangenen Epoche.

Während eines Gesprächs sagte mir Professor Konrad Spindler vom Innsbrucker Universitätsinstitut für Ur- und Frühgeschichte: »Es ist ein Glücksfall für uns, daß der Similaunmann mit seiner Ausrüstung nach knapp 5000 Jahren in so gutem Zustand entdeckt worden ist. Dafür dürfte das Zusammentreffen einer Reihe von Faktoren verantwortlich sein.«

Auf meine Frage, welche schier unglaublichen Zufälle da mitgespielt haben könnten, führte Professor Spindler aus: »Die Todesursache des Vorzeitmenschen steht noch nicht fest. Aber möglicherweise ist er an Erschöpfung und Unter-

kühlung gestorben. Wahrscheinlich haben ihn warme Föhnwinde im Verlauf einiger Tage dehydriert.«
Sonne und Wind könnten ihn also wie Dörrfleisch ausgetrocknet haben. Deswegen dürfte sich seine Hautfarbe so dunkel verfärbt haben.
»Dann muß ein plötzlicher Wetterumsturz erfolgt sein«, fuhr Spindler in seinen Ausführungen fort. »Eine Schneeschicht nach der anderen lagerte sich auf dem Mann ab und wurde schließlich zu Gletschereis, das ihn 4800 Jahre lange gefangen hielt. Im Frühherbst 1991 wurde dann mit einer hochreichenden Südströmung Saharastaub zum Similaungletscher getragen, der sich als ockerfarbene Schicht ablagerte. Auf diese Weise wurde die Sonneneinstrahlung nicht mehr reflektiert, sondern absorbiert und löste somit eine erhebliche Eisschmelze aus.«
Die eisige Grabstätte entließ den mumifizierten und daher haarlosen Vorzeitmenschen nach 4800 Jahren sozusagen als Zeitreisenden ins 20. Jahrhundert. Hat sich damit sein Schicksal erfüllt? Etwa so wie bei Gassim, dem Araber, letztlich durch Lawrence von Arabien? Die Zeitgenossen des Similaun-Toten haben sein spurloses Verschwinden sicher als Vorsehung betrachtet, als den Willen der Götter und damit als Schicksal. Dagegen betrachten wahrscheinlich viele unserer aufgeklärten Mitmenschen den Tod des Vorzeitmenschen als reinen Zufall.

Ötzis Welt war dereinst eine von Göttern, Geistern und Dämonen beherrschte, von Witterungsunbilden und dem Überlebenskampf geprägte Welt. Zu jener Zeit lebten die Menschen noch in weit auseinanderliegenden dörflichen Ansiedlungen. Sie betrieben bereits Feldanbau, waren Hirten und Jäger, aber es gab auch schon Erzsucher unter ihnen. Darauf lassen einfache, vorwiegend noch aus Kupfer gefertigte Werkzeuge schließen.

In diesen dörflichen Gemeinschaften erfüllte der Schamane – der Medizinmann – eine wichtige Aufgabe. Er betätigte sich nicht nur als Heilkundiger, sondern galt darüber hinaus als Zauberpriester, als Mittler zwischen seinen Stammesbrüdern, den Geistern und den Seelen der Verstorbenen.

Der Schamanismus geht bis in die Frühzeit der Menschheit zurück und ist eigentlich der Ursprung aller Mythologien und Religionen. Er basiert auf der Gedankenfolge Traum, Tod und Fortbestehen nach dem Tod. Als Seher war es Hauptaufgabe des Schamanen, die Gedanken und Absichten der Götter frühzeitig zu erkennen, um den Stamm – die Gemeinschaft – vor Schicksalsschlägen zu bewahren, selbst wenn bestimmte Ereignisse als Vorsehung galten.

In der Schilderung vieler Völker gleicht das Jenseits immer dem eigenen Diesseits. Es stellt eine Projektion der materiellen Welt in eine immaterielle Unendlichkeit dar, in der die von Menschen allmählich entdeckten Begriffe von Raum und Zeit bedeutungslos sind.

Zeitliche Abläufe wahrzunehmen und zu unterscheiden – zum Beispiel Vergangenheit, Gegenwart und Zukunft –, ist eine der wichtigsten geistigen Fähigkeiten des Menschen. Als der Mensch erkannte, daß er, wie alle anderen lebenden Kreaturen, geboren wird, um wieder zu sterben, muß er verständlicherweise das Verlangen gehabt haben, der gnadenlos verrinnenden Zeit – der Vergänglichkeit – zu entkommen.

Schon der Neanderthaler hat seine Toten mit Grabbeigaben für die Zukunft ausgestattet. Rituelle Beerdigungen gab es bereits 7000 Jahre vor Christus, und die Toten wurden nicht nur mit Waffen, Werkzeugen und Schmuck versorgt, sondern auch mit Nahrungsmitteln, an denen es den Lebenden selbst oft mangelte. Archäologen haben Leichen in Grabstätten gefunden, die mit einer Art roter Farbe behandelt worden waren. Hier lag zweifellos der magische Wunsch zugrunde, den physischen Verfall des Toten durch die Farbe des »Lebenssaftes« aufzuheben. Im allgemeinen wurde der Tote in Hockstellung beigesetzt. Möglicherweise besteht hier ein Zusammenhang mit der Vorstellung, daß die Toten bis zu ihrer Wiedergeburt im Schoß von Mutter Erde ruhen. Ob diese Auslegung der Beerdigungsbräuche unserer vorzeitlichen Ahnen zutrifft, bleibt eine unbeantwortete Frage. Aber damit ließe sich vielleicht der Ursprung der zyklischen Vorstellung des Seins – Leben, Tod, Wiedergeburt – erklären.

Mit der Ablösung des Hirten- und Nomadenlebens durch die höher organisierte Lebensform des Bauerntums erlangten periodisch auftretende Naturphänomene weitaus größere Bedeutung. Der Mensch wurde sich der Zyklen der Natur bewußt, der Jahreszeiten, die ebenso zyklisch verlaufen wie das Leben selbst: die Blüte des Lebens, der Sommer; das Alter, der Herbst; der Tod, der Winter; und die Wiedergeburt, der Frühling. Er erkannte, daß auch das Geschehen am Himmel diesem Rhythmus unterworfen ist: Daß die Phasen des Mondes dem weiblichen Zyklus entsprachen, daß bestimmte Sterne zu bestimmten, signifikanten Zeitpunkten im Jahreslauf am Horizont auftauchten. So ist es kaum verwunderlich, daß die ersten Monumente der Menschheit – von den Megalithdenkmälern Westeuropas bis hin zu den ägyptischen Pyramiden – fast ausschließlich astronomisch ausgerichtet waren. Die frühen Priester studierten als Astronomen zugleich auch die Sterne, um den Rhythmus des Lebens und den Willen der Götter zu erkunden. So wurde die Astrologie geboren – der erste Versuch des Menschen, sein Schicksal zu ergründen.

Die Anfänge der Astrologie gehen bis auf vorgeschichtliche Zeiten zurück. So künden in der Bibliothek des Assurbanipal in Ninive entdeckte, viereinhalbtausend Jahre alte Keilschrifttafeln von einer hohen Blütezeit der Astrologie bei den Sumerern. Lange Zeit galt sie als Weltanschauung großen Stils und wurde unter anderen von den Chaldäern und Babyloniern zur Grundlage ihrer Religion erklärt, der sich die Menschen unterwarfen. Auch die Tempel Ägyptens tragen in Stein gemeißelte astronomische und astrologische Symbole, deren schönstes – der Zodiak (Tierkreis) von Denderah – heute im Louvre gezeigt wird.

Die klassische Astrologie ging vom Einfluß der Gestirne auf das Wesen und Schicksal des Menschen aus. In einer erweiterten Bedeutung vereint sich in ihr jedoch philosophisches und naturwissenschaftliches Gedankengut. Denn nach ihrem Grundprinzip steht alles Irdische mit der Schöpfung in Einklang – also der Mensch als Mikrokosmos mit dem gesamten Universum als Makrokosmos. »Wie oben, so unten«, wie es in der vielgerühmten »Smaragdtafel« des Ur-Astrologen Hermes Trismegistos heißt.

Einerseits umstritten und leidenschaftlich angegriffen, andererseits fanatisch verteidigt, überdauerte die Astrologie Jahrtausende. Sie überlebte sogar, als die gelehrte Welt nach der Proklamation des heliozentrischen Weltbildes durch Kopernikus (1473–1543) die Sonne in den Weltmittelpunkt rückte und zum Großangriff gegen die Astrologie antrat. Wie könne es sich bei der Astrologie um eine Wissenschaft handeln, argumentierten die Gelehrten, wenn sie von einem überholten geozentrischen Weltsystem ausgehe, das die Erde als Mittelpunkt der Welt betrachtet. Ihre Widersacher vertreten auch heute noch den Standpunkt, die Astrologie sei eine Pseudowissenschaft, nichts weiter als moderner Aberglaube. Ihre Anhänger dagegen verteidigen sie mit dem Argument, daß der Mensch als Teil des Kosmos auch seinen Gesetzen unterworfen sei, die sich in seinen ewigen Rhythmen widerspiegeln. Sein Körper, seine Veranlagung

und sein Wesenskern würden von diesen kosmischen Schwingungen und Strömungen geprägt.
In astrologischen Urtexten des Altertums heißt es: »Die Sterne regieren das Schicksal, aber die Sterne werden von den Weisen beherrscht.« Eine Aussage, die immer wieder zitiert wird, um zu beweisen, daß der wirklich Weise zwar über der Kette von Ursache und Wirkung (Karma) steht, sich aber freiwillig in die kosmischen Gesetze oder den höheren Willen einfügt. Der Osten bezeichnet diesen Kreislauf von Ursache und Wirkung als »Samsara« und setzt voraus, daß er über die Grenzen eines Lebens, einer Inkarnation hinausgeht. Sämtliche Begleitumstände eines Lebens sind nach Überzeugung der Meister die Folgen von Ursachen aus einer vergangenen Existenz. Sie werden als »Karma« bezeichnet, als die Summe aller Konsequenzen des Tuns eines Individuums. Nur die Aufgabe des Egos kann verhindern, daß neues Karma angelegt wird.

Ist das Karma-Prinzip der Hindus und Buddhisten deterministisch? Insofern nicht, als jeder Mensch seine Handlungsweisen selbst bestimmen kann. Obwohl er sich die Begrenzungen seines Potentials selbst auferlegte, weil es durch vergangene Gedanken und Handlungen entstanden ist, hat er die Wahl, diesen von ihm geprägten Tendenzen weiter zu folgen oder sie zu bekämpfen. Die Taten bestimmen zwar die Art der Wiedergeburt, nicht aber die Handlungen eines Menschen; das Karma liefert nur die Situation, nicht die Antwort auf die Situation. »Wie ein Mensch handelt, so wird er. Wie das Streben eines Menschen ist, so ist sein Schicksal«, weiß die altindische Geheimlehre Brihadaranyaka-Upanishad. »Wir sind, was wir denken. Alles, was wir sind, entsteht aus unseren Gedanken. Mit unseren Gedanken erschaffen wir die Welt«, lehrte der Buddha.
In der Erfüllung eben dieser ihm angeborenen Gesetze, also

durch die Eingliederung in den höheren Willen, wird der Mensch wirklich frei: Er gibt sein Ego – sein begrenztes Ich – auf und wird Teil des Ganzen, des gigantischen Multiversums. Und je mehr er die Begrenzung ablegt, die ihm die Illusion des Getrennt-Seins von der Schöpfung auferlegt, um so größer ist seine Chance, zum »Meister der Schöpfung« zu werden und sein Schicksal – im Rahmen der kosmischen Gesetze – in die Hand zu nehmen. Denn der Mensch ist mehr als sein »Haut-umhülltes Ich«, mehr als ein im Körper gefangener Geist. Er ist Teil jener Kraft, die das Multiversum lenkt, dazu befähigt, sich seine eigene Wirklichkeit zu schaffen. Denn sein Geist ermöglicht ihm den Vorstoß in alternative Welten jenseits der gewohnten Raum-Zeit, erlaubt ihm die Reise in andere Dimensionen, in die Vergangenheit und Zukunft sowie die Kontrolle der Materie.

Zu den beunruhigendsten Beobachtungen der Väter der Quantenphysik gehörte die Feststellung, daß das scheinbar chaotische Verhalten von subatomaren Teilchen durch ihre Beobachter zu beeinflussen ist. Eine Aussage mit weitreichenden Konsequenzen. Wäre der Geist somit wirklich in der Lage, die Materie zu beeinflussen – »mind over matter«? Sollte es sich bei der Materie tatsächlich nur um »gefrorene Energie« eines kosmischen Hologramms handeln? Und – so anmaßend es klingen mag – könnte die kosmische Ordnung durch den Geist beeinflußt werden?
Fragen, die uns in den Bereich der Parapsychologie führen. Denn führende Wissenschaftler versuchen seit Jahrzehnten, das Phänomen der Psychokinese (PK) experimentell zu ergründen. Sie gehen unter anderem der Frage nach, ob sich die Funktionen hochempfindlicher Geräte durch geistige Kraft, den gezielten Willen eines Menschen, beeinflussen lassen.

Robert Jahn und Brenda Dunne vom amerikanischen »Princeton Engineering Anomalies Research Laboratory« gingen dieser Frage in einer Reihe von Experimenten auf den Grund. Sie kamen zu erstaunlichen Ergebnissen. Anhand konventioneller Instrumente und Computer konnten sie nämlich nachweisen, daß die meisten ihrer Versuchspersonen die Fähigkeit hatten, die zufällig produzierten Zahlenreihen eines Geräts durch geistige Beeinflussung zu verändern.

Die Experimente wurden mit einem sogenannten Zufallsgenerator durchgeführt, der eine vorgegebene Menge von Zahlenreihen und deren laufendes Durchschnittsergebnis produzierte. Die Versuchspersonen mußten den Vorgang auf einem Bildschirm verfolgen und versuchen, die zufälligen Zahlenfolgen und deren Durchschnittsergebnis geistig zu beeinflussen, also zu verändern. Im Verlauf von über 5000 Experimenten konnte nachgewiesen werden, daß der erwartete Durchschnittswert der Zahlenfolgen durch die geistige Willenskraft der Versuchspersonen so auffällig verändert wurde, daß hier jeder Zufall ausgeschlossen werden konnte. Darüber hinaus hielten die Kandidaten ihr Leistungsniveau im Lauf vieler Experimente nicht nur unverändert aufrecht, sondern entwickelten sogar ein ureigenes Muster, sozusagen eine »persönliche Handschrift«. Konnte beispielsweise eine Versuchsperson den Durchschnittswert einer Zahlenreihe mindern, aber nicht erhöhen, wiederholte sich diese Eigenart grundsätzlich in allen Experimenten.

Um auszuschließen, daß die Ergebnisse nur von einem bestimmten Gerätetyp abhängig sind, wurden die Versuchsreihen mit den unterschiedlichsten Zufallsgeneratoren durchgeführt. Schließlich bauten die Forscher den sogenannten »Galton Desk« nach, ein Gerät aus dem 19. Jahrhundert, um den Einfluß des Geistes auf zufällige Ereignisse zu untersuchen.

Beim »Galton Desk« handelt es sich um einen drei Meter hohen und zwei Meter breiten Schacht, durch den 10 Zentimeter große Styroporkugeln in zufälliger Reihenfolge langsam nach unten fallen. Sie landen schließlich in einem durchsichtigen Kasten, der mit 330 Holzpflöckchen versehen ist und einem Nagelbrett gleicht. Beim Abwärtstrudeln stoßen die Kugeln natürlich zusammen und werfen sich gegenseitig aus der Bahn. Beim Aufprall auf die Stäbchen verändern sie noch einmal ihre Richtung, bevor sie schließlich in den Lücken zwischen den Stäbchen liegenbleiben.
Die Versuchskandidaten vor dem Kasten mußten die Verteilung der Styroporbällchen nach allen Seiten hin durch psychokinetische Beeinflussung steuern. Genau wie bei den Experimenten mit Zufallsgeneratoren konnten die Beteiligten auch ein bestimmtes Ablaufmuster durch psychische Willenskraft erfolgreich beeinflussen.
Eine weitere Studie widmeten die Princeton-Wissenschaftler Phänomenen wie Telepathie, also der Wahrnehmung der Gedanken und Gefühle anderer, sowie dem Hellsehen – der außersinnlichen Wahrnehmung von Örtlichkeiten oder Ereignissen – und der Präkognition – der paranormalen Wahrnehmung zukünftiger Ereignisse.
Die Teilnehmer der Versuchsreihen mußten vor laufender Kamera den Ort beschreiben, an dem sich der Experimentator anderthalb Stunden später aufhalten würde. Dieser war längst mit einem Kamerateam unterwegs. Genau eine Stunde vor Beginn des Experiments aktivierte ein Mitglied der Versuchsgruppe einen Rechner mit einem Zufallszahlenprogramm: Danach wurde einer von zehn Umschlägen ausgewählt, die Außenstehende vorbereitet hatten. Jeder Umschlag enthielt die Richtungsanweisung zu einem anderen Zielort, der innerhalb von 30 Minuten Fahrzeit erreichbar war. Nachdem der Zufalls-Zielort nunmehr durch den gewählten Briefumschlag feststand, fuhren der Experimen-

tator und sein Filmteam umgehend dorthin, um Aufnahmen zu machen. Zudem wurden markante Einzelheiten des Ortes aufgezeichnet, die später mit den schriftlich festgehaltenen Ortsbeschreibungen der Versuchspersonen verglichen wurden.

Innerhalb von drei Jahren nahmen 40 Versuchspersonen an 334 Experimenten teil. Dabei ging es um Entfernungen bis zu 8000 Kilometern und um eine Zeitspanne von bis zu fünf Tagen vor Eintritt des jeweiligen Ereignisses. Es wurden Resultate mit derartig genauen Einzelheiten erzielt, daß der Zufallsfaktor ausgeschlossen werden konnte.

Im Labor für Elektronik und Biomechanik des »Stanford Research Institute« (SRI) in Kalifornien führten der Elektroingenieur Dr. Harold E. Puthoff und der Physiker Dr. Russel Targ ein über mehrere Jahre laufendes, sehr erfolgreiches Forschungsprojekt durch. In Experimenten sollten nämlich geübte und ungeübte Kandidaten versuchen, willkürlich gewählte, weit entfernte Ziele – wie zum Beispiel Gebäude, Straßen oder auch Laboratorien mit ihren Einrichtungen – kraft ihrer Psyche zu »sehen« und danach zu beschreiben. Es ging also darum, präkognitive Fernwahrnehmungen nachzuweisen.

Eine der Versuchspersonen war Hella Hammid. Da sie mit einem Zufallsgenerator unglaubliche Erfolge erzielt hatte, wurden mit ihr Fernwahrnehmungsexperimente durchgeführt, die außerordentliche Ergebnisse brachten. So sollte sie beispielsweise innerhalb von 15 Minuten einen erst 20 Minuten später zu wählenden Zielort beschreiben, den ein Experimentator erst 35 Minuten später erreichen würde.

Da Hella Hammid diesem Versuch erstmals unterzogen wurde, wollte sie wissen, wie sie einen noch nicht einmal ausgewählten Zielort überhaupt paranormal erfassen könne. Schließlich habe sie den Experimentator in allen vorausgegangenen Versuchen stets nur dann an einem bestimmten »Ort« gesehen, wenn er sich dort auch tatsächlich aufhielt.

Da die Forscher den Verlauf dieses neuen Experiments noch nicht absehen konnten, empfahlen sie Hella Hammid lediglich, sich einfach zu entspannen, sobald der Experimentator Dr. Harold Puthoff das Labor verlassen würde. Nach zehn Minuten sollte sie anfangen, alles aufzuschreiben, was sie vor ihrem geistigen Auge sah beziehungsweise wahrnahm, auch wenn es noch 20 Minuten dauern sollte, bevor Puthoff überhaupt seinen Zielort wählen würde. Kurz, Hella Hammid sollte alle vor ihrem geistigen Auge auftauchenden Bilder und Eindrücke aufschreiben, ohne darüber nachzudenken.

Das Experiment lief täglich nach dem gleichen Muster ab: Jeden Vormittag um zehn Uhr verließ einer der drei Experimentatoren das SRI-Labor mit zehn versiegelten Umschlägen. Sie enthielten die Wegbeschreibungen zu den verschiedenen Zielorten. Jeden Tag wurden aus einem Haufen verschiedener Briefumschläge zehn wahllos – also auf Zufallsbasis – herausgegriffen. Weder der Versuchsperson noch den beiden im Labor zurückgebliebenen Experimentatoren waren die darin benannten Ziele bekannt. Indessen fuhr Puthoff zwischen zehn Uhr und 10.30 Uhr ständig herum, um ein schlechtes Ziel abzugeben – denn den Beobachtungen des Forscherteams zufolge sind Menschen oder Objekte in schneller Bewegung für die Fernwahrnehmung unzugänglich. Nach halbstündiger Fahrzeit ließ Puthoff seinen Zufallsgenerator während der Fahrt eine Zahl zwischen null und neun wählen, suchte dann den dieser Zahl entsprechenden Umschlag heraus und fuhr weiter zum so bestimmten Zielort, den er gegen 10.45 Uhr erreichte.

Um 11.00 Uhr kehrte Puthoff in das Institut zurück, zeigte dem Wachposten am Eingang den Umschlag mit dem Namen des Zielortes und ging weiter zum Versuchslabor. Von seinen beiden Kollegen war zwischenzeitlich das festgelegte Protokoll eingehalten worden: Die Versuchsperson hatte um 10.10 Uhr mit der Beschreibung des Zielortes begonnen, den Puthoff 35 Minuten später aufsuchte. Sie hatte Zeichnungen angefertigt und auf Tonband ihre Eindrücke beschrieben. Um 10.25 Uhr hatte sie ihre im Rahmen des Experiments gestellte Aufgabe erfüllt – also fünf Minuten vor der Wahl des Zielortes durch Puthoff.

Das Erstaunliche an diesem so sorgsam überwachten Experiment war, daß man nach der Logik und dem Gesetz der Wahrscheinlichkeit angenommen hatte, daß es bei all diesen Versuchen höchstens zu einem, vielleicht sogar zu zwei »Zufallstreffern« kommen würde; doch es kam alles ganz anders. Bei *allen* Versuchen sah Hella mit geradezu unheimlicher Präzision den Ort voraus, an dem Puthoff schließlich landen würde.

Nur eine Frage blieb offen: Hatte Hella Hammid den Zielort vorausgesehen – oder den Zufallsgenerator mit ihrem Geist beeinflußt? In der Sprache der Parapsychologen hieße das: Lag hier ein Fall von Präkognition oder Psychokinese vor?

Die Experimente von Puthoff und Targ waren lediglich moderne Neuauflagen der klassischen Psi-Kartenexperimente des Begründers der amerikanischen wissenschaftlichen Parapsychologie, Dr. J. B. Rhine von der Duke-Universität in Durham, North Carolina. Rhine und seine Mitarbeiter hatten sich 1933 die Aufgabe gestellt, der Frage auf den Grund zu gehen, ob der Mensch in der Lage sei, telepathisch zu kommunizieren. Zu diesem Zweck wurden fünf Karten mit verschiedenen Symbolen entwickelt: mit einem Kreuz, einem Stern, einem Quadrat, einem Kreis und einer Welle. Eine der Versuchspersonen diente in einem abgeschlossenen Raum als »Sender« und konzentrierte sich auf eines der fünf

Symbole; eine zweite Person, der »Empfänger«, mußte »erraten«, um welche Karte es sich dabei handelte. Die Erprobung dieser »drahtlosen Kommunikation« von Raum zu Raum war so erfolgreich, daß Rhine damit nicht nur die Existenz der Telepathie nachwies, sondern noch einen Schritt weiterging: Er wollte wissen, ob sich darüber hinaus auch eine zeitliche Überbrückung nachweisen ließ.

Zu diesem Zweck wandelte er das Experiment ab. Der Empfänger mußte nun erraten, welche Karte gezogen würde, ehe der Sender sie tatsächlich zog. Im Laufe des Versuchs mußten 25 Karten vorausgesagt werden. Bei insgesamt 4500 Experimenten war die Erfolgsquote derartig überwältigend, daß Rhine geradezu schockiert war. Er zögerte fast ein Jahrzehnt, bevor er die Ergebnisse dieser Versuchsreihe veröffentlichte – aus Furcht, daß skeptische Kollegen die Ergebnisse seiner Forschung doch nur bezweifeln würden. Bei solch skeptischen Kollegen galten Rhines Versuche noch jahrzehntelang schlichtweg als »Kartentricks«. Erst die sehr viel differenzierteren Forschungsmethoden der sechziger und siebziger Jahre zwangen auch die Kritiker der Parapsychologie, ihr Weltbild zu revidieren.

Der in leitender Position für die Flugzeugfirma Boeing tätige Physiker Helmut Schmidt hatte 1970 einen ersten Bericht über eine Methode veröffentlicht, in dem er die Erforschung des Vorauswissens (Präkognition) und die Teilchenaktivität auf subatomarer Ebene miteinander in Verbindung brachte. Dabei bezog sich Schmidt auf die scheinbar vollkommen unvorhersehbaren »Quantensprünge« der subatomaren Partikel und wollte deren »Zufälligkeit« für seine Experimente nutzen. So entwickelte er einen Konverter, der Quantensprünge ebenso zufällig in Lichtsignale umsetzte, wie wir zum Beispiel »Zahl« oder »Kopf« einer geworfenen Münze voraussagen. Das radioaktive Element 90 diente Schmidt als Quantensprung-Quelle, weil es nach einer durchschnittlichen Lebensdauer von 30 Jahren plötzlich und unvorhersehbar in Partikel zerfällt. Den »Münzwurf« ersetzten zwei Geräte: ein Geiger-Müllersches Zählrohr, das den Zerfall und die Freisetzung der Teilchen anzeigte, und ein Hochfrequenzschalter, der in der Sekunde eine Million Male zwischen den möglichen Positionen »Kopf« oder »Zahl« oszillierte. Wurde ein Teilchen frei, wenn der Schalter sich genau in der Position von Kopf oder Zahl befand, so leuchtete eines von vier Kontrollämpchen auf.

Aufgabe der Versuchspersonen, deren präkognitive Fähigkeiten getestet wurden, war es, vorauszusagen, wo das Lämpchen aufflackern würde: rechts (für »Kopf«) oder links (für »Zahl«). Nach dem Gesetz der Wahrscheinlichkeit müßte es bei einer größeren Anzahl von Versuchsdurchgängen gleich viele Treffer wie Falschvoraussagen geben. Unter seinen hundert Testpersonen wählte Schmidt drei besonders aus, deren Voraussagen von Anfang an weit über der Wahrscheinlichkeit lagen. Diese drei – eine Hausfrau, ein Fernfahrer und ein »Medium« – ließ er den Versuch jeweils 60000mal wiederholen, wobei sie ein Ergebnis von einer Milliarde zu eins gegen die Wahrscheinlichkeit erzielten. Ein zweiter Versuchsdurchlauf führte sogar zu einer noch höheren Trefferquote.

In weiteren Experimenten gelang es Schmidt, mit Hilfe des subatomaren Zufallsgenerators überzeugend nachzuweisen, daß der menschliche Geist auf die Quantensprünge im subatomaren Bereich einwirken kann.

Seine spektakulärste Versuchsreihe führte Helmut Schmidt mit Marilyn Schlitz 1987 an der »Mind Science Foundation« in San Antonio/Texas durch. In einem ausgeklügelten Experiment ließen die beiden Wissenschaftler zunächst einen Computer nach einem Zufallsprogramm tausend Tonserien von jeweils hundert Klängen erzeugen. Jede dieser

Serien bestand aus reinen Tönen, die nur von explosionsartigen Geräuschen unterbrochen wurden; ihre Länge bestimmte der Zufallsgenerator. Jede dieser Klangfolgen zeichnete das Forscherduo Schmidt/Schlitz auf Tonband auf; Kopien gingen an ihre Versuchspersonen. Mit bloßer Willenskraft sollten diese versuchen, die durchschnittliche Dauer der reinen Töne zu verlängern, die Länge der Störgeräusche dagegen zu verkürzen. Erstaunlicherweise ergab eine Prüfung der Originalaufnahme, daß sich die Verteilung von Tönen und Geräuschen in die angestrebte Richtung verschoben hatte. Das traf dagegen nicht auf »unbehandeltes« Archivmaterial zu.

Das bedeutet: Versuchspersonen waren entweder kraft ihres Geistes in der Lage, bereits aufgenommene Tonbandkassetten zu manipulieren oder – sie konnten die ursprünglich erzeugten Tonfolgen nachträglich, also »rückwirkend« beeinflussen. Demnach hätten sie zeitverkehrt gehandelt, allem Anschein nach das Prinzip von Ursache und Wirkung umgedreht, und wären geistig in die Vergangenheit gereist.

In einem weiteren Experiment wurden durch Computer Tonfolgen aus hundert Tönen produziert, die dieser wieder völlig zufällig, in einer von jeweils vier verschiedenen Tonarten erzeugte. Statistisch gesehen, hätte jede Tonart gleich oft vertreten sein müssen. Nachträglich sollten die Testpersonen nun vorwiegend hohe oder tiefe Töne überwiegen lassen. Fazit: Wieder stellte sich der »unmögliche« Effekt rückwirkender Psychokinese ein. Teilnehmer mit jahrelanger Meditationserfahrung waren in diesem Experiment ungeübteren Teilnehmern wesentlich überlegen. Ein Experiment, das unglaubliche Schlußfolgerungen zuläßt. Es könnte nämlich bedeuten, daß es unserem Geist möglich ist, in der Zeit zu reisen und somit auf den Schicksalsstrom einzuwirken.

»Es gibt keine Zielzeit mehr, die linear und chronologisch

auf eine konkrete Zukunft hinweist«, schreibt Gerd Gerken in »Radar für Trends«. »Die Zeit wird zur subjektiven Gegenwart – zum Sammelbecken für Wahrscheinliches und Unwahrscheinliches ... Der abendländische Zeitpfeil ist endgültig tot. Wenn die Gegenwart nur die Wiederkehr unserer Empfindungen ist, dann müßte es eine Wiederkehr-Zeit geben, und das wäre eine zyklische Zeit.« Ein Konzept, das mit der Zeitauffassung der Asiaten übereinstimmt, da es für sie nur eine zyklische Zeit gibt, in der alles wiederkehrt: alle Ereignisse und durch die Wiedergeburt auch alle Menschen. Danach wird jedes Schicksal von einem ewigen Kreislauf bestimmt, in dem der Zufall keinen Platz hat.

Könnte hier die Erklärung liegen für die geradezu unfaßbaren Parallelen zwischen den Schicksalen der amerikanischen Präsidenten Lincoln und Kennedy?: »Beide kämpften für die Bürgerrechte der Farbigen; beide wurden an einem Freitag ermordet und waren nur durch nachlässige Schutzmaßnahmen gesichert; beide wurden durch einen Kopfschuß getötet, und bei beiden war die Ehefrau Zeuge des Vorfalls; Kennedy wurde am hundertsten Jahrestag von Lincolns Proklamation der Emanzipation ermordet. Ebenso wie Lincoln davor gewarnt worden war, sich öffentlich im Theater zu zeigen, war Kennedy vor der Reise nach Dallas gewarnt worden.

Doch es gab noch weitere, auffallende Parallelen. Beide hatten einen Vizepräsidenten namens Johnson, der vorher im Senat gewesen war; und der zweite Johnson – Lyndon – wurde als erster Südstaatler Präsident, seit der erste Johnson – Andrew – auf die gleiche Weise Präsident geworden war. Lincolns Mörder John Wilkes Booth wurde 1839 geboren, Lee Harvey Oswald 1939. Booth erschoß Lincoln im Theater und lief in ein Kaufhaus; Oswald erschoß Kennedy aus einem Kaufhaus und lief in ein Theater. (Zumindest ist das immer noch die offizielle Version. Die ganze Wahrheit, ob und wer noch alles verwickelt war – Mafia, CIA oder KGB –, werden wir wohl nie erfahren.) Jedenfalls wurden beide vor ihrem Prozeß selbst niedergeschossen. Lincoln und Kennedy hatten beide zwei Kinder verloren, eines vor ihrem Einzug ins Weiße Haus und eines während ihrer Präsidentschaft. Kennedy hatte einen Sekretär mit Namen Lincoln und Lincoln einen Sekretär namens Kennedy.

Um die Parallelen weiterzuführen: Andrew Johnson wurde 1808 geboren, Lyndon Johnson 1908. Die Namen Lyndon Johnson und Andrew Johnson haben jeweils 13 Buchstaben, die Namen John Wilkes Booth und Lee Harvey Oswald je 15. Beide Präsidenten heirateten in ihrem vierten Lebensjahrzehnt eine 24jährige brünette Frau, die fließend englisch sprach. Beide Präsidenten gehörten einer Minorität an. Beide wurden erst im 47sten Jahr ihres Jahrhunderts in den Kongreß gewählt; beide fielen bei ihrer ersten Nominierung zum Vizepräsidenten im Jahre 56 ihres Jahrhunderts – jeweils vier Jahre vor ihrer Nominierung zum Präsidenten – durch...«

Wir sollten akzeptieren, daß unser sogenannter gesunder Menschenverstand immer wieder mit Phänomenen konfrontiert wird, die ihm widersprechen. Die Auffassung darüber, was vernünftig oder unvernünftig ist, was sein darf und was nicht, wird im allgemeinen von Erfahrungswerten aus dem täglichen Leben abgeleitet. Diese reichen aber nicht aus, um ungewöhnliche Vorgänge wie zum Beispiel die Psychokinese, Präkognition oder auch die verblüffenden Lincoln-Kennedy-Parallelen zu erklären.

Wenn die Wissenschaft den tiefen Ozean der Wahrheit erforschen will, muß sie notwendigerweise sowohl »verrückte« als auch »vernünftige« Vorstellungen in Erwägung ziehen. Und wenn es um Konzepte geht, die dem »gesunden Menschenverstand« anscheinend widersprechen, muß dieser unter Umständen über Bord geworfen werden.

III

Das Hologramm des Tao

Manchmal frage ich mich: Wer ist verrückt? Der forschende Wissenschaftler steht am Rande eines dunklen Abgrunds und blickt in unvorstellbare Tiefen, Weiten, Höhen, in das Unergründliche. Ich stehe an derselben Stelle und sehe Menschen, höre Sprachen, Ideen, intellektuelle Sehnsüchte. »Wer von uns beiden ist verrückt?«

Eines Abends bei einem wissenschaftlichen Arbeitsessen hatte ich das Glück, neben einem der brillantesten und eloquentesten Physiker der Welt zu sitzen. Während des Essens ließ er einige bissige Bemerkungen über das Jogging als einen Beweis für den Niedergang der westlichen Kultur fallen. »Die Leute begreifen nicht, worauf es ankommt. Nur die geistigen Dinge sind wichtig«, meinte er. »Einstein hatte es nie nötig, Gymnastik zu treiben. Diese Leute«, ereiferte er sich – er meinte die Jogger, die er tagtäglich an seinem Fenster vorbeilaufen sah –, »sind pure Materialisten. Sie wissen nichts von der Schönheit, der beinahe spirituellen Qualität der physikalischen Welt. Es spielt sich alles im Geist ab. Es ist kein materielles, sondern ein mentales Phänomen.« Dies sind Gedanken, die John Brockmann im Epilog seines Buches »Die Geburt der Zukunft« wiedergibt.

Zu den vielen Versuchen, die physikalische Welt – den Kosmos und das Leben – zu erfassen, gehört das sogenannte anthropische Prinzip. Das heißt, einige Wissenschaftler sind von dem Gedanken fasziniert, daß unsere eigene Existenz kein Zufallsereignis sein könne, sondern von der

Präsenz ganz spezieller Umstände abhänge. Damit wird unterstellt, daß einige von uns beobachtete Eigenschaften des Universums nicht von der Tatsache zu trennen sind, daß wir leben, um sie zu beobachten, und Leben ein sehr heikler Balanceakt auf der Skala des Zufalls ist. Da das Universum anscheinend zu einer ganz speziellen Klasse gehört, nämlich zu einer Klasse von Universen, in denen unser Überleben denkbar ist, wird es durch unser Dasein stark eingeschränkt. Wir sehen das Universum, wie es ist, weil wir existieren, stellt der Cambridge-Astrophysiker Stephen W. Hawking fest und hält es für unwahrscheinlich, daß es sich aus reinem Zufall entwickelt habe. Denn für ihn ist es unvorstellbar, daß sich aus den chaotischen Anfangsbedingungen ein derartig einheitliches Universum herausbilden konnte. Eine Struktur solchen Ausmaßes verfügt allem Anschein nach über einen Sinn, der uns als intelligente Wesen einbezieht.

»Wir entdecken das Universum nicht, wir erfinden es und erfinden es immer wieder neu«, trifft John Brockman genau den Punkt. »Wir, seine Beobachter, sind Teil dieser Erfindung, sind aus demselben Stoff gemacht. Falls wir sagen würden, das Universum existiere unabhängig und jenseits von uns, müßten wir konsequenterweise auch sagen: Das Universum ist so angelegt, daß es die Fähigkeit entwickeln kann, sich selbst zu beobachten.«

14

14 Der Biologe Rupert Sheldrake formulierte das Konzept über die morphogenetischen Felder: Sie existieren in und um jeden Organismus und sind durch morphische Resonanz miteinander verbunden.

15 Die Ansicht unseres Himmels durch ein Radioteleskop.

16 Galaxien – Supercluster. Im Kosmos existieren riesige Leerräume, an deren Rändern sich gewaltige Galaxien-Anhäufungen bilden.

17 Kollidierende Galaxien – »strange attractors« – führen zu neuen Strukturen.

18 Bausteine des Chaos. Elektronenmikroskopische Aufnahme eines Kristalls, die seine fraktale Struktur deutlich erkennen läßt. Aufnahme von Manfred Kage.

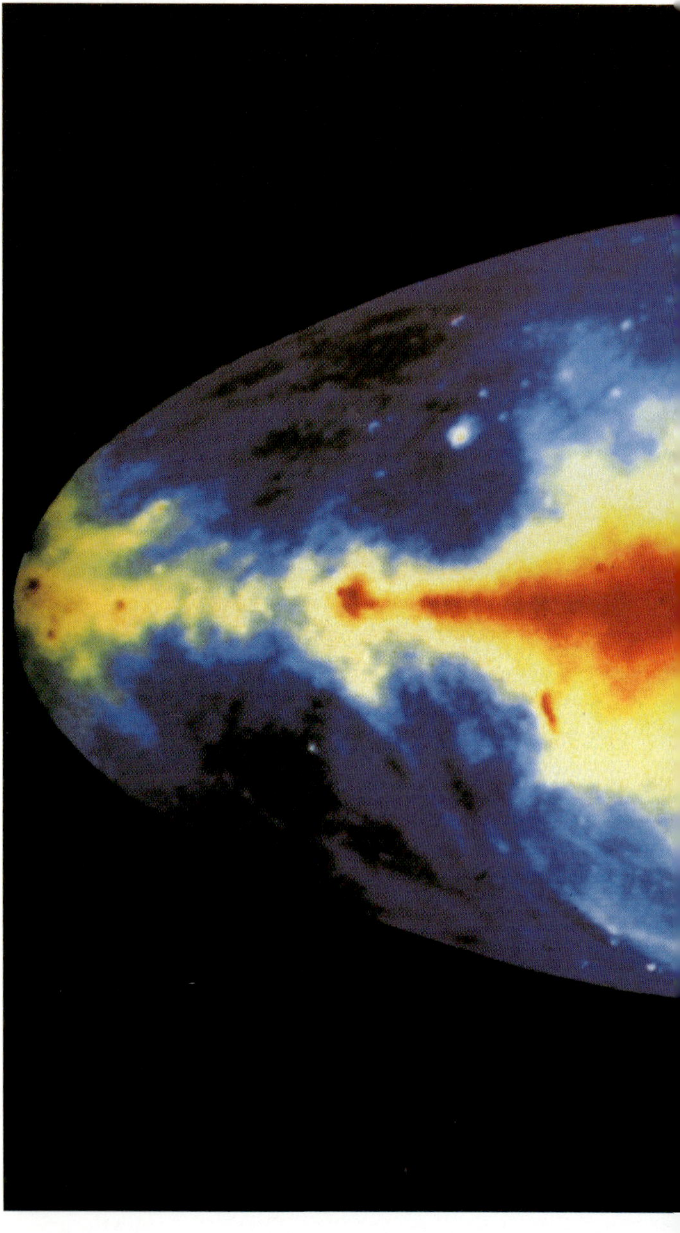

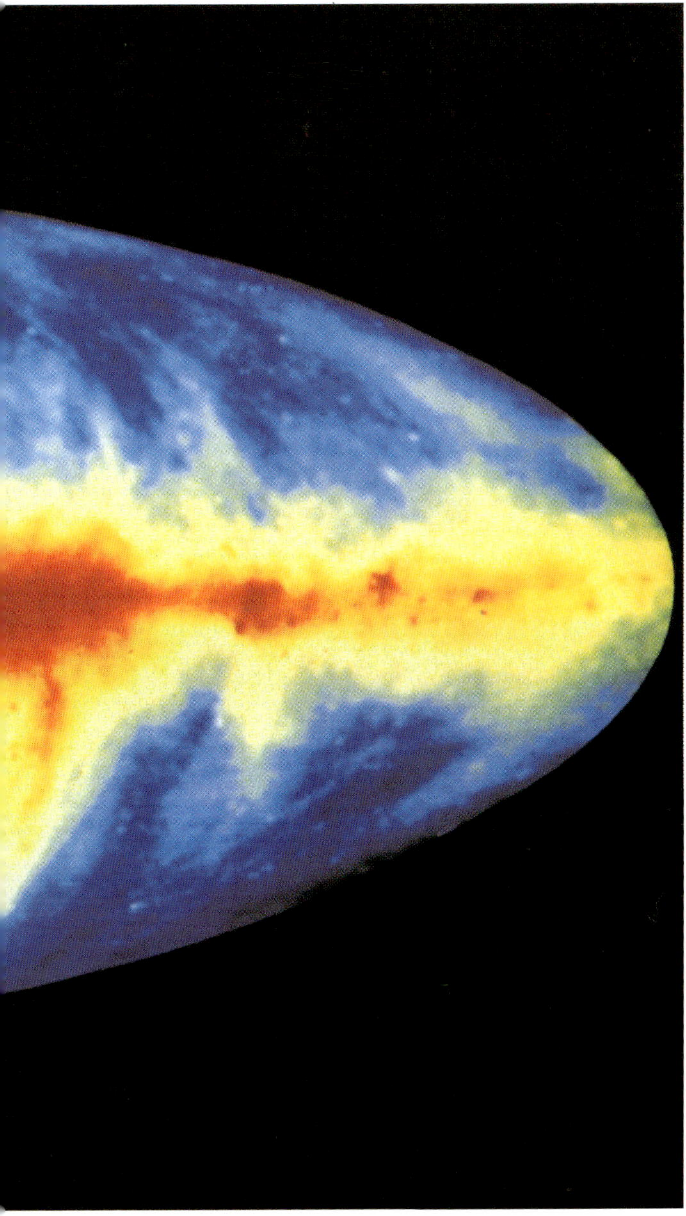

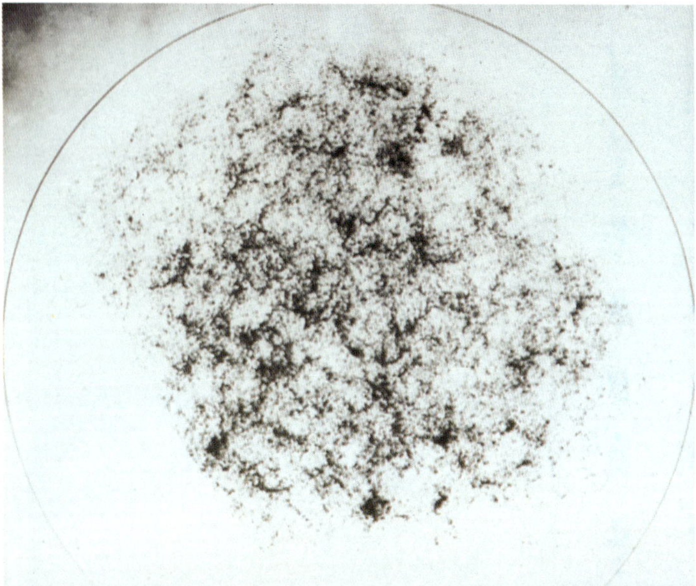

16

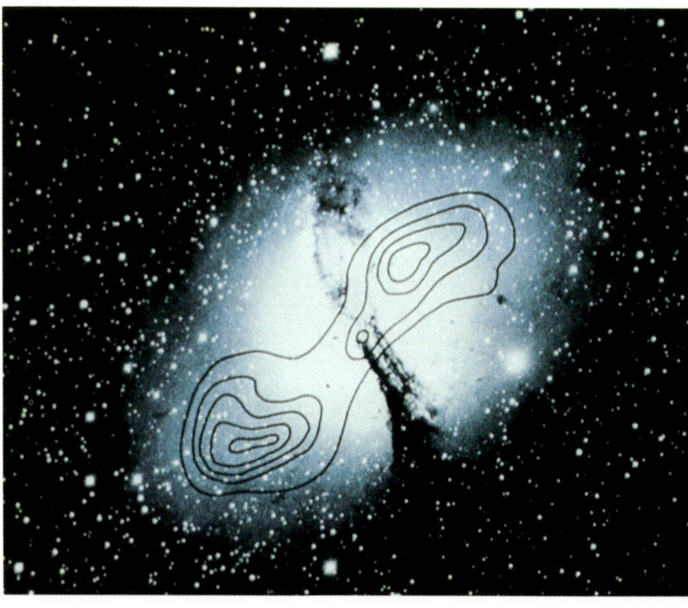

17

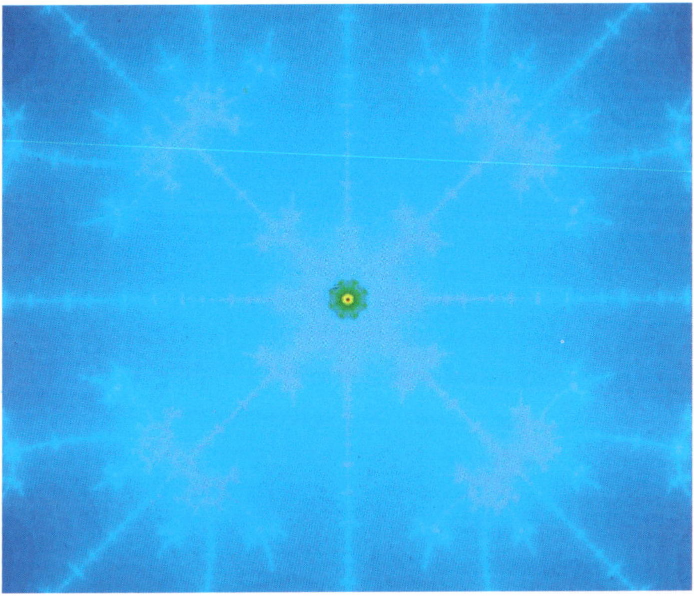

18

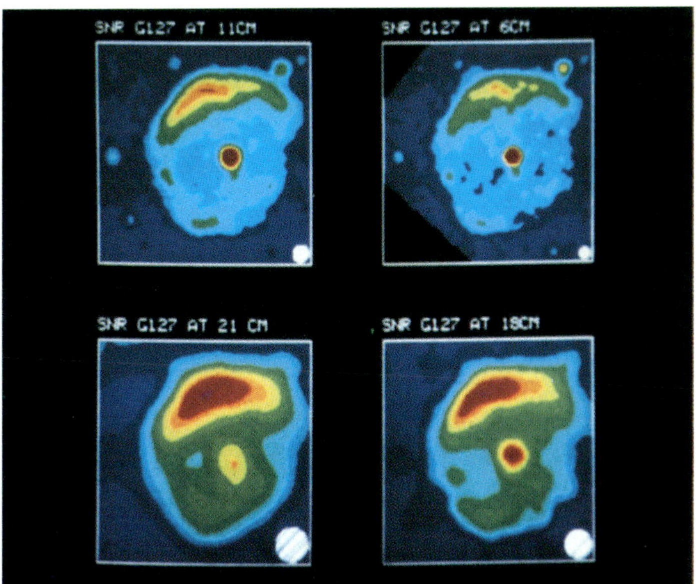
SNR G127 AT 11CM
SNR G127 AT 6CM
SNR G127 AT 21 CM
SNR G127 AT 18CM

19

20

21

22

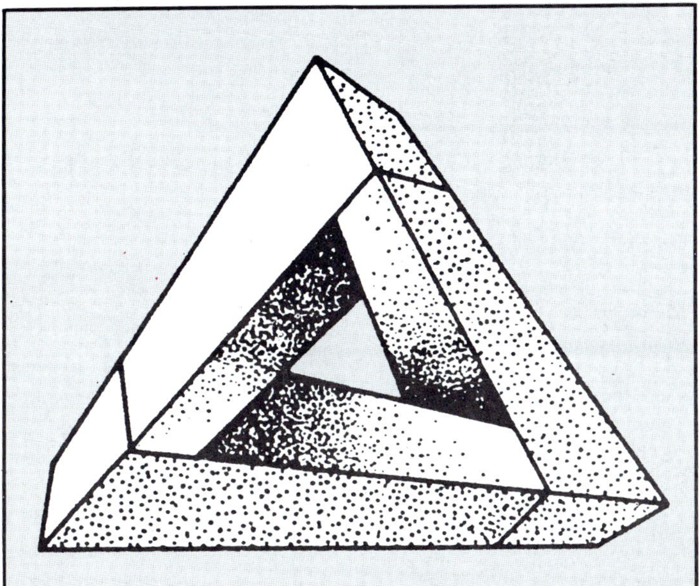

23

24 

19 Überrest einer Supernova. Das Leben eines Sterns nimmt ab einer bestimmten Größe ein dramatisches Ende: Er verdichtet sich zu einem Schwarzen Loch.

20 Der große englische Mathematiker und Physiker Sir Isaak Newton.

21 Newtons Haus in Lincolnshire. In den Pestjahren 1665/66 verfaßte er dort seine mathematische Grundlage der Naturwissenschaft.

22 Der geniale britische Physiker Roger Penrose. In seinem achtdimensionalen Kosmos besteht der Urstoff des Universums aus sogenannten Twistoren.

23 Das Penrose-Dreieck. Als Objekt kann es nicht in drei Dimensionen nachgebaut werden.

24 Der bedeutende Cambridge-Physiker Stephen W. Hawking steht auf dem Standpunkt, Gott würfele nicht nur, sondern werfe die Würfel manchmal so, daß sie nicht zu sehen sind.

David Bohm gehört zu den großen theoretischen Physikern unseres Jahrhunderts. Sein Buch »Causality and Chance in Modern Physics« (London 1957) wurde zu einem Klassiker der Quantenphysik, zu einem Standardwerk, das noch heute Professoren ihren Studenten empfehlen. Auch seine Werke über Quantenmechanik und die Relativitätstheorie machten in Fachkreisen Furore.
Bohm wurde 1917 geboren und studierte am Pennsylvania State College. Als einer der letzten Studenten von Jacob Robert Oppenheimer promovierte er 1943 an der University of California in Berkeley, bevor dieser nach Los Alamos ging, um das »Manhattan«-Projekt zur Entwicklung der ersten Atombombe zu leiten. Bohms Doktorarbeit in Physik behandelt die »Neutron-Proton-Streuung«. Nach seiner Habilitation arbeitete er in Princeton, USA, mit Einstein zusammen. Er lehrte an der Universität von Sao Paolo in Brasilien und am israelischen Technicon in Haifa, bevor er als Professor für theoretische Physik an das Birkbeck-College der University of London berufen wurde. Heute ist er emeritierter Professor eben dieser Universität.
Während des Krieges erforschte Bohm das Verhalten von Plasma in Magnetfeldern. Seine Theorie über die »Plasma-Diffusion« wurde zum Meilenstein in der Kernfusionsforschung. In Princeton erweiterte er die Plasma-Theorie und entwickelte diverse physikalische Instrumente wie das Zyklotron und das Synchro-Zyklotron.
Im Leben David Bohms trat 1969 eine Wende ein, als seine

Frau eines Tages ein Buch mit dem Titel »Freedom from the Known« (»Freiheit vom Bekannten«) mit nach Hause brachte. Sie hatte es für die Arbeit eines Quantenphysikers gehalten. Bohm begann es zu lesen, war fasziniert und las weiter. Immer häufiger formulierte sich aus seinen Gedanken ein »Heureka!«, »Ich hab's gefunden!«, der Ausruf des großen Griechen Archimedes. Die Lektüre dieses Buches wurde für Bohm zum Schlüsselerlebnis. Da formulierte jemand so exakt das Weltbild der Quantenmechanik, wie es bisher noch keinem Physiker gelungen war. Doch der Autor dieses Buches war kein Physiker, er hatte nicht einmal naturwissenschaftliche Grundkenntnisse. Sein Name lautete Jiddu Krishnamurti – ein indischer Philosoph.

Krishnamurti wurde 1895 in einer armen südindischen Familie in Madras geboren. Während er sich schon in seiner Kindheit durch große Selbstlosigkeit auszeichnete, »entdeckte« der britische Hellseher und Theosoph C. W. Leadbeater den Zehnjährigen an einem Strand. Als ihm der dunkelhäutige Knabe begegnete, hatte er nämlich eine Vision: Krishnamurti würde dereinst der »Weltlehrer« werden. Leadbeater nahm den Jungen mit ins Hauptquartier der Theosophischen Gesellschaft, deren Präsidentin, Dr. Annie Besant, sofort die Verantwortung für eine adäquate Erziehung und Vorbereitung Krishnamurtis auf seine »Aufgabe« übernahm. Er wurde auf die besten Schulen geschickt und erhielt eine umfassende Ausbildung. Doch als die etwas verschrobene alte Dame ihren Schützling 1927 der Welt als den neuen Messias präsentieren wollte, lehnte sich der junge Inder auf. Er könne keiner Organisation angehören, da sich »die Wahrheit nicht organisieren lasse«. Er wolle auch keine Jünger oder Anhänger, da »die Wahrheit ein wegloses Land sei, nach dem jeder individuell streben solle«. Zudem wären traditionelle Lehren, Autori-

täten, Religionen und Vereinigungen, die vom Wesentlichen ablenken, nur schädlich für das spirituelle Leben.
Vielmehr hielt Krishnamurti Vorträge auf der ganzen Welt. Er sprach mit Tausenden und diente als »Brückenbauer« zwischen den Kulturen, als Vertreter der indischen Weltsicht im Westen, ohne sich jemals als Guru aufzuspielen. Der Inder folgte dieser Berufung bis zu seinem Tod im Jahre 1986. Seine intellektuelle Brillanz und tiefe Einsicht verschafften ihm in weiten Kreisen der progressiven amerikanischen und europäischen Intelligenz großen Respekt und eine treue Anhängerschaft, die jedes Jahr im Sommer an seinen Vorträgen in Sarnen in der Schweiz teilnahm. »Krishnamurti zu hören, das ist, als vernehme man eine Lehrrede Buddhas«, erklärte Aldous Huxley, einer seiner Anhänger.
Der Inder vermied es immer, eine Doktrin zu unterbreiten. Gewöhnlich legte er seinen Vorlesungen eine existentielle Frage zugrunde – Tod und Geburt; Zeit; Begierde; Angst oder Befreiung –, die er folgendermaßen einleitete: »Wir wollen das Thema nun gemeinsam ergründen. Ich werde Sie nicht belehren, da ich dazu nicht ermächtigt bin. Wir werden der Frage also gemeinsam auf den Grund gehen.« Dann zeigte er die Nutzlosigkeit aller konventionellen Wege des Umgangs mit diesem Thema (z. B. der Zeit) auf. Danach fragte er mit einem sicheren Gefühl für Dramatik langsam und eindringlich: »Ist es Ihnen möglich, die Zeit in diesem Augenblick zu überwinden? Ich meine nicht, gegen sie anzukämpfen, sie zu verdrängen, zu leugnen, ich meine, sie zu transzendieren? Es wird heute abend unsere Aufgabe sein, die Zeit zu überwinden. Wenn wir das nicht schaffen, ist meine Vorlesung nutzlos gewesen.«
Damit war das Publikum eingestimmt, gemeinsam mit Krishnamurti nach Antworten zu suchen. Darauf der Inder: »Untersuchen wir nunmehr unsere Frage ohne Vorurteile.

Was ist Zeit? Versuchen wir doch einmal, alle miteinander zu kommunizieren, alle auf derselben Ebene, mit derselben Intensität und zur selben Zeit. Benutzen Sie den Vortragenden nur als Spiegel. Können Sie dann auf die Frage antworten: Was ist Zeit?«

Die Einbeziehung subjektiver Wirklichkeiten sowie die mehrdimensionale Betrachtungsweise eines Problems entspricht den Erkenntnissen der Quantenmechanik, der Lehre von der Bewegung von Mengen (Quanten). Nach dieser Lehre sind in der Natur alle Erscheinungen in kleinste Portionen (Quanten) unterteilt. Diese Quanten aber verhalten sich offenbar nicht mehr nach den Regeln der Newtonschen Physik, da sie – je nachdem – entweder als Teilchen oder als Welle auftreten. Denn je nach Anordnung unserer Versuchsreihe wird die Erscheinungsform der Partikel beeinflußt. Mit anderen Worten: Das Meßinstrumentarium produziert das Resultat beziehungsweise eine subjektive Wirklichkeit. Dabei kann aber nicht präzise vorhergesagt werden, wie sich ein Elementarteilchen tatsächlich verhalten wird. Es kann nur die statistische Wahrscheinlichkeit eines Ereignisses vorausgesagt werden. Einige Physiker sind sogar der Ansicht, daß diese Partikelchen gar nicht existieren, sondern nur »die Tendenz zur Existenz« zeigen. Daraus resümierte Werner Heisenberg, einer der Begründer der Quantenphysik: »So erscheint die Welt als kompliziertes Gewebe von Vorgängen, in dem sich die unterschiedlichsten Verknüpfungen abwechseln, überschneiden und zusammenwirken und auf diese Art und Weise schließlich die Struktur des Ganzen bestimmen.« Diese »multidimensionale Wirklichkeit« aber spiegelt sich in Krishnamurtis Didaktik wider.

Als Bohm Krishnamurtis Buch beziehungsweise die Aufzeichnung einer Reihe seiner Vorträge gelesen hatte, beschloß er, sich mit dem Inder zu treffen. Schon die erste Begegnung führte zu einem tiefen gegenseitigen Verständnis, zu einer Freundschaft, die bis zu Krishnamurtis Tod 1986 andauerte. Der Inder wurde zum spirituellen Mentor des Physikers, und fortan diskutierte der Wissenschaftler jede seiner Theorien mit dem Philosophen – und empfing wertvolle Anregungen und Inspirationen. Diese führten schließlich zur Formulierung einer neuen Theorie vom Sein, dem – so Bohm – eine »implizite Ordnung« zugrunde liegt.

Damit war Bohm eine Antwort auf die Frage zuteil geworden, die ihn seit seiner Zusammenarbeit mit Einstein in Princeton beschäftigt hatte. Er war nämlich Zeuge des mittlerweile historischen Disputes zwischen Einstein und dem Dänen Niels Bohr geworden, einem der Väter der Quantenphysik. Während Einstein zugeben mußte, daß die von Bohr formulierte Quantentheorie ein stimmiges Gedankenmodell darstellte, war er, Einstein, immer überzeugt, daß hinter dem scheinbaren Chaos, den scheinbaren Zufälligkeiten, eine verborgene Ordnung steckt. Er konnte die Vorstellung nicht akzeptieren, daß das Universum aus im wesentlichen zufälligen Bewegungen kleinster Objekte – von Teilchen wie Protonen und Elektronen – besteht. Bohrs Interpretation der Quantenmechanik, die von nichtlokalen Zusammenhängen und der fundamentalen Bedeutung der Wahrscheinlichkeit als einzig bestimmendem Faktor ausgeht, wies Einstein mit der lakonischen Bemerkung zurück: »Der Herrgott würfelt nicht.«

Überzeugt davon, daß eines Tages mit Hilfe von bisher verborgenen lokalen Variablen eine deterministische Interpretation gefunden werden könne, machte sich Einstein gegen Ende seines Lebens auf die Suche nach einer »Weltformel«, einer »Einheitlichen Feldtheorie«. Die Arbeit an dieser »Einheitlichen Feldtheorie« mit Einstein hat Bohm nie mehr losgelassen. Und schließlich fand er aus dem Einsteinschen Dilemma einen Ausweg. Er war überzeugt, daß es jenseits der Zufallserscheinungen einen Bereich zwingender Gegebenheiten gibt, eine Anzahl von »versteckten« Variablen, die, wenn man sie aufdecken könnte, eine folgerichtige, nicht-statistische Grundlage für das scheinbar zufällige Hin und Her individueller Teilchen liefern würde. Bohm war überzeugt, daß »die Ergebnisse der modernen Naturwissenschaft nur noch einen Sinn ergeben, wenn wir eine innere, einheitliche und transzendente Wirklichkeit annehmen, die allen äußeren Daten und Fakten zugrunde liegt«. Hinter dem scheinbaren Chaos und den ohne erkennbare Verbindung untereinander existierenden Materieteilchen postuliert Bohm eine verborgene Ordnung. Nach Bohm ist diese verborgene Dimension, diese implizite Ordnung mit unendlicher Tiefe die Quelle jeder sichtbaren (expliziten) Materie unseres raum-zeitlichen Universums. Bohm vermutet, daß Materie und Bewußtsein in dieser innersten – »nicht-manifesten« – Dimension ihre gemeinsame Quelle haben. Nach Bohm ist die Welt, in der wir leben, multidimensional. Ihre offensichtlichste und oberflächlichste Ebene ist die dreidimensionale Welt der Objekte, die des Raumes und der Zeitdimension – die »explizite Ordnung«. Ihre Materie setzt sich aus einer dichten Struktur zusammen. Doch obgleich sie auf diese Art beschrieben werden kann, läßt sie sich so nicht verstehen. So präsentiert die moderne Physik zwar unzählige Gleichungen, ohne die wahre Bedeutung aufdecken zu können. Ein klares Verstehen wird nur auf einer tieferen Ebene möglich – der impliziten Ordnung eben, dem allumfassenden Hintergrund unserer physischen, psychischen und spirituellen Erfahrung. Deren Quelle wiederum liegt in einer noch feineren Dimension, der »supra-impliziten Ordnung«. Bohm beschreibt die implizite oder »eingefaltete« Ordnung durch die Analogie eines Hologrammes, bei dem jeder Teil gewissermaßen das Ganze beinhaltet. In anderen Worten: Auch im winzigsten Teil des Ganzen ist die gesamte Information enthalten. Auch in der wirklichen Welt sei das Ganze in jedes seiner Teile eingefaltet. Doch da Bohm das Hologramm selbst als Metapher zu statisch ist, spricht er lieber von der Dynamik einer »Holobewegung«, der dynamischen Struktur des Universums.

»Die Ordnung der Natur ist Ordnung«, hatte Krishnamurti gesagt, und in Dutzenden von Podiumsdiskussionen und persönlichen Gesprächen hatte sich gezeigt, wie verwandt der Physiker und der Mystiker in ihrem Denken waren. »Der Wissenschaftler hat die Berge der Unwissenheit mühsamst und fleißig erklommen. Er ist dabei, den Gipfel zu erobern, doch als er sich über den letzten Grat hinwegzieht, wird er von einer Gruppe von Mystikern und Religionsstiftern begrüßt, die dort seit Jahrtausenden auf ihn warten«, hat der NASA-Physiker Robert Jastrow einmal gesagt.

Die Erkenntnisse der Quantenphysik führten in der Tat zu einem neuen Denken, einem neuen, ganzheitlichen Weltbild. Und gewiß war es kein Zufall, daß Physiker immer öfter in östlichen Weisheitslehren Rat suchten, bis schließlich von einem »Tao der Physik« gesprochen wurde – so Capras Bestseller über das »Neue Denken«. »Tao«, ein Begriff aus dem Chinesischen, wurde von dem Mystiker Lao-Tse für das »unaussprechliche« Prinzip hinter der Schöpfung benutzt – Bohm würde sagen, für ihre »implizite Ordnung«.

In dieser internationalen Gruppe von Physikern, die gemeinsam die Quantentheorie formulierten und zu denen Max Planck, Albert Einstein, Niels Bohr, Erwin Schrödinger, Wolfgang Pauli, Werner Heisenberg und Paul Dirac gehörten, kam es immer wieder zu Diskussionen über das

Weltbild östlicher Mystiker. Und viele der Physiker wurden selbst zu Mystikern.
»In jedem Fall dürfen wir sagen, daß nach allem, was die exakte Naturwissenschaft lehrt, im gesamten Bereich der Natur, in der wir Menschen auf unserem winzigen Planeten nur eine verschwindend kleine Rolle spielen, eine bestimmte Gesetzmäßigkeit herrscht, welche unabhängig ist von der Existenz einer denkenden Menschheit, welche aber doch, soweit sie überhaupt von unseren Sinnen erfaßt werden kann, eine Formulierung zuläßt, die einem zweckmäßigen Handeln entspricht. Sie stellt also eine vernünftige Weltordnung dar, der Natur und Menschheit unterworfen sind, deren eigentliches Wesen aber für uns unerkennbar ist und bleibt, da wir nur durch unsere spezifischen Sinnesempfindungen, die wir niemals vollkommen ausschalten können, von ihr Kunde erhalten«, erklärte Max Planck und postulierte die Existenz einer »über die Natur regierenden allmächtigen Vernunft«.
Niels Bohr philosophierte über die »Einheit des Wissens«. Ernst Schrödinger setzte sich mit dem Vedanta auseinander, einem indischen philosophischen System, das lehrt, daß die wahrgenommene Vielfalt der Schöpfung nur ein Schein ist, in Wahrheit gar nicht existiert. Sie ist nur eine Manifestation des Einen, des Weltgeistes Brahman.
Werner Heisenberg schließlich wurde während seiner späten Jahre in Göttingen gar »der Buddha« genannt, nicht nur wegen seiner Erscheinung, sondern speziell wegen seines großen Interesses für die buddhistische Weltsicht. Nicht umsonst stellt Capra ein Heisenberg-Zitat einer Aussage des großen buddhistischen Lehrers Lama Anagorika Govinda gegenüber, um die Verwandtschaft zwischen dem »Geist der Quantentheorie« (Heisenberg) und der Lehre des Buddhismus aufzuzeigen. So sagte der Physiker: »Die Welt erscheint in dieser Weise als ein kompliziertes Gewebe von

Vorgängen, in dem sehr verschiedenartige Verknüpfungen sich abwechseln, sich überschneiden und zusammenwirken und in dieser Weise schließlich die Struktur des ganzen Gewebes bestimmen.« Und der Lama erklärte: »Der Buddhist glaubt nicht an eine unabhängig oder getrennt existierende äußere Welt, in deren dynamische Kräfte er sich hineinprojizieren könnte. Die äußere Welt und seine innere Welt sind für ihn nur zwei Seiten desselben Gewebes, in dem die Fäden aller Kräfte und aller Ereignisse, aller Formen des Bewußtseins und ihrer Objekte zu einem unauslöslichen Netz von endlosen, sich gegenseitig beeinflussenden Zusammenhängen verwoben werden.«

Diese Vermählung von Ost und West führte zur Geburt eines neuen Denkens. Die sechziger Jahre, die Zeit der Studentenrevolte, waren dafür der richtige Nährboden. Als es galt, mit dem »Muff von tausend Jahren« aufzuräumen, der sich angeblich »unter den Talaren« der Professoren angesammelt hatte, holten sich viele junge Akademiker Orientierungshilfe aus dem Osten.

Indische Weise und Tai Chi-Meister aus China, Zen-Buddhisten aus Japan und tibetische Lamas wurden zu Vorträgen auf dem Campus zahlreicher westlicher Universitäten eingeladen. Gebannt lauschten die Studenten, darunter viele junge Naturwissenschaftler, ihren Worten – und zogen ihre eigenen Schlüsse in der nachfolgenden Diskussion, die sich oft bis in die Nacht hinein erstreckte. Und bald entstand im sonnigen Kalifornien, wo dieses »East meets West« besonders enthusiastisch zelebriert wurde, ein Schlagwort für den kulturellen Dialog auf der Suche nach einem ganzheitlichen, neuen Weltbild, das quasi den philosophischen Überbau für die Entdeckungen der Quantenmechanik liefern könnte: »New Age« wurde es geheißen, das »Neue Zeitalter«. Und es schien sich zu bewahrheiten, was Werner Heisenberg prophezeite: »Wahrscheinlich darf man ganz allgemein sagen, daß sich in der Geschichte des menschlichen Denkens oft die fruchtbarsten Entwicklungen dort ergeben haben, wo zwei verschiedene Arten des Denkens sich getroffen haben. Diese verschiedenen Arten des Denkens mögen ihre Wurzeln in verschiedenen Gebieten der menschlichen Kultur haben oder in verschiedenen Zeiten, in verschiedenen kulturellen Umgebungen oder verschiedenen religiösen Traditionen. Wenn sie sich nur wirklich treffen, d. h. wenn sie wenigstens so weit zueinander in Beziehung treten, daß eine echte Wechselwirkung stattfindet, dann kann man darauf hoffen, daß neue und interessante Entwicklungen folgen.«

Einer der jungen Naturwissenschaftler, die zu diesem interkulturellen Dialog nach Osten aufbrachen, war der junge Biochemiker Dr. Rupert Sheldrake. Nach seiner Promotion an der renommierten Universität von Cambridge erhielt Sheldrake ein Forschungsstipendium der Royal Society. Dann ging er nach Haiderabad in Indien, wo er für das Intercontinental Crops Research Institute for Semi Arid Tropics (ICRISAT) arbeitete. Das Institut hatte einen Biologen gesucht, der den Anbau von Hülsenfrüchten überwachen sollte, und Sheldrake versuchte, zwei Erbsenarten und verschiedene Hülsenfrüchte zu veredeln, die den ärmsten Bauern als Nahrung dienten.

Sheldrake war auf eigenen Wunsch nach Indien gegangen. Schon während seines Studiums hatte er sich mit der indischen Philosophie befaßt, und eine Aufgabe als Biologe in Indien erschien ihm der beste Weg, seine persönliche Suche mit seiner Arbeit zu verbinden. Seine Begegnungen mit verschiedenen hinduistischen Lehrern, seine ausgedehnten Gespräche in den Ashrams und im Hauptquartier der Theosophischen Gesellschaft in Adyar stießen bei Sheldrake auf fruchtbaren Boden. Sie halfen ihm, Antworten auf Fragen zu finden, die für ihn als jungen Biologen immer offen geblieben waren.

Gerade die Schriften der Theosophen inspirierten ihn: Sie hatten sich bereits Ende des letzten Jahrhunderts um einen philosophischen und wissenschaftlichen Ost-West-Dialog bemüht, östliche Denksysteme westlichen Modellen gegenübergestellt. Tatsächlich verstand sich ihr Grundwerk, die »Geheimlehre« der Helena Petrowna Blavatsky, als »die Vereinigung von Religion, Wissenschaft und Philosophie«.

In Tamil Nadu schließlich begegnete Sheldrake dem britischen Benediktinerpater Bede Griffith, der einen christlichen Ashram mit hinduistischem Lebensstil gegründet hatte und sich um den Brückenbau zwischen den Religionen bemühte. Hier zog sich Sheldrake einige Monate zurück, um seine Theorien in einem Buch zusammenzufassen.

Sheldrakes Buch »Das schöpferische Universum« erschien 1981 und löste in Fachkreisen eine überaus heftige Kontroverse aus. »Nature«, eine der bedeutendsten wissenschaftlichen Zeitschriften Englands, nannte es »den besten Kandidaten für eine Bücherverbrennung seit vielen Jahren«, während der »New Scientist« es als »eine der wichtigsten wissenschaftlichen Untersuchungen über die Natur der biologischen und physikalischen Wirklichkeit« bezeichnete. Darin formulierte Sheldrake einen der wichtigsten Beiträge zur holistischen Weltschau: daß nämlich ein »morphogenetisches Feld« in und um jeden Organismus existiert wie ein Magnetfeld in und um den Magneten. Die morphogenetischen Felder aller Organismen, so Sheldrake, sind durch die morphische Resonanz miteinander verbunden. Diese morphische Resonanz ist die lenkende Kraft jenseits der materiellen Welt. Sie verbindet alle Lebewesen miteinander, bestimmt die Evolution: Als die erste Verbindung eines Protons mit einem Elektron das Wasserstoffatom erzeugte, war es die »morphische Resonanz«, die bewirkte, daß sich dieser Vorgang wiederholte: Der Erfolg der ersten Verbindung schuf ein Feld, das die anderen Protonen und Elektronen veranlaßte, den Vorgang nachzuahmen.

In den zehn Jahren seit der Veröffentlichung von Sheldrakes Buch sind buchstäblich Hunderte von Experimenten zur Überprüfung dieser These durchgeführt worden. Sie gehen meist der Sheldrakeschen Voraussage auf den Grund, ob sich die Lerngeschwindigkeit bei jeder Teilnehmergruppe exponential vergrößert: Je mehr Personen sich etwas aneignen, um so schneller lernen es die folgenden. Und tatsächlich fielen die meisten dieser Experimente eindeutig zugunsten von Sheldrake aus. So auch der jüngste Versuch, den der Göttinger Psychologieprofessor Suitbert Ertel, ursprünglich ein entschiedener Gegner Sheldrakes, in Zusammenarbeit mit der Philip-Morris-Zeitung »Übermorgen« (Auflage 500000) konzipierte. Ertel veröffentlichte nämlich in »Übermorgen« ein Silbenrätsel mit zehn Schlüsselworten, das die Leser des Magazins lesen sollten. Er fragte z. B. nach der Auflösung des Schlüsselwortes »Linamode« und erwartete die Antwort »Limonade«. Zudem bat er die Leser, sich jedes Schlüsselwort einzuprägen und sich als freiwillige Testpersonen in Sachen Sheldrake zu melden. Von über tausend Bewerbungen wählte der Göttinger Psychologe 50 Testpersonen aus. Eine telefonische Überprüfung hatte ergeben, daß sie im Durchschnitt 6,4 der 10 Schlüsselworte aus »Übermorgen« lösen konnten. »Es war daher zu vermuten, daß knapp tausend ›Übermorgen‹-Leser die Schlüsselworte sehr sorgfältig gelöst hatten und Tausende andere sie zumindest mit einem kleinen Einsatz beim Frühstück oder im Zugabteil angegangen waren«, folgerte Ertel. »Damit wäre zumindest – nach Sheldrake – ein ›morphogenetisches Feld‹ programmiert.«

Testfeld war die »Übermorgen«-Diaspora Dresden. Dort, wo das Heft zur Zeit des Testes, im Sommer 1990, nicht ausgeliefert worden war, konnte auch niemand »geübt« haben. Von seinem Kollegen Professor Esser von der Universität Dresden ließ Professor Ertel die Silbenrätsel einer Gruppe von 120 Studenten vorlegen. Davon 60 in den Monaten vor Erscheinen von »Übermorgen« und 60 in den Monaten danach. Ergebnis: Die nach Erscheinen des Magazins befragten Dresdener lernten mit einer Ausnahme alle Worte schneller als ihre Kommilitonen vorher. Lernen Menschen also wirklich Dinge schneller, die andere schon vor ihnen geübt hatten? Jedenfalls haben ähnliche Experimente selbst hartgesottene Skeptiker der Sheldrakeschen Thesen zum Nachdenken gezwungen. Auch Zoltan Dienes von der Universität Oxford publizierte kürzlich ein Experiment, bei dem Lerngruppen nach Sheldrakeschem Muster am Bildschirm Druckfehler von Mal zu Mal schneller erkannten. Und Stephen Rose von der London Open University, der Sheldrake öffentlich angriff, mußte nach einem selbstinszenierten Versuch inzwischen zugeben, daß Hühner im Sheldrakeschen Sinn von Gruppe zu Gruppe schneller lernen, falsches Futter vom richtigen zu unterscheiden.

Welche Konsequenzen bringen Sheldrakes »morphogenetische Felder« nun für unser Weltbild mit sich? Wie mir der Brite in einem Interview erklärte, existieren diese potentiellen Organisationsmuster im gesamten Universum, und – ungeachtet der astronomischen Entfernungen – sie können miteinander kommunizieren, d. h. Gedanken, Ideen und Formen empfangen, verstärken und übertragen. So glaubt Sheldrake, daß sich überall im Universum Organisationsformen wie Moleküle, Kristalle, Sterne, Galaxien und Lebensformen wiederholen. Sollte sich also auf anderen Planeten bereits Leben entwickelt haben, wäre anzunehmen, daß sich auf vielen Welten mit ähnlichen Grundbedingungen das gleiche Evolutionsschema wiederholt. Damit gäbe es im

Universum ein kosmisches Resonanzgeflecht. Und es wäre nicht abwegig, sich dies als einen allumfassenden Organismus vorzustellen, dessen morphisches Feld alle untergeordneten Felder einschließt, beeinflußt und verbindet.
Während Sheldrake überzeugt ist, daß dieses morphogenetische Weltgedächtnis im Laufe einer evolutionären Entwicklung geschaffen wird, geht Einstein-Schüler David Bohm noch einen Schritt weiter. Er behauptet sogar, daß die mysteriösen »morphogenetischen Felder« durch seine Theorie der »impliziten Ordnung« erklärt werden. »Man könne sich die implizite Ordnung als einen Basisgrund jenseits der Zeit vorstellen, als eine Totalität, aus der heraus jeder Augenblick in die explizite Welt projiziert werde. Bei häufiger Wiederholung dieses Prozesses entwickele sich eine konstante Komponente aus dieser Serie von Projektionen, das heißt: Eine klare Gliederung werde aufgebaut. Durch diesen Prozeß würde die Tendenz zur Wiederholung oder Nachbildung früherer Formen in der Gegenwart aufleben. Und das ähnele den morphogenetischen Feldern und der morphischen Resonanz von Sheldrake«, erklärte Bohm der Journalistin Renée Weber. »Sehen Sie, wenn sich die explizite Ordnung dann in die implizite Ordnung einfaltet, die keinen isolierten Ort besitzt, sind alle Orte und Zeitpunkte miteinander verwoben.«
Die Gewißheit, »daß alles mit allem in Verbindung steht«, führt zu dem, was Ken Wilber als »das holographische Weltbild« bezeichnet – mit anderen Worten, daß der gesamte Kosmos ein Hologramm ist, dessen einzelne Bausteine jeweils die Gesamtheit des Universums widerspiegeln, und daß das menschliche Gehirn ein holographisches Abbild der Welt darstellt, das als Mikrokosmos die Information des gesamten Makrokosmos enthält.

IV

Metadenken – die nächste Stufe der Evolution

Das animalische Wesen Mensch wird durch das Großhirn zu einer Reihe von gedanklichen Aktionen befähigt – einmal zum Denkvorgang an sich, des weiteren zum Abstraktionsvermögen, in anderen Worten: zum Denken in immateriellen Begriffen. Daraus entwickelte sich als unmittelbare Folge die menschliche Sprache. Doch um Gedanken auszudrücken, ist eine hochentwickelte und reichgegliederte Sprache nur dann notwendig, wenn die Befähigung zu abstraktem Denken vorhanden ist. Dieses erste Abstraktionsdenken muß daher als Reaktion auf Gefühle angesehen werden, die vor allem den Selbsterhaltungs- und Geschlechtstrieb betreffen. Die zweite Stufe des Denkens, also die bewußte Objektivierung des Betrachters gegenüber dem Betrachteten, setzte wahrscheinlich verhältnismäßig spät ein. In dieser Art des berechnenden menschlichen Denkens, die Ratio genannt wird, verzichtet der Denkende auf jede unmittelbare und sensible Beziehung zum Objekt, das er betrachtet, und bemüht sich, reale Vorgänge zu beschreiben und zu analysieren.

Der Mensch lebt im dauernden Konflikt mit den drei Ebenen seines Denkvermögens, und zwar mit der animalischen, der emotionalen und rationalen. Sie bereiten ihm besondere Schwierigkeiten und werden sein künftiges Schicksal bestimmen. Die rationale Denkungsart des Menschen wird mit weiterer Technologisierung und wissenschaftlichem Fortschritt zunehmend an Bedeutung gewinnen. Wenn

auch der Mensch heutzutage vorwiegend durch die Technik mit ihren Errungenschaften leben kann, haben es die Naturwissenschaften als Träger und Förderer der Technik leider unterlassen, eine annehmbare Synthese zwischen der Welt des Gefühls und der Vernunft zu finden.
Es kann nicht im Interesse der Vertreter der Naturwissenschaften sein, das Gefühlsleben der Menschen mit seinem Reichtum an Fantasie und Kreativität zu diffamieren oder gar abschaffen zu wollen. Das wäre unwissenschaftlich. Nicht zuletzt beweist gerade die Naturwissenschaft heute, daß der Mensch ohne ein ausgewogenes Gefühlsleben und das Potential seiner Intuition verloren ist. Nach neuesten Forschungsergebnissen lassen sich die Facetten der Wirklichkeit nur durch die Synthese von Vernunft und Gefühl erfassen.

Anfang der sechziger Jahre kam das mittlerweile zum Modeutensil avancierte Hologramm in Umlauf. Es war ursprünglich ein technisches Hilfsmittel, das auf einer mathematischen Erfindung von Dennis Gabor basierte. Um das Auflösungsvermögen von Elektronenmikroskopen zu verbessern, entwickelte er eine neue Technik der photographischen Speicherung. Er hielt nicht die Intensität des reflektierten oder übertragenen Lichtes auf Film fest, sondern das Quadrat der Intensität und das Intensitätsverhältnis zwischen einem bestimmten Lichtstrahl und den benachbarten Strahlen. Dieses Verfahren läßt sich am besten folgendermaßen erklären: Wir schneiden beispielsweise von der photographischen Platte mit der holographischen Aufnahme eines Menschen den obersten Teil ab. Dann projizieren wir diesen Teil, um das daraus erhaltene Bild zu betrachten. Aber jetzt sehen wir nicht etwa nur den Kopf, also den obersten Teil des ursprünglichen Bildes, sondern den auf der ursprünglichen Platte abgebildeten ganzen Menschen, da jeder Teil des Hologrammes das gesamte Bild in verdichteter Form enthält.

Ebenfalls Anfang der sechziger Jahre entdeckte der amerikanische Neurochirurg Karl II. Pribram eine Parallele zwischen diesem Hologramm-Effekt und dem Verhalten des Gehirns. In Wien geboren, kam er als Achtjähriger in die USA, studierte und promovierte in Chicago. Bevor er unter dem bekannten Gehirnforscher Karl Lashley mit seinen ersten Forschungsarbeiten begann, praktizierte er in Florida. Lashley hatte 30 Jahre lang nach dem Engramm gesucht – dem Sitz und der Substanz des Gedächtnisses. Er hatte Versuchstiere dressiert und dann selektiv in Abschnitte ihres Gehirns eingegriffen – aber erfolglos. Durch die Entfernung von Gehirnteilen hatte sich zwar ihre Leistungs- und Bewegungsfähigkeit verschlechtert, offensichtlich aber nicht ihr Gedächtnis. Mit der lakonischen Feststellung, seinen Forschungen zufolge könne Lernen einfach nicht möglich sein, gab er sein Projekt an Pribram ab.

Nach seiner Berufung an die renommierte Yale-Universität nahm dieser Lashleys Studien wieder auf. Nun stellte Pribram fest, daß Menschen, die einen Schlaganfall oder eine Gehirnverletzung erlitten haben, im allgemeinen keine bestimmte Gedächtnisspur einbüßen. Das Gedächtnis schien also etwas Ganzheitliches zu sein, etwas, das so über das Gehirn verteilt ist, daß selbst große Beschädigungen kein bestimmtes Erinnerungsdetail entfernen.

Die ersten Publikationen über Holographie ließen Pribram Parallelen erkennen: Immer deutlicher zeichnete sich für ihn ab, daß das Gehirn in vieler Hinsicht wie ein Hologramm funktioniert. 1966 veröffentlichte er sein erstes Arbeitspapier, in dem er diesen erstaunlichen Zusammenhang postulierte. In den folgenden Jahren entdeckten Pribram und andere Forscher dann etwas, was die neurale Strategie des Gehirns bei der Wahrnehmung und Verarbeitung von Wissen ausmacht. Es hat nämlich den Anschein, als nehme das Gehirn beim Sehen, Hören, Riechen und Fühlen komplexe Berechnungen auf den Frequenzen der Daten vor, die es aufnimmt. Diese mathematischen Vorgänge haben zu der realen Welt, wie wir sie wahrnehmen, keine von unserer gewöhnlichen Vorstellungskraft nachvollziehbare Beziehung.

Pribram glaubt, diese komplizierten Berechnungen entstünden, wenn ein Nervenimpuls die Hirnzellen mit ihrem feinen Fasernetz passiert. Sobald der Impuls die Zelle kreuzt, bewegen sich die Fasern in langsamen Wellen. Und diese Schwingungen üben möglicherweise die Rechenfunktion aus. Bei der Herstellung eines Hologramms werden die Lichtwellen zunächst kodiert; durch das daraufhin projizierte Hologramm wird das Bild wieder dekodiert oder geordnet. Auf ähnliche Weise kann das Gehirn vielleicht die von ihm gespeicherten Gedächtnisspuren entschlüsseln. Und ebenso wie das Hologramm auf winzigem Raum Milliarden von Informationseinheiten (Bits) speichern kann, ist auch das Gehirn dazu in der Lage. Mehr noch: Das ganze Bild ist überall auf der Platte gespeichert – wie offenbar das Gedächtnis überall im Gehirn.

In den Jahren 1970/71 begann Pribram, sich mit einer weiteren Frage zu beschäftigen. Angenommen, das Gehirn erkennt Informationen durch die Bildung von Hologrammen und durch die Berechnung »ankommender« Frequenzen, dann stellt sich die Frage, wer oder was diese Hologramme im Gehirn interpretiert? Was ist dieses »Ich« – dieses »Etwas«, das sich des Gehirns bedient? Eine Frage, die vor Pribram schon viele der großen Philosophen beschäftigte. Die treffendste Antwort aber stammt vom heiligen Franz von Assisi: »Das, wonach wir suchen, ist das, was sucht.«

Auf einer Konferenz in Minnesota kam Pribram dann die Erleuchtung. Ein Vertreter der Gestalt-Psychologie behauptete, daß das, was wir »da draußen« wahrnehmen, mit den Vorgängen in unserem Gehirn identisch, »isomorph«, sei. Darauf konnte es für Pribram nur eine Antwort geben: »Vielleicht ist die Welt selbst ein Hologramm!« Eine Feststellung, die ihn im gleichen Augenblick schockierte. Waren die Zuhörer neben ihm, die Menschen um ihn, etwa Hologramme? Darstellungen und Frequenzen, von seinem eigenen Gehirn und denen der anderen interpretiert? War die

Wirklichkeit selbst von Natur aus holographisch, und funktionierte das Gehirn holographisch? Dann wäre wahr, was der Buddha und die Philosophen des Ostens lehrten: Dann wäre die Welt tatsächlich nur Maya, ein magisches Trugbild; dann wäre ihre konkrete Erscheinung nichts weiter als eine Illusion.

Bei der nächsten Gelegenheit diskutierte Pribram dieses Problem mit seinem Sohn, einem Physiker. Dieser meinte, daß gerade einer der großen Physiker unserer Zeit, der Einstein-Schüler David Bohm, ein ähnliches Modell aus den Beobachtungen der Quantenmechanik hergeleitet habe. Kurz darauf konnte er seinem Vater einige Publikationen Bohms besorgen. Dem Neurologen fiel es wie Schuppen von den Augen: Bohm beschrieb ein holographisches Universum, in das sich seine Entdeckungen harmonisch einfügten. Am meisten faszinierte ihn der Aspekt der Bohmschen »Holobewegung«. Seit Galilei, sagte Bohm, haben wir diese Welt durch Linsen betrachtet: durch Teleskope und Mikroskope. Unsere eigene Tendenz zum »Objektivieren« verändert das, was wir zu sehen hoffen. Wir wollen die Umrisse eines Objektes sehen, wollen, daß die scheinbare Realität für einen Augenblick stillhält, während doch seine wahre Natur zu einer anderen Ordnung der Wirklichkeit gehört, zu einer anderen Dimension, in der es keine »Dinge« gibt. Das ist, als würden wir das »Beobachtete« scharf einstellen wie ein Dia, wenn doch das Verschwommene die genauere Darstellung ist.

Daraus schloß Pribram, daß auch der Berechnungsapparat des Gehirns wie eine Linse wirken könnte. Seine mathematischen Umwandlungen machen aus Verschwommenem und Frequenzen Objekte, verwandeln sie in Klänge und Farben, Gerüche und Geschmack. Und er fragte sich, ob die Wirklichkeit vielleicht gar nicht das ist, was wir durch unsere Augen sehen und mit unseren Ohren hören – daß unsere

Sinnesorgane und die von unserem Gehirn vorgenommenen Berechnungen auch nur »Linsen« sind, die uns allein eine im Frequenzbereich organisierte Welt erkennen lassen. »Kein Raum, keine Zeit – nichts als Geschehnisse«, sagt Pribram. »Könnte es sein, daß wir unsere Realität aus diesem Bereich herauslesen?«

Ist Geist also eine Eigenschaft, die durch die Wechselwirkung des Organismus mit seiner Umwelt entsteht, oder reflektiert Geist die grundlegende Ordnung des Universums, zu dem das Gehirn gehört? Damit wären Bildwahrnehmungen mentale Konstruktionen. Sie ergeben sich aus Prozessen, zu denen das Gehirn als ein Objekt und die Sinne als Objekte in ihren Wechselbeziehungen mit der Umwelt beteiligt sind. Vorstellungsbilder entstehen bei jeder objektiven oder objektivierenden philosophischen Formulierung.

Pribram beschloß, diese These mit einem Experiment zu überprüfen. Er ließ mit einem Computer verbundene feine Drahtsonden in das Gehirn von Versuchspersonen einführen. Dann setzte er diese vor einen Fernseher, auf dem nichts anderes zu sehen war als »Schnee«, »weißes Rauschen«. Auf diese Weise sollte die Reaktion eines Neurons, einer Nervenzelle im Gehirn, getestet werden. Aus dem »weißen Rauschen« des Fernsehers sollte sich die Zelle ein beliebiges Muster zum Reagieren heraussuchen. Ergebnis: Die Gehirnzelle griff offenbar aus beliebigen Gründen Geräusche und Bilder heraus, um daraus ein Bild zu formen.

Pribram: »Wenn unsere Zellen so angelegt sind, daß sie diese Muster aus dem Rauschen erschaffen, woher wissen wir, was wirklich vorhanden ist? Wir wissen es nicht, weil wir immer unsere eigene Wirklichkeit aus dem konstruieren, was uns gewöhnlich als diffuses Rauschen erscheint. Es ist jedoch ein strukturiertes Rauschen: Wir haben Ohren wie Radio-Tuner und Augen wie Fernseh-Empfänger, die bestimmte Programme auswählen. Mit anderen Tunern können wir andere Programme hören.«

Pribram meint, daß uns Zustände jenseits des strukturierenden Denkens Zugang zu anderen Bereichen unseres Holoversums verschaffen. Denn sollte das Gehirn wirklich wie ein Hologramm funktionieren, dann könnte es Zugang zu einem größeren Ganzen haben, einem Feld oder »holistischen Frequenzbereich«, der die Grenzen von Raum und Zeit transzendiert. Und dieser Bereich, so mutmaßt der Neurologe, scheint jene transzendentale Wirklichkeit zu sein, die die großen Mystiker von Buddha bis Meister Eckhart, von Shankara bis Krishnamurti erfahren und beschrieben haben.

Aus der Synthese von Pribram und Bohm entstand das »holographische Weltbild«: Das Gehirn ist ein Hologramm, das ein holographisches Universum wahrnimmt und an ihm teilhat. Im entfalteten oder manifesten Bereich von Raum und Zeit scheinen die Dinge getrennt und verschieden. Unter der Oberfläche jedoch, im »eingefalteten« Frequenzbereich, sind alle Dinge und Geschehnisse raumlos, zeitlos, immanent, eins und ungeteilt. Daher könnte die mystische Erfahrung auch aus naturwissenschaftlicher Sicht eine echte und legitime Erfahrung dieses verflochtenen universalen Urgrundes sein – und nicht etwa eine religiöse Schwärmerei.

Vielleicht sind die neuralen Interferenzmuster des Gehirns, seine mathematischen Berechnungen, mit dem Urgrund des Universums identisch. Mit anderen Worten: Unsere mentalen Prozesse bestehen aus demselben »Stoff« wie das organisierende Prinzip. Damit wäre die wirkliche Natur des Universums immateriell, aber geordnet, wie es der Astronom Arthur Eddington annahm, als er sagte: »Der Stoff, aus dem das Universum besteht, ist Geiststoff.«

Auch der Kybernetiker David Forster beschrieb ein »intelligentes Universum«, dessen konkretes Erscheinungsbild durch kosmische Daten aus einer nicht erkennbaren organisierten Quelle erzeugt wird. Wie es die Zukunftsforscherin Marylin Fergusson formulierte, hieße das aber: »Aufgrund von Berechnungen konstruiert unser Gehirn die ›harte‹ Wirklichkeit durch Interpretation von Frequenzen aus einer Dimension, die Raum und Zeit transzendiert. Das Gehirn ist ein Hologramm, das ein holographisches Universum interpretiert.«

Ken Dychtwalt faßt das neue, holographische Paradigma in fünf Punkten zusammen:

»1. Etwas wie reine Energie oder reine Materie gibt es in Wirklichkeit nicht. Jeder Aspekt des Universums scheint weder ein Ding noch ein Nichtding zu sein, sondern existiert vielmehr als Manifestation von Schwingungen oder Energie.

2. Jeder Aspekt des Universums ist für sich ein Ganzes, ein vollständiges Sein, ein für sich bestehendes umfassendes System, das einen vollständigen Speicher von Informationen über sich selbst enthält.

3. Jeder Aspekt des Universums scheint Teil eines größeren Ganzen, eines großartigeren Seins und umfassenderen Systems zu sein.

4. Da jeder Aspekt des Universums durch Schwingungen zum Ausdruck kommt und sich alle wellenförmigen Ausdrucksformen innerhalb des Havpthologramms vermischen, enthält jeder Aspekt des Universums Wissen um das Ganze. Da außerdem jeder schwingungsmäßige Ausdruck einer jeden holographischen Einheit auch eine Aussage reiner Information darstellt, können wir erwarten, daß jeder einzelne Aspekt die Fähigkeit besitzt, intime Kenntnis von allen anderen einzelnen Aspekten innerhalb des Haupthologrammes zu besitzen.

5. Innerhalb des holographischen Paradigmas existiert Zeit nicht als ein lineares Dahinticken von Augenblicken vom ›Jetzt‹ zum ›Soeben vorbei‹. Statt dessen kann sich Zeit sehr wohl multidimensional in viele Richtungen gleichzeitig bewegen.«

Da unser konventionelles »Denken« offenbar nicht ausreicht, um das Holoversum in seiner Ganzheit zu erfassen, wird von diesem neuen Weltbild »Neues Denken« gefordert: ein Erfassen der Ganzheit, ein Meta-Denken.

Der Dialog mit Krishnamurti hat auch David Bohm überzeugt, daß das konventionelle Denken nicht etwa die Wirklichkeit ergründet, sondern sie verfälscht. Denken ist, so Bohm, eine »versteinerte« Art des Bewußtseins, die immer nur im Bereich des bereits Bekannten operiert, statt kreativ und dynamisch zu sein. Die Wirklichkeit dagegen entsteht jeden Augenblick neu. Oder, wie es Krishnamurti einmal formulierte: Je mehr wir von der »Wahrheit« reden oder sie auch nur denken, desto mehr entfernen wir uns von ihr – ein Statement, das an Heisenbergs Unschärfeprinzip erinnert. Es ist, so Krishnamurti, der Denkende, das Ich, der Schöpfer des Denkens über das Heilige, der durch diesen Akt die Unreinheiten – Zeit, Ego, Sprache, Dualismus – hineinbringt und dadurch verdunkelt, was anderenfalls »unbefleckt« wäre. Durch das interpretierende Denken bauen wir einen Dualismus auf, der uns vom Sein entfernt, von dem wir ein Teil sind.

Die Voraussetzung für diesen nicht-dualistischen Zustand ist, so Bohm, Leere. Leere, die uns in ein rezeptives Instrument verwandelt, zum Teil des Ganzen. Die »Linsen«, durch die wir die Welt betrachten, müssen ausgeschaltet werden; das heißt, man muß sich vom trennenden Ego lösen und zu einem leeren Kanal für die Ganzheit werden, die unser Urquell ist. Es ist der Zustand, der im Osten durch das

Mittel der Meditation angestrebt wird und dort »Samadhi« heißt – wörtlich übersetzt »die große Stille«. Immer haben die großen Mystiker versucht, diese Erfahrung mit Worten zu beschreiben.

»Kein Denken, keine Form, nur reine Existenz.
Verebbt sind Wille und Gedanken.
Das letzte Ende des Tanzes der Natur:
Ich bin Es, das ich gesucht habe.«

So formuliert der Yogi und spirituelle Lehrer Sri Chinmoy den Zustand der Versenkung in die All-Einheit. Die Parallele zum holographischen Weltbild ist offensichtlich.
Damit bewahrheitet sich, was 1978 der amerikanische Psychologe Lawrence Beynam wie folgt diagnostizierte: »Wir erleben gegenwärtig einen Paradigmenwechsel in den Naturwissenschaften – vielleicht den größten Wandel dieser Art aller Zeiten. Es ist das erste Mal, daß wir auf ein umfassendes Modell für mystische Erfahrungen gestoßen sind, das noch den zusätzlichen Vorteil besitzt, aus den fortgeschrittensten Ideen zeitgenössischer Physik abgeleitet zu sein.« Vielleicht hat David Bohm recht, wenn er zum Thema Mystiker sagt: »Die Leute hatten in der Vergangenheit Einblick in eine Form der Intelligenz, die das Universum strukturiert hat, und sie haben sie personifiziert und ›Gott‹ genannt.«
Die Psychologen Anderson und Bentov stellten in diversen Arbeiten die These auf, daß das gesamte Informationspotential des Universums holographisch im Spektrum der Frequenzmuster verschlüsselt ist, von denen wir ständig bombardiert werden. Meditation, so behaupten sie, könne das Gehirn so ruhigstellen, daß es sich auf dieses universale Frequenzmuster einstimmen oder damit in Resonanz treten kann. Geschieht dies, wird die verschlüsselte Information

über das Universum holographisch entschlüsselt, und das Individuum erfährt einen Zustand des Einsseins mit dem Bewußtsein des ganzen Holoversums. Bestätigt wird diese These durch die Ergebnisse der EEG-Untersuchungen der Neurologen Banquet, Gellhorn und Kiely, die diese an Testgruppen von erfahrenen Meditierern durchführten. Das EEG ergab, daß tatsächlich in tiefer Meditation eine Synchronisierung des gesamten zerebralen Kortexes stattfindet. Das aber führt zu der offensichtlichen Schlußfolgerung, daß ein holographischer Mechanismus das gesamte Gehirn mit einbezieht.

Beim »normalen«, analytischen Denken dagegen ist nur die linke Gehirnhälfte aktiv. In der Entwicklung des Menschen vollzog sich die Spaltung der Hirnhemisphären vor wenigstens 300 000 Jahren, als der Mensch unsicher begann, einen Sinn für den Faktor »Zeit« zu entwickeln. Solche Unterschiede in der Funktion der Gehirnhälften lassen sich bei Tieren nicht nachweisen. Dabei ist es geradezu sprichwörtlich, daß Tiere kein »Gestern und Morgen«, keine Zeit zu kennen scheinen und hauptsächlich in der Welt des Raumes leben.

Ein weiterer Faktor, der damals die Evolution des Menschen beeinflußte, war die Entwicklung der Sprache und damit der Ratio, verbunden mit der linken Gehirnhälfte, während die rechte für die Bilder zuständig ist. Zu diesem Zeitpunkt begann offenbar eine Entwicklung, deren vorläufiger Endpunkt der Rationalismus der Gegenwart ist, die Dominanz (und Diktatur) der Ratio, der rechten Gehirnhälfte. Und je mehr die beiden Gehirnhälften »auseinanderrückten«, um so mehr verstärkte sich im Denken ein Dualismus, ein Gefühl des Getrennt-Seins.

Folgende Eigenschaften werden den beiden Hirnhemisphären zugeordnet:

Linke Gehirnhemisphäre	*Rechte Gehirnhemisphäre*
Intellekt	Intuition
konkretistisch	metaphorisch
Zeit	Raum
unterscheidend	existentiell
analytisch	holistisch
Differenzierung	Integration
rational	intuitiv
männlich	weiblich
Sprache	Bilder
Materie	Geist

Die Überbetonung der Eigenschaften der linken Gehirnhemisphäre hat unser mechanistisches Weltbild hervorgebracht, dessen Folge eine Entfremdung des Menschen von der Schöpfung ist.

Wie sehr unsere Kultur auf die Ratio setzte, wird nirgends deutlicher als in Descartes berühmtem Ausspruch »Cogito, ergo sum« – »Ich denke, also bin ich«. Der abendländische Mensch identifiziert sich eher mit dem Verstand als mit seinem gesamten Organismus. Die Folge war nicht nur eine Trennung von Geist und Körper – es war die Trennung von Geist und Natur. Diese »cartesianische Spaltung«, wie Capra sie nennt, führte dazu, das Universum als ein mechanisches System zu sehen, das aus getrennten Objekten besteht, die wiederum auf fundamentale Bausteine der Materie reduziert werden können.

Für Descartes gab es »keinen Unterschied zwischen Maschinen, die von Handwerkern hergestellt wurden, und den Körpern, die allein die Natur zusammengesetzt hat«. Auch Newton sprach von der »Weltmaschine«, die sich durch Mathematik und durch allgemein gültige »Naturgesetze« erklären lasse. Der Raum war für ihn etwas Statisches, »immer gleich und unbeweglich Bleibendes«, während die

Zeit »gleichförmig und ohne Rücksicht auf irgendwelche äußeren Dinge« dahinfließt. Materie waren für Newton »feste, harte, massive, undurchdringliche, bewegliche Partikel«, die Gott »am Anfang« schuf. Erst die Ergebnisse der Quantenphysik zerstörten dieses Bild einer kausalen und völlig determinierten kosmischen Maschine.

Doch während die Paradigmen längst für ungültig erklärt wurden, beruht unser Weltbild zum großen Teil immer noch auf den im 16. und 17. Jahrhundert, also zu Beginn der Neuzeit festgelegten Prinzipien. In seinem Bestseller »Wendezeit« legt der kalifornische Physiker Fritjof Capra dar, wie tief unsere Gesellschaft durch das »newtonisch-cartesianische Paradigma« geprägt ist – und wie es nicht nur den Menschen unterdrückt und limitiert, sondern auch die derzeitige Umweltkrise verursacht.

Während der Mensch der Vorzeit die Erde als gute und nährende Mutter verehrte, war sie fortan nichts anderes mehr als ein toter Körper, ein riesiges Bergwerk, das nach Belieben ausgeplündert werden konnte. »Forscht man nach den Wurzeln unseres gegenwärtigen Unweltdilemmas und seinen Verknüpfungen mit Naturwissenschaft, Technologie und Wirtschaft«, stellt Carolyn Merchant, Wissenschaftshistorikerin an der Universität of California in Berkeley fest, »muß man die Ausformung einer Weltanschauung und einer Wissenschaft neu überdenken, welche die Beherrschung und Ausbeutung der Natur dadurch sanktionierte, daß man die Wirklichkeit eher als eine Maschine denn als lebenden Organismus betrachtet. In diesem Sinne müssen die Beiträge solcher Gründerväter der modernen Naturwissenschaften wie Francis Bacon, William Harvey, René Descartes, Thomas Hobbes und Isaac Newton neu bewertet werden.«

So sieht auch Capra ein neues, holistisches Weltbild als einzigen Ausweg aus der derzeitigen Menschheitskrise. Ein neues Paradigma, das Ursache und Wirkung integriert und den Menschen aus Verantwortung für das Ganze handeln läßt.

Hier öffnet das holographische Weltbild das Fenster zu einer tieferen, impliziten Wirklichkeit. Mehr noch, es eröffnet uns die Chance, in völlig neue Welten vorzudringen. Bisher verdrängte Aspekte unseres Seins, Phänomene wie Eingebung und Intuition, haben wieder einen festen Platz. Und das bedeutet den Aufbruch zu neuen geistigen Dimensionen.

Nennen wir dieses neue Denken »Metadenken«, da es die linke und rechte Hirnhemisphäre, Ratio und Intuition, Vernunft und Gefühl vereinigt. Es bedeutet: Mit dem Kopf fühlen und mit dem Herzen denken. So, und nur so, hat die Menschheit noch eine Chance, ihre Heimat, dieses wundervolle blaue Juwel im schwarzsamtenen All – die Erde –, zu retten.

Folgen wir dem Schweizer Kulturphilosophen Jean Gebser, so durchlief der Mensch durch die Jahrhunderte vier Bewußtseinsstrukturen: die archaische, die magische, die mythische und die mentale. Die »archaische Struktur« war die Zeit vor der Herausbildung der zwei Gehirnhemisphären, »die Zeit eines traumhaften Zustandes buchstäblicher Identität mit dem Körper und seiner Umwelt«. In der magischen Periode formte sich das Ich der Menschen, wurde der Mensch aus dem »Einklang« herausgelöst, begann der Kampf um die Macht und die Beherrschung der Naturkräfte. Das mythische Bewußtsein wurde von der Entstehung eines Gruppenbewußtsein geprägt, aber auch von der Polarität. Zum ersten Mal entwickelte der Mensch ein reflexives Zeitbewußtsein. Wir leben im »mentalen Bereich«, der mit der »Achsenzeit« um 500 v. Chr. einsetzte – als in der ganzen Welt die »großen Lehrenden« hervortra-

ten, ob Buddha oder Zarathustra, Laotse oder Konfuzius, Pythagoras oder Thales von Milet und schließlich innerhalb weiterer 200 Jahre noch Sokrates, Platon und Aristoteles. Der Mensch lernte, seine Welt mit dem Verstand zu ergründen, statt sie – wie im mythischen Zeitalter – staunend zu betrachten. Er entwickelte die Wissenschaften, die Mathematik, die Philosophie. Doch, so Gebser, ein neues Zeitalter steht bevor. Der Mensch, der von der Ichlosigkeit zur Ichhaftigkeit wanderte, muß den Zustand der Ichfreiheit erreichen – das integrale Bewußtsein, das »seine Prägung durch das Geistige und keineswegs durch das Intellektmäßige erhält«, wenn der Mensch, befreit von der trennenden Illusion des Egos, die Welt als ganzes quasi in der »unio Mystica« erfährt.
Die Entwicklung der letzten Jahre deutet darauf hin, daß wir uns tatsächlich wieder in einer »Achsenzeit« auf dem Weg zu einem neuen Bewußtsein befinden. So diagnostiziert der Zukunftsforscher und Managementtrainer Gerd Gerken in seinem »Radar für Trends« bereits eine »Krise des Fordismus«, des Systems der Massenproduktion und postuliert ein »anderes Denken in Paradoxa«. Denn, so Gerken, »es stirbt nicht nur der Fordismus, sondern es entsteht zugleich ein neuartiger Typus von Kultur, den Sorokin die ›integrale Kultur‹ genannt hat. Und das Kennzeichen dieser integralen Kultur ist, daß sie mit einer anderen Logik aufwartet..., der Logik des Paradoxen« – wie wir sie aus der Quantenmechanik kennen oder den Lehrreden des Jiddu Krishnamurti.
So spricht Gerken davon, daß die »wachsende Differenzierung« eine »wachsende Widersprüchlichkeit« mit sich bringt: »In einer integralen Kultur hört das Ich auf, im Mittelpunkt der Welt zu stehen. Da eine integrale Kultur immer eine »Sowohl-als-auch-Kultur« ist, löst sich das klare Ich mehr und mehr auf. Es entsteht das, was unter

Psychologen bereits als ›Multiphrenie‹ beschrieben wird – und ein Wachstum an Toleranz. Man kann andere Werte von anderen Gruppen, Szenen und Nationen dann besser tolerieren und lieben, wenn man die unterschiedlichen Wertesysteme ›wie Kunstwerke betrachtet‹.«

Es bleibt die Hoffnung, daß Metadenken wirklich zu mehr Toleranz unter den Menschen führt. Wird der religiöse Terminus »Mystiker« durch »Meta-Denker« ersetzt, muß man dem verstorbenen Jesuiten-Pater und Zen-Meister Hugo Enomiya Lassalle zustimmen: »Der Mensch der Zukunft wird Mystiker sein – oder er wird nicht sein.«

V

Die Rückseite des Chaos

Metadenken bedeutet nicht*lineares Denken, denn Linearität ist mit Stagnation gleichzusetzen. Doch nur durch dynamisches Denken – durch die Dynamik des Chaos – ergeben sich neue Möglichkeiten. Wissenschaftler erkennen in zunehmendem Maß, daß der beunruhigende Begriff Chaos mit einer profunden Ordnung fluktuierender Vernetzungen zusammenhängt. Obwohl die Chaosforschung beinahe jeden Lebensbereich berührt und von Fachleuten und Laien gleichermaßen diskutiert wird, sind die erstaunlichsten Mißverständnisse über diese Theorie im Umlauf.*

Von allen Physikern und Mathematikern der alten Schule, die sich mit dynamischen Systemen befaßt haben, hat der französische Mathematiker und Physiker Jules Henry Poincaré (1854–1912) das im Chaos verborgene Potential am besten erfaßt: »Ein geringfügiger Anlaß, der unserer Aufmerksamkeit entgeht, hat erhebliche Auswirkungen im Gefolge, die wir nicht übersehen können. Dennoch behaupten wir, daß diese Auswirkungen zufälliger Natur sind. Hätten wir Kenntnis über die Naturgesetze und das Universum im Zustand seines ersten Augenblicks, wäre es möglich, den Zustand des gleichen Universums in den nachfolgenden Momenten präzise vorauszusagen. Aber selbst wenn uns die Naturgesetze nicht länger ein Geheimnis vorenthielten, wäre uns der Zustand des Universums nur ungefähr bekannt.

Könnten wir somit den nachfolgenden Zustand ähnlich genau voraussagen, wäre alles Erforderliche erreicht, um feststellen zu können, das Phänomen sei vorhergesagt – durch die Gesetze gelenkt worden. Aber das trifft nicht immer zu. Denn kleine Differenzen in den ursprünglichen Bedingungen können im Endphänomen weitaus größere auslösen. Ein winziger, vorausgegangener Fehler kann später zu einem gewaltigen führen. Vorhersagen werden also unmöglich.«

Der Flügelschlag eines Schmetterlings in China könnte also in Europa einen Wirbelsturm entfachen. Aber selbst wenn wir das Flügelschlagen des Schmetterlings als Ursache des Wirbelsturms erkennen würden, sähen wir in diesem Vorfall höchstwahrscheinlich einen Zufall. Allerdings bliebe die Frage offen, warum *der Schmetterling in diesem entscheidenden Moment mit den Flügeln flatterte und damit eine schicksalhafte Eskalation im Wettergeschehen verursachte. Steht nicht hinter jedem Ereignis eine unendliche Kette von Ursachen – lauert nicht hinter jedem chaotischen Geschehen eine höhere Ordnung? Nur durch die Dynamik des Chaos können neue Strukturen entstehen. Hätten sich nämlich die Evolutionsprozesse in linearen Schritten vollzogen, gäbe es die Vielfalt des Lebens nicht. Denn es ist die dynamische Sprunghaftigkeit der Evolution, die die Vielfalt des Lebens und seine Fortentwicklung ermöglichte.*

Dazu stellt der Physiker Joseph Ford vom amerikanischen Georgia Institute of Technology fest: »Evolution ist Chaos plus Rückkoppelung.« Alles ist nur Übergang; Chaos und Ordnung sind eins. Denn Chaos ist Zufall mit Methode – und darauf beruht anscheinend auch das sogenannte Schicksal. Fällt Gottes Würfel also mit Methode?

Chaos – ein Wort, das für uns Wirrwarr, Durcheinander und Unordnung verkörpert. In der Mythologie dagegen wurde Chaos als der untergeordnete Urstoff vor der Schöpfung gedeutet. Danach »beschert« uns die Natur eine »Fülle von Chaos«: zum Beispiel Herzflimmern, das ebenso wie Epilepsie oder auch Wasserturbulenzen in der Brandungszone von Küsten als chaotischer Zustand angesehen wird.

Noch vor wenigen Jahren bevorzugte es die Wissenschaft, Phänomene dieser Art zu ignorieren, da die das Chaos beherrschenden Gesetzmäßigkeiten zu schwierig erschienen und sich nicht voraussagen ließen. Nachdem es jedoch inzwischen geglückt ist, Chaos mathematisch verständlich zu machen, ließen sich die Wissenschaftler davon überzeugen, daß beispielsweise das Muster epileptischer Anfälle in absehbarer Zeit geklärt werden kann – oder auch mit verläßlichen Wetter- und Erdbebenvoraussagen zu rechnen ist.

Dieses neue wissenschaftliche Konzept ist vor allem dem amerikanischen Physiker Mitchell Feigenbaum von der Cornell-Universität zu verdanken. 1977 begann er eine Arbeit auf seinem Spezialgebiet; er untersuchte nämlich das Verhalten mathematischer Gleichungen, wenn sie wiederholt auf sich selbst angewendet werden. Eine ganze Weile entsprachen sie den logischen Erwartungen, bis der Computer völlig unverhofft chaotisch anmutende Zahlenfolgen »ausspuckte«. Nun entdeckte Feigenbaum zu seiner Über-

raschung, daß der Übergang zwischen Ordnung und Chaos nach einer bestimmten Struktur ablief – ein Umstand, der von besonderer Bedeutung zu sein schien. Wie sich herausstellte, unterlagen die von dem Physiker angewandten einfachen Gleichungen beim Wechsel vom Zustand der Ordnung in den des Chaos dem Phänomen der Periodenverdopplung. Und diese dem Periodizitätsfaktor 4,669201 unterliegende Periodizität oder regelmäßige Wiederkehr läuft mathematisch mit äußerster Genauigkeit ab.
Feigenbaum nahm anfangs an, daß der Wert dieses Faktors bei anderen Gleichungen wechseln würde. Als sich jedoch herausstellte, daß eben dieser Periodizitätsfaktor die Veränderung von Ordnung und Chaos auch bei anderen Gleichungen bestimmte, zweifelte Feigenbaum sozusagen an seinem Verstand.
Das ganze Ausmaß dieser Entdeckung wird erst klar, wenn wir uns die Auswirkungen der Periodenverdopplung anhand eines Beispiels verdeutlichen. Angenommen, wir wandern mit einer Schafherde durch die endlosen Weiten des australischen Buschs: Wir würden miterleben, daß die Herde bei normaler Entwicklung durch den natürlichen Vermehrungsprozeß ständig größer wird. Es wäre nicht schwierig, die Wachstumsrate mathematisch zu errechnen. Würden im Busch allerdings unerwartet Zäune auftauchen, wäre das Wachstum der Herde vom nun vorhandenen Nahrungsangebot abhängig. Sobald die Herde alles abgeweidet hätte, würde sie sich von selbst reduzieren. Erst nach ausreichend nachgewachsener neuer Nahrung würde sie sich wieder vergrößern. In anderen Worten: Das Nahrungsangebot reguliert den Vermehrungs- oder Schrumpfprozeß der Herde. Die auf einen solchen Prozeß anwendbare Gleichung wäre zwar relativ einfach, aber nicht mehr linear.
Der periodische Wachstums- und Schrumpfprozeß könnte natürlich über längere Zeit hinweg vielen Veränderungen

preisgegeben sein. So könnten sich die zyklischen Schwankungen beispielsweise »auspendeln«, also allmählich schwächer werden, bis sich die Herde auf einem bestimmten Größenniveau stabilisiert.

Natürlich könnte sich auch ein anfangs schwankender Herdenbestand auf die Dauer festigen, und zwar durch zwei völlig unterschiedliche Populationsgrößen, die noch dazu ein übers andere Jahr wechseln. Unter Umständen könnte dieser regelmäßige Wechsel von einem auf zwei Jahre ausgedehnt werden, dann auf vier und sich immer weiter verdoppeln, bis dieser regelmäßige Ablauf unversehens im Chaos enden würde und das jährliche Anwachsen der Herde damit absolut nicht mehr berechenbar wäre. Hier ist also eine Periodenverdopplung im Spiel – ein periodisch ablaufendes Ereignis, bei dem die Ordnung während der immer länger werdenden Intervalle schließlich verlorengeht. Durch ein von Feigenbaum verfaßtes Konzept zur Untersuchung des Übergangsstadiums zwischen Ordnung und Chaos hat sich bei vielen Wissenschaftlern mittlerweile der Gedanke gefestigt, daß zwischen einer ganzen Reihe von Naturereignissen und der Periodenverdopplung sowie der Konstante 4,669201 eine enge Verbindung existiert. Dabei besteht kein Unterschied, ob es sich um eine kochende Flüssigkeit handelt, die in gasförmigen Zustand übergeht, oder um sogenanntes Herzflimmern, das einer Herzattacke vorausgeht.

Gewisse Eigenschaften technischer Produkte können unter Umständen mit dem Phänomen der Periodenverdopplung zusammenhängen, behauptet Paul E. Rapp vom Medical College of Pennsylvania. Seiner Ansicht nach beginnt nämlich beispielsweise das Verhalten integrierter Computersysteme von einer bestimmten Größe und Komplexität an dem biologischer Systeme zunehmend ähnlicher zu werden. Es müsse damit gerechnet werden, daß solche Computersy-

steme zukünftig immer öfter unter Funktionsstörungen leiden werden, wie sie bisher nur bei biologischen Systemen bekannt sind. Den Sachverhalt, daß in einem bisher wohlgeordneten biologischen System wenige außer Kontrolle geratene Elemente urplötzlich Chaos, beispielsweise Krämpfe, auslösen können, vergleicht Rapp mit rätselhaften Funktionsstörungen bei Computersystemen, die inzwischen unter der Bezeichnung »Computer-Epilepsie« zum festen Begriff geworden sind.
Für letzteres gibt es ein geradezu klassisches Beispiel: einen Vorfall, der sich 1979 während einer Übung ereignet hat, die vom obersten US-Militärkommando angeordnet war. Hier wurde der im Falle eines Kriegsausbruchs durchzuführende Nachrichten- und Informationsaustausch geprobt. Als der Datenaustausch eine gewisse Dichte erreicht hatte, brach das gesamte Informationssystem zusammen – es erlag einem der erwähnten »epileptischen Anfälle«. Später berichteten Übungsteilnehmer, daß es durch fehlgeleitete, an der falschen Stelle einlaufende Nachrichten zu chaotischen Situationen gekommen sei; zeitweilig hätten sie den Eindruck gehabt, nicht zur selben Übung abkommandiert worden zu sein wie ihre Kommunikationspartner.

In der Chaostheorie kommt den sogenannten Fraktalen als Bausteinen des Chaos besondere Bedeutung zu. Sie sind auf den namhaften Mathematiker Benoit Mandelbrot zurückzuführen, den eigentlichen Wegbereiter der Chaostheorie. Er wurde 1924 in Warschau als Sohn einer litauisch-jüdischen Familie geboren. Sein Vater war Textilgroßhändler und seine Mutter Zahnärztin. 1936 emigrierte die Familie nach Frankreich. Sie ließ sich in Paris nieder, vor allem, weil dort Benoits Onkel, der Mathematiker Szolem Mandelbrojt, lebte. Durch den Zweiten Weltkrieg gezwungen, Paris zu verlassen, gelang es den Mandelbrots gerade noch rechtzeitig, sich vor den Nazis in Sicherheit zu bringen. Nur mit dem Nötigsten im Gepäck, schlossen sie sich einem Flüchtlingstreck südlich von Paris an und erreichten schließlich die Stadt Tulle.

Benoit kam dort für einige Zeit bei einem Werkzeugmacher als Lehrling unter, aber er war natürlich durch seine Erziehung gefährdet. Es war eine Zeit tiefgreifender Eindrücke und Ängste, an die er sich später jedoch kaum mehr erinnerte. Ihm blieben vielmehr die Zeiten im Gedächtnis haften, wo er sich mit Lehrern angefreundet hatte, darunter angesehene Gelehrte, die infolge des Krieges nach Tulle verschlagen worden waren. Was allerdings Benoit Mandelbrots Schulunterricht anbelangte, wurde dieser alles in allem unregelmäßig und mit Unterbrechungen absolviert. Mandelbrot behauptete sogar von sich, nie das Alphabet oder gar das Einmaleins über die Fünf hinaus gelernt zu haben. Aber er war zweifellos begabt.

Nach der Befreiung von Paris unterzog er sich trotz mangelhafter Vorbereitung den sich über Monate hinziehenden mündlichen und schriftlichen Aufnahmeprüfungen für die »Ecole Normale« und »Ecole Polytechnique«. Dabei entdeckte Mandelbrot im Verlauf einer Prüfung in Zeichnen, daß er Talent besaß, die Venus von Milo zu kopieren. Beim mathematischen Teil des Tests, der aus algebraischen Übungen und integrierter Analyse bestand, konnte er sein mangelhaftes Training mit seinem geometrischen Intuitionsvermögen wettmachen. Insbesondere mathematische Probleme bewältigte er nicht auf konventionelle Weise, sondern durch die Umsetzung in geometrische Formen und deren Manipulation.

Später war das mathematische Multitalent Mandelbrot dann in der Forschungsabteilung des Computer-Riesen IBM mit ökonomischen Problemen befaßt. Sein besonderes Interesse galt dem chaotischen Preisdschungel in der Baumwollbranche, mit dem Ansatzpunkt der kurz- und langfristigen Preis-Fluktuationen. Als Mandelbrot die Preisschwankungen im Computer über einen längeren Zeitraum durchspielte, stieß er auf ein erstaunliches Ergebnis: Auch wenn die einzelnen Preisveränderungen zufälliger Natur und unvorhersehbar, also chaotisch zu sein schienen, verbarg sich langfristig ein konstanter Rhythmus, eine Ordnung dahinter. Im chaotischen Datenwust zeigte sich unerwartet ein geordnetes System. Konnte er hier auf eine Gesetzmäßigkeit gestoßen sein, die alle Bereiche des Seins betraf? Hat Chaos etwa Methode?

In seinem Buch »Die Fraktale Geometrie« beschreibt Mandelbrot ein Verfahren, das es ermöglicht, unregelmäßige natürliche Formen mathematisch zu beschreiben. So läßt sich beispielsweise der Verlauf – die Form – der englischen Küstenlinie nicht durch die Euklidische Geometrie beschreiben, da hier weder ein gerader, ein kreisförmiger noch ein elliptischer Verlauf existiert. Und die vorhandenen komplizierten Formen ließen sich bisher noch in keiner präzisen mathematischen Darstellung bestimmen.

In Anlehnung an die Vorarbeiten anderer Mathematiker entwickelte Mandelbrot eine Geometrie, die es ihm gestattete, unregelmäßig verlaufende Kurvenlinien, wie zum Beispiel eine Küstenlinie, mit Hilfe einiger mathematischer Größen, die er Fraktale nannte, zu beschreiben. Mit diesen Fraktalen verfügen Physiker und Ingenieure nun über ein Verfahren, das ihnen dazu verhilft, bis dahin nicht quantifizierbare Phänomene beschreiben zu können. In anderen Worten: Fraktale sind Muster aus geometrischen Figuren, mit deren Hilfe sich komplexe unregelmäßige Formen darstellen lassen.

Inzwischen entdeckten die Mathematiker David Ruelle vom Naturwissenschaftlichen Institut Bure-sur-Yvette bei Paris und Floris Taken vom Mathematischen Institut der

Universität Groningen eine weitere Methode »zur Entlarvung« des Phänomens Chaos, die sie *strange attractors* (seltsame Attraktoren) nennen. Bei diesem Verfahren werden die innerhalb von chaotischen Systemen wirkenden Variablen auf einem Computerbildschirm durch Punkte repräsentiert und können somit auf verschiedene Muster hinweisen. Werden die Punkte untereinander durch eine Linie verbunden, stellt sich heraus, daß diese den Hang zur geometrischen Form hat. Außergewöhnlich ist, daß sich jeder einzelne Ausschnitt dieser *strange attractors* als verkleinerte Wiedergabe des Ganzen darbietet. Bei kontinuierlicher Vergrößerung kann diese geometrische Form sogar in unzählige kleiner und kleiner werdende Kopien ihrer selbst aufgelöst werden. Ruelle und Takens haben mit den *strange attractors* einen weiteren gangbaren Weg gefunden, um unterschiedliche chaotische Systeme auf bisher unvorhergesehene Übereinstimmungen hin zu überprüfen.

Eine Reihe von Wissenschaftlern ist der Ansicht, daß mit der Chaos-Physik neue unerwartete Erkenntnisse verbunden sind. Die in diesem Zusammenhang gewonnenen Ergebnisse haben bereits jetzt dazu beigetragen, das Geheimnis des »Roten Flecks« auf der Jupiteroberfläche zu lösen, der sich innerhalb der stürmischen Gasatmosphäre des Planeten als ortsfester Wirbel von beträchtlicher, unerklärbarer Stabilität darstellt.

Als der Harvard-Mathematiker und Astronom Philip Marcus vor einiger Zeit die hervorragenden Aufnahmen untersuchte, die von der an Bord der NASA-Sonde »Voyager« befindlichen Hasselblad-Kamera stammen, interessierte ihn vor allem jener Rote Fleck zwischen den horizontalen Streifen der Jupiteratmosphäre. Dieser Rote Fleck, der Astronomen schon zu Galileis Zeiten Kopfzerbrechen bereitet hat, wird heute als permanenter Gaswirbel gedeutet. Marcus

fütterte nun einen Hochleistungscomputer mit allen bekannten Daten, die Jupiteratmosphäre und die Chaos-Zustände betreffend. Auf der Grundlage vorgegebener Bedingungen wie zum Beispiel Temperaturen, Strömungsverhältnisse usw. sollte der Computer errechnen, wie sich der Zustand bestimmter Zonen der Jupiteratmosphäre und die Wetterbedingungen des Planeten entwickeln. Es ging also um die Daten eines schnell rotierenden, dichten Wasserstoff- und Heliumplaneten, der aus »Mangel an Masse« sozusagen eine verhinderte Sonne blieb.
Nach seinen Untersuchungen kam Marcus zum Ergebnis, daß sich in der von Sturmwirbeln heimgesuchten Jupiteratmosphäre nach entsprechend langer Zeit immer wieder eine »Insel der Ordnung« bilden würde. Entstand eine stabile Zone, dann entwickelte sie sich in verhältnismäßig kurzen Zeitabständen von 11,86 Erdenjahren oder einem Jupiterjahr, um dann sehr lange fortzubestehen.
Nach der Marcusschen Simulation ist weiterhin zu vermuten, daß »geordnete Zonen« dieser Art eher nahe dem Jupiteräquator als in Polnähe entstehen – so wie es beim Roten Fleck der Fall ist. Sollte sich aus irgendeinem Grund plötzlich eine Anzahl kleinerer stabiler Flecken oder Zonen bilden, würden sie sich entlang der Oberfläche des Planeten rasch zu einer großen beständigen Zone vereinen.
Außerdem geht aus den Simulationen hervor, daß selbst bei den verschiedenartigsten Anfangsbedingungen immer nur ein Fleck – oder gar keiner – entstehen würde. Der Rote Fleck auf dem Jupiter ist also ein sich selbst erhaltendes System. Es wird aus den gleichen nicht linearen Windungen produziert und reguliert, denen auch die unkalkulierbaren Turbulenzen in seinem Umfeld entstammen.
Als Marcus in einem Film den Roten Fleck simulierte, wurde eindeutig »geordnetes Chaos« erkennbar. Danach läßt sich auch nicht ausschließen, daß beispielsweise wirbel-

artige Meeresströmungen wie der Golfstrom ähnliche Strukturen aufweisen wie der Rote Fleck in der Jupiteratmosphäre. Und somit könnten auch bisher unerkannte Gesetzmäßigkeiten in Zusammenhang mit der Chaosphysik eine Rolle spielen.

Nachdem die Wissenschaft nun ihr Augenmerk darauf gerichtet hat, scheint Chaos überall zu sein. So wirbelt beispielsweise säulenförmig aufsteigender Zigarettenrauch plötzlich wild durcheinander. Im Wind schnellt eine Fahne hin und her. Das gleichmäßige Tropfen eines Wasserhahns wird aus unersichtlichem Grund unregelmäßig. Chaos taucht im Wetterverhalten auf, bei Stoßwellen von Überschallflugzeugen, im Straßenverkehr, im Verhalten von Öl in einer unterirdischen Rohrleitung oder bei Unregelmäßigkeiten der Herzfrequenz. Egal, welches Medium verwickelt ist, richtet sich das jeweilige Verhalten nach den neuerdings entdeckten Chaos-Gesetzmäßigkeiten. Diese Entdeckung hat sich inzwischen schon auf die Entscheidungen von Managern im Versicherungswesen ausgewirkt; auf die Auffassung von Astronomen über das Sonnensystem; auf die Art von Polit-Theoretikern, über Spannungen zu sprechen, die zu kriegerischen Auseinandersetzungen führen.

»Durch das Chaos werden die Barrieren zwischen den unterschiedlichsten wissenschaftlichen Disziplinen weggeräumt. Denn hier geht es um eine Wissenschaft, die alle Systeme betrifft und die Denker der gegensätzlichsten Gebiete vereint hat. Chaos-Gläubige – wie sie sich oft selbst bezeichnen, Bekehrte oder Evangelisten – spekulieren über Determinismus und Willensfreiheit, über Evolution, Bewußtsein und Intelligenz. Sie fühlen sich für eine Trend-Anwende in der Wissenschaft verantwortlich, da ihrer Ansicht nach durch die neue Wissenschaft das Reduzieren auf Einzelheiten verdrängt wird. Als Holistiker streben sie da-

nach, die Dinge ganzheitlich zu erfassen«, stellt der amerikanische Wissenschaftsjournalist James Gleick fest.
Eine herausragende Eigenschaft des Chaos ist der determinierte Ablauf seiner inneren Prozesse. Dennoch können zukünftige Ereignisse kaum genau vorausgesagt werden, da es nicht möglich ist, alle zu einem System gehörigen Ursachen voll zu erfassen. Also können alle Vorhersagen durch die kleinste Ungewißheit zunichte gemacht werden. Ein klassisches Beispiel hierfür sind Wetterprognosen, die auffallend oft *nicht* zutreffen. Die Einflüsse auf solch außerordentlich empfindliche Systeme wie unter anderem das Wettergeschehen sind enorm vielfältig. Es ist daher nicht überraschend, daß bei Fachleuten, die von *nicht*linearen Vorgängen sprechen, auch Einigkeit darüber besteht, daß solch ein System nicht eingegrenzt werden kann. Denn die kleinsten externen Fluktuationen können einschneidende Auswirkungen auf das System haben. Chaos ist eine Ordnung von unendlicher Komplexität, weil es keine einfachen Regelmäßigkeiten beinhaltet. Welchem Größenausschnitt der Natur wir uns auch immer zuwenden: Wir stehen einer Fülle von Einzelheiten gegenüber.
»Alle regelmäßigen Beschreibungen sind Illusion, die der realen Welt nicht entsprechen – nicht der Welt der Wolken, der Berge, Täler und Sterne, den dahinströmenden Flüssen oder Regenschauern. Hier geht es um unendlich komplexe Erscheinungen, die eine völlig andere Mathematik voraussetzen – die der Fraktale«, behauptet Mandelbrot.
Sogenannte Fraktale sind immer neue, kleinere Einheiten, die einer Figur zugefügt werden und deren Komplexität sich mit jeder Neuhinzufügung vergrößert. Die mit einem gleichschenkeligen Dreieck beginnende Koch-Kurve ist dafür ein klassisches Beispiel. Werden darauf nämlich kleinere gleichschenkelige Dreiecke aufgebaut, auf jeder Seite genau in der Mitte plaziert, ergibt sich ein sechszackiger Stern. Wenn

dann noch weitere, kleiner und kleiner werdende Dreiecke dazukommen, »kristallisiert« sich die Form einer immer kunstvoller werdenden Schneeflocke heraus.
Manche Fraktale offenbaren strenge Selbstähnlichkeit. In anderen Worten: Dieselbe Einzelheit wiederholt sich in jeder Größenordnung, in der einige auch Veränderungen von Details aufzeigen können. Bei anderen handelt es sich dagegen um sogenannte zufällige Fraktale.
»Anscheinend hat die Wissenschaft eine Reihe von Gesetzen aufgedeckt, die uns innerhalb der durch die Unschärferelation gesetzten Grenzen zeigen, wie sich das Universum mit der Zeit entwickeln wird, wenn wir seinen Zustand zu irgendeinem Zeitpunkt kennen. Vielleicht stammen diese Gesetze ursprünglich von Gott, aber allem Anschein nach hat er es dem Universum seitdem überlassen, sich nach diesen Gesetzen weiterzuentwickeln, und mischt sich nun nicht mehr ein«, moniert Stephen W. Hawking in seinem Buch »Eine kurze Geschichte der Zeit«. »Aber wie hat er den ursprünglichen Zustand oder die Struktur des Universums ausgewählt? Was waren die Grenzbedingungen am Anfang aller Zeiten?« fragt Hawking.
Eine mögliche Antwort darauf wäre seiner Ansicht nach, daß Gott die ursprüngliche Struktur des Universums aus Gründen auswählte, die unseren Verstand hoffnungslos überfordern. Ein allmächtiges Wesen wäre sicherlich dazu in der Lage. Aber wenn alles auf so unverständliche Weise begonnen hat, warum ließ er es dann zu, daß sich das Universum nach uns unverständlichen Gesetzen weiterentwickelte?
Unter der Bezeichnung chaotische Grenzbedingungen besteht eine Möglichkeit. Hier wird stillschweigend vorausgesetzt, daß das Universum entweder räumlich unendlich ist, oder daß unendlich viele Universen existieren. Die Möglichkeit, unter chaotischen Grenzbedingungen irgendeine be-

stimmte Region des Raums in irgendeiner vorgegebenen Struktur gleich nach dem *big bang* zu finden, liegt gewissermaßen ebenso im Bereich des Möglichen, wie die, es in jeder anderen Struktur zu entdecken: Die Wahl des ursprünglichen Stadiums des Universums erfolgte rein zufällig. Das würde bedeuten, daß das frühe Universum wahrscheinlich sehr chaotisch und unregelmäßig gewesen ist, da es wesentlich mehr chaotische und unordentliche Strukturen im Universum gibt als geordnete und glatt verlaufende. Wenn jede Struktur gleichermaßen möglich ist, könnte das Universum einfach aus dem Grund in einem chaotischen, unordentlichen Stadium begonnen haben, weil es so viele mehr von ihnen gibt. Es ist schwierig dahinterzukommen, wie unser Universum aus derart chaotischen Ursprungsbedingungen überhaupt entstehen konnte.

Die Entdeckung des deterministischen Chaos wird von vielen Wissenschaftlern und Philosophen als entscheidende Revolutionierung unserer Auffassung über die Geschehensabläufe im Universum angesehen. Kritiker betrachten die »Neuentdeckung« der Chaostheorie freilich als alte Geschichte unter einem neuen Namen und den damit verbundenen Wirbel als überflüssig.

In ihrem Buch »Chaos« äußern die Physiker Gregor Morfill und Herbert Scheingraber vom Max-Planck-Institut für Extraterrestrische Physik in Garching begeistert: »Chaos ist überall... und es funktioniert!... Angesichts des Umstandes, daß wir in einer (im wissenschaftlichen Sinne) chaotischen Welt leben, worauf wir durch die Evolution offenbar auch bestens eingerichtet sind, ist es wohl kaum verwunderlich, daß wir deterministisches Chaos überall, wo wir ihm begegnen, als normal empfinden. Nur umgekehrt wird kein Schuh daraus: Wenn wir ungeliebte ›Abweichungen‹ vom Normalen als chaotisch bezeichnen...«

Tatsache ist, daß die Anschauung über die Dynamik von Systemen – vor allem aber über die Dynamik der Zeit – profunde Auswirkungen auf die Wissenschaft, Philosophie und die Soziologie hat. Die mechanistische Interpretation unseres Universums mußte der Vorstellung des Zufalls weichen. Jedoch die Erkenntnis, daß sich hinter einem anscheinend chaotischen Zufallsgeschehen eine höhere Ordnung verbirgt, läßt die Frage nach dem Schicksal – Vorsehung oder Zufall? – in ganz neuem Licht erscheinen. Und wiederum ist es der Begriff Zeit, dem hier eine Schlüsselfunktion zukommt.

Benutzen wir diesen Schlüssel, um durch Reisen in der Zeit phantastische Welten zu erschließen...

VI

Zeitreisen

»Für uns überzeugte Physiker sind Vergangenheit, Gegenwart und Zukunft nur Illusion – wenn auch eine zählebige Illusion«, hat Albert Einstein einmal gesagt. An den Grundlagen der Materie stellte sich für Einstein und die Quantenphysiker die Zeit als eine dem menschlichen Verstand dienliche Fiktion dar: Vergangenheit und Zukunft waren austauschbar, Zeit konnte sich rückwärts bewegen. Diese zeitlose Zeit wird durch das Chaos-Paradigma ergänzt, so daß an jedem Gabelungspunkt, wo das ganze System durch winzige Größen zur Entscheidung gezwungen wird, nicht umkehrbare und nicht wiederholbare Tatsachen geschaffen werden. In anderen Worten: Der Zeitpfeil kann nicht umgedreht werden. Wenn auch das kleinste Sandkörnchen das Privileg besitzt, das gesamte Gefüge auf den Kopf zu stellen. In diesem Zusammenhang stellt der geniale britische Physiker Roger Penrose die provozierende Frage, wieso alle physikalischen Elementarprozesse genausogut rückwärts wie vorwärts ablaufen könnten, daraus aber trotzdem eine Welt mit Zeitrichtung hervorgehe? Wieso Angehörige der mikroskopischen Welt nicht wüßten, ob sie sich auf dem Weg in die Zukunft oder in die Vergangenheit befinden, während jedermann in der makroskopischen Welt sofort bemerke, ob ein Film vorwärts oder rückwärts abläuft? Irgendwo auf dem Weg vom Mikro- zum Makrokosmos scheine das Problem Zeit zu entstehen.

Penrose zufolge ist die Zeit jedoch lediglich eine Konstruktion des Bewußtseins, eine Illusion, die das Gehirn erst in die Lage versetzt, die Welt zu deuten. Eine Auffassung, mit der sich Penrose eigentlich kaum von der Einsteins unterscheidet. Dieser sagte einmal: »Ohne die Erleuchtung des Bewußtseins wäre das Universum nichts als ein Abfallhaufen.«

Fest steht, daß sich die moderne Physik in einer Sackgasse befindet. Denn ihre Stützpfeiler, die beiden großen Theorien – die Quantenmechanik und die Allgemeine Relativitätstheorie –, »vertragen« sich nicht miteinander.

Sozusagen auf der Suche nach dem »Heiligen Gral der Physik« – der Weltformel, die Mikro- und Makrokosmos in einer Synthese vereint – schwebt Penrose die Vision der sogenannten Quantengravitation vor. Mit ihr wäre eine gewaltige Revolution des Naturbildes verbunden, eine grundlegende Veränderung des Verständnisses von Raum und Zeit, von Ursache und Wirkung. Durch die Quantengravitation könnte der Weg zum Verständnis von Kreativität und Bewußtsein geebnet werden.

Denn bisher galt die frustrierende Feststellung des Penrose-Schülers Hawking: »Gott würfelt nicht nur, sondern wirft die Würfel manchmal so, daß sie nicht zu sehen sind.«

Eine alte Legende, die bis auf die Zeit vor der libyschen Dynastie in Ägypten zurückgeht, berichtet von der im Nildelta gelegenen Stadt Sais und ihrem dereinst dem Gott der Unterwelt geweihten Osiris-Tempel. Noch heute lassen seine Ruinen das einst großartige Bauwerk ahnen.

Nach der Legende wurde in diesem Tempel – unter einem Schleier verborgen – ein mysteriöses Standbild aufbewahrt mit der aufreizenden Inschrift: die Wahrheit. Dem Sterblichen war es verboten, den Schleier zu lüften, und die Osiris-Priester wachten mit unnachgiebiger Strenge darüber, daß dieses Gesetz eingehalten wurde.

Eines Tages betrat ein wissensdurstiger junger Mann, vielleicht ein »Student«, den Tempel und sah das verhüllte Standbild. Als er einen Wächter fragte, ob er wüßte, was unter dem Schleier verborgen sei, wurde er empört auf die alten Gesetze hingewiesen. Nachdenklich verließ der junge Mann an diesem Tag den Tempel. Unwiderstehliche Neugier zwang ihn jedoch, nachts in frevelhafter Absicht in den Tempel einzudringen. Im geisterhaften Schein des Mondes schlich er sich in den Osiris-Tempel und lüftete den Schleier, mit dem das Standbild verhüllt war.

Niemand erfuhr jemals, was er gesehen hatte. Aber nach der Legende wurde der nächtliche Eindringling am nächsten Morgen von den Tempelwächtern halbtot am Fuß des Standbildes gefunden. Als er wieder zu sich gekommen war, weigerte er sich, darüber zu sprechen, was vorgefallen war. Er bedauerte nur seine Handlungsweise. Danach führte er

ein lustloses Leben. Es gelang ihm nicht, irgend etwas von Bedeutung auf die Beine zu stellen, und er wurde noch in jungen Jahren zu Grabe getragen.
Diese Legende wurde von Schiller aufgegriffen, der daraus die Schlußfolgerung ableitete: »Weh dem, der zu der Wahrheit geht durch Schuld, sie wird ihm nimmermehr erfreulich sein.«
Was hat der junge Mann gesehen, als er den Schleier widerrechtlich lüftete? Die absolute Wahrheit? Vielleicht einen Spiegel, in dem er sich selbst entdeckte? Gibt es überhaupt die Wahrheit – die wahre Weltformel unseres Universums mit all seinen Facetten? Aber wenn wir die absolute Wahrheit kennen würden, wäre damit nicht gleichzeitig Stagnation, Stillstand für den forschenden Geist verbunden? Vielleicht sollte sich der Mensch mit der *Suche* nach der Wahrheit begnügen und akzeptieren, daß der Weg bereits das Ziel ist.
Viele große Wissenschaftler, wie zum Beispiel Isaak Newton, Albert Einstein, Werner Heisenberg, Bernhard Riemann, Hermann Minkowski, Theodor Kaluza, Oskar Klein, Roger Penrose, Burkhard Heim und viele andere mehr bemühten und bemühen sich noch, den Schleier um das Geheimnis von Raum und Zeit zu lüften.
»Mir kam es so vor, als hätte ich wie ein Knabe einfach nur am Strand gespielt und zum Zeitvertreib immer wieder nach glatteren Kieselsteinen und schöneren Muscheln gesucht. Dabei lag der große Ozean der Wahrheit noch völlig unentdeckt vor meinen Augen«, äußerte der große englische Mathematiker und Physiker Sir Isaak Newton (1643 bis 1727) einmal im Zusammenhang mit seiner Arbeit.
In den Pestjahren 1665/66 sah sich Newton gezwungen, die Zeit in seiner Heimat Lincolnshire zu verbringen, weil die Universität Cambridge geschlossen war. Die grundlegende Forschung für sein späteres Werk »Philosophiae naturalis

principia mathematica« (»Mathematische Grundlagen der Naturwissenschaft«) geht bereits auf diese Zeit zurück, und damit setzte eine neue Ära wissenschaftlichen Denkens ein.

So erklärte Newton als erster, das Phänomen der physikalischen Welt könne durch genaue Berechnungen erfaßt werden. Sobald nämlich bekannt sei, wie ein System angefangen habe, sei es auch möglich, sein zukünftiges Verhalten aufgrund der Dynamik festzustellen. Bis auf bestimmte Einschränkungen in der späteren Quantentheorie sollte sich diese Aussage auch generell bestätigen.

Schon am Anfang seines 1687 veröffentlichten Werks befaßte sich Newton mit zwei grundlegenden Begriffen: Raum und Zeit. Darauf errichtete er nicht nur seine gesamten Theorien, sondern legte damit auch den Grundstock für die wissenschaftlichen Erkenntnisse von über 200 Jahren.

Newton betrachtete Zeit und Raum als zwei getrennte Gefüge – als absolute, unabhängig von Materie stets gleichmäßig verlaufende Zeit und als absoluten, unabhängig von Materie stets gleichbleibenden Raum.

In der Wissenschaft setzten Newtons »Principia« ein Zeichen beispiellosen Fortschritts, eines Fortschritts, der sich vor allem in Vereinheitlichung offenbarte: Auf der Basis irdischer Erfahrungen begründete sich eine Wissenschaft der Himmelsphysik mit scheinbar unbegrenzter Expansionsfähigkeit.

Erst Anfang des 20. Jahrhunderts kamen an der Newtonschen Raum-und-Zeit-Auffassung Zweifel auf. Mit der Einsteinschen Relativitätstheorie verlor die Idee des absoluten Raums und der absoluten Zeit ihre Bedeutung. Es heißt, Einstein habe sich schon als Fünfjähriger Gedanken über das Raumproblem gemacht, und ein Kindheitserlebnis sei die Ursache gewesen, die letztlich zur Relativitätstheorie führte.

Als Fünfjähriger war der Junge einige Tage bettlägerig krank. Als es ihm besser ging, erhielt Albert von seinem Vater einen Kompaß, mit dem er sich nun unentwegt beschäftigte. Gebannt verfolgte er die Nadel, die stets in die gleiche Richtung wies, wohin auch immer er den Kompaß bewegte. Natürlich wußte der Junge noch nichts vom Magnetfeld der Erde. Er glaubte lediglich, daß die Nadel vom Raum selbst gehalten wurde, wenn er den Kompaß bewegte. Eine Schlußfolgerung, die natürlich nicht zutraf. Aber Einsteins Überlegung, daß der Raum nicht einfach Leere ist, sollte später Konsequenzen haben, als er in seine Theorie Raum, Zeit und Materie in revolutionären Zusammenhang brachte. Vor Einstein wurden Raum und Zeit als endloses Kontinuum angesehen, in dem sich Ereignisse abspielen. Aber Einstein betrachtete Raum und Zeit als *nicht* fundamental und absolut, sondern eng aufeinander bezogen und abhängig von der Lichtgeschwindigkeit.

Albert Einstein, dessen Ideen vor über 60 Jahren veröffentlicht wurden, wird nach wie vor als der größte theoretische Physiker unseres Jahrhunderts betrachtet und wird es auch bis weit in das nächste hinein bleiben. Seine Relativitätstheorien – die Spezielle (1905) und die Allgemeine (1916) – waren so komplex und revolutionär, daß es Dekaden dauerte, bis ihre Schlußfolgerungen akzeptiert wurden, und sie stehen immer noch zur Debatte.

Die Spezielle Relativitätstheorie basiert auf dem Prinzip, daß die Lichtgeschwindigkeit für alle Beobachter gleich ist, unabhängig davon, wie diese sich relativ zueinander bewegen. Somit ist die Geschwindigkeit des Lichts – rund 300 000 Kilometer pro Sekunde im Vakuum – die absolute Grenzgeschwindigkeit im Universum. Bei annähernder Lichtgeschwindigkeit »dehnt« sich die Zeit, das heißt, sie läuft langsamer ab. Objekte verkürzen sich und gewinnen zunehmend an Masse. In Einsteins berühmtem Zwillingsparadoxon altert der in einem Raumschiff schnell reisende Zwillingsastronaut langsamer als sein auf der Erde zurückgebliebener Zwillingsbruder. In seiner berühmten Formel $E = mc^2$ legte Einstein fest, wieviel Energie (E) aus Masse (m) entsteht. Das bedeutet: Masse muß mit dem Quadrat der Lichtgeschwindigkeit (c^2) multipliziert werden. Damit offenbart sich, daß schon die Multiplikation von sehr wenig Masse mit dem Quadrat der enormen Lichtgeschwindigkeit eine gewaltige Energie-Umwandlungsmenge zur Folge hat.

Einen entscheidenden Beitrag zur Entwicklung der Einsteinschen Relativitätstheorie lieferte der geniale Mathematiker Hermann Minkowski (1864–1909). Ursprünglich war auch Einstein sein Schüler gewesen (»ein richtiger Faulpelz, der sich keinen Deut um Mathematik kümmerte«). Während Minkowski 1902 zum Professor der Mathematik nach Göttingen berufen worden war, hatte Einstein in Bern soeben als »Experte III. Klasse« seine Stellung im »Eidgenössischen Amt für geistiges Eigentum« übernommen.

Minkowski veröffentlichte seinen Beitrag zur Entwicklung der Speziellen Relativitätstheorie 1907 in den »Göttinger Nachrichten« in einer einzigen Abhandlung. Wurde die Öffentlichkeit schon durch diese Arbeit hinreichend auf ihn aufmerksam, machte Minkowski mit seinem Vortrag über Raum und Zeit vor der Gesellschaft Deutscher Naturforscher und Ärzte im September 1909 in Köln geradezu Furore: »Ich möchte Ihnen Vorstellungen von Raum und Zeit entwickeln, die auf experimentell-physikalischem Boden erwachsen sind«, begann Minkowski. »Darin liegt ihre Stärke. Ihre Tendenz ist radikal. Und von Stund an sollen Raum für sich und Zeit für sich ein völliges Schattendasein führen, und nur eine Vereinigung beider soll Selbständigkeit bewahren.«

Es war Minkowski, der die Spezielle Relativitätstheorie

mathematisch untermauerte und es Einstein ermöglichte, die Allgemeine Relativitätstheorie auf die Probleme der Gravitation anzuwenden. Minkowski charakterisierte die Zeit als vierte Dimension und stellte sie mit den drei Raumkoordinaten gleich. Damit war in der Wissenschaft der Begriff des vierdimensionalen Raum-Zeit-Kontinuums geboren.

In einer genialen Ergänzungsarbeit hatte sich Einstein nach der Speziellen Relativitätstheorie der Gravitation gewidmet. Im Vergleich zu den anderen Kräften ist die Gravitation erstaunlich schwach. Aber das Universum wird ausgerechnet durch die schwache Gravitation gemeistert – nicht durch die 10^{37}mal so starken elektromagnetischen Kräfte.

Das Universum wird nur durch die Schwerkraft zusammengehalten, und allein durch sie werden die Bewegungen aller Himmelskörper bestimmt. Alle anderen Kräfte sind räumlichen Grenzen unterworfen. Somit wird also das Geschick des Universums durch die schwächste aller Kräfte – die Gravitation – bestimmt, eine Verbindung von außerordentlicher Reichweite und uneingeschränkter Anziehungskraft.

Nun dachte Einstein darüber nach, ob die Schwerkraft nicht eine Eigenart des Raums darstellen könnte. Aufgrund dieser Überlegungen entwickelte er ein geometrisches Modell, demzufolge die Schwerkraft eine »Krümmung« des Raum-Zeit-Gefüges ist, die durch die Masse von materiellen Objekten ausgelöst wird. Schwerkraft ist also eine durch Materie ausgelöste Eigenschaft der Raum-Zeit und keine mysteriöse Kraft, wie noch Newton annahm.

Leopold Infeld, ein aus Polen stammender Physiker und Mitarbeiter von Einstein, fand für diese neue Gravitationstheorie eine leicht verständliche Erklärung: Danach läßt sich der Unterschied zwischen der Newtonschen Mechanik und der Einsteinschen Theorie am besten an einem Kind darstellen, das im Freien Murmeln spielt. Der Boden, über den die Murmeln rollen, ist holperig, aber für einen Zuschauer, der das Kind vom zehnten Stock eines benachbarten Hauses aus beobachtet, sind die Unebenheiten des Bodens nicht sichtbar. Ihm fällt nur auf, daß die Murmeln bestimmten Stellen ausweichen, aber sich auf andere zubewegen. Der Beobachter könnte daraus natürlich folgern, daß die Murmeln irgendeiner »Kraft« unterliegen, die sie von diesen Stellen ablenkt und zu anderen hinführt. Jemand, der dem spielenden Kind an Ort und Stelle zusieht, bemerkt jedoch, daß der holperige Boden die Murmeln »beeinflußt« und in bestimmte Bahnen lenkt.

Mit seiner Vermutung, daß die Murmeln durch eine »Kraft« gesteuert werden, ist der Beobachter aus dem zehnten Stock ein Vertreter der Newtonschen Mechanik. Der Zuschauer am Boden vertritt dagegen die Einsteinsche Theorie, da er die Rollbahn der Murmeln aufgrund der Oberflächeneigenschaften des Bodens in geometrischer Form beschreibt.

Im Einsteinschen Weltbild setzt sich das Universum aus den drei uns bekannten Raumdimensionen und einer Zeitdimension zusammen. Die letztere konnte in Einsteins Jugend nicht durch die Euklidische Geometrie beschrieben werden. Für die Euklidische Raumgeometrie mit ihren drei Dimensionen – Länge, Breite, Höhe – ist übrigens charakteristisch, daß jede Gerade unendlich ist und Parallelen stets im gleichen Abstand nebeneinander verlaufen. Da Einstein zur Beschreibung von Raum-Zeit neue Maß-Systeme brauchte, wandte er sich an seinen alten Freund, den renommierten Mathematiker Marcel Großmann. Dieser stattete Einstein mit dem notwendigen Rüstzeug aus – und zwar mit einer in jener Zeit »verdächtigen« nichteuklidischen Geometrie, die der deutsche Mathematiker Bernhard Riemann im 19. Jahrhundert entwickelt hatte und die auf die neue, vierdimensionale Einsteinsche Welt anwendbar war. Charakteristisch für die Riemannsche Geometrie ist die Tatsache, daß hier keine Verbindungslinien existieren und die kürzeste Verbindung zwischen zwei Punkten keine Gerade ist, sondern eine geodätische Linie. Also die kürzeste Verbindung zweier Punkte auf einer gekrümmten Fläche.

Oft wird Einsteins gekrümmtes vierdimensionales Raum-Zeit-Kontinuum mit einem straff gespannten Gummilaken verglichen, das an den Stellen Kuhlen hat, wo schwere Objekte plaziert sind, zum Beispiel Sterne, Planeten oder Galaxien. Die Geometrie der Raum-Zeit biegt beziehungsweise krümmt sich nach Einstein um einen massiven Körper wie beispielsweise die Sonne. Und statt durch die Fernwirkung der Sonnenkraft auf ihren elliptischen Umlaufbahnen festgehalten zu werden, folgen die Planeten den »Wegkrümmungen« der Raum-Zeit.

Nach Albert Einstein existieren also alle Objekte nicht nur im Raum, sondern auch in der Zeit, das heißt: in einem vierdimensionalen Raum-Zeit-Kontinuum, dessen Dimensionen eng miteinander verknüpft sind. Auch wenn sich die Relativitätstheorie hauptsächlich auf Beobachtungs- und Messungsprobleme von Bewegungen im Makrokosmos bezieht, ist hier die Zeit als Dimension von entscheidender Bedeutung.

In der althergebrachten griechischen Geometrie war der Begriff Dimension noch leicht verständlich. So hat hier ein einfacher Punkt Null-Dimensionen. Eine Linie ohne Breite und Höhe wird als eindimensional bezeichnet und eine sich nach zwei Seiten, in Länge und Breite ausdehnende Fläche – wie zum Beispiel diese Buchseite – als zweidimensional. Ein Raum mit Länge, Breite und Höhe ist dreidimensional, und die Zeit, die zum Beispiel beim Lesen dieser Sätze vergeht, ist die vierte Dimension. In den letzten Jahren hat sich die geometrische Vorstellung der Dimensionen wesentlich kompliziert. Im Falle einer Küstenlinie entdeckten Mathematiker zum Beispiel, daß eine unendlich komplexe, steigungslose Linie eine Dimension über eins hat. Das heißt, sie liegt zwischen einer Linie und einer Fläche. Durch die Chaostheorie haben wir es heute also mit sogenannten fraktalen Dimensionen zu tun. Doch selbst unsere altbewährten Raum-Zeit-Dimensionen haben sich inzwischen durch die Bemühungen, den Kosmos mit Hilfe der Geometrie auf einen Nenner zu bringen, vermehrt.

Den polnischen Mathematiker Theodor Kaluza beschäftigte die Frage, ob es nicht möglich sein könnte, auch den Elektromagnetismus anhand der Geometrie zu erklären. Durch die Einführung einer weiteren Raumdimension und deren Kompaktifizierung erzielte der Mathematiker Effekte, die sonst nur durch elektrische und magnetische Kräfte erklärbar sind. Damit wurde die vierdimensionale Raum-Zeit zum fünfdimensionalen Raum-Zeit-Kontinuum.

1919 schickte Kaluza seine Arbeit an Einstein, der davon so beeindruckt war, daß er sich für deren Veröffentlichung einsetzte. Nachdem sich aber herausstellte, daß ein vierdimensionaler Raum (damals noch) nicht in Einklang mit der Schwerkraft gebracht werden konnte, wurde Kaluzas zusätzliche Raumdimension erst einmal sozusagen »auf Eis gelegt«.

Das änderte sich jedoch 1926 durch eine geniale Lösung des schwedischen Physikers Oskar Klein. Denn er »versteckte« Kaluzas vierte Raumdimension zusammengerollt auf so winzigem Raum, daß sie weder stören noch entdeckt werden konnte. Damit waren die Einwände gegen das Kaluza-Klein-Konzept eines höherdimensionalen Raums erst einmal verstummt. Nicht zuletzt, weil es ohnehin für die nächsten Dekaden in der Versenkung verschwand und erst in den siebziger Jahren wieder auftauchte.

Durch die Bemühungen um eine vereinheitlichte Feldtheorie wurde das Kaluza-Klein-Konzept wieder aus der Schublade geholt, um mit Hilfe der Geometrie auch die Kernkräfte unter einen Hut zu bringen. Dabei stellte sich heraus, daß zu diesem Zweck weitere Dimensionen eingeführt werden mußten. Mit zehn Raum- und einer Zeitdimension konnten die uns bekannten vier Naturkräfte – Gravitation, starke und schwache Wechselwirkung sowie der Elektromagnetismus – durch die Raumkrümmung erfaßt werden.
Dieses Supergravitations-Modell hatte allerdings einen Haken – nämlich die *gerade* Zahl von zehn Raumdimensionen. Diese gerade Zahl würde nämlich bedeuten, daß im Universum die Symmetrie vorherrscht, daß alles spiegelbildlich gleichwertig ist. Wir wissen aber, daß das nicht zutrifft, denn es gibt in unserer Welt Linkshändigkeit und Rechtshändigkeit. In der subatomaren Welt existieren unterschiedliche Spinrichtungen. Diese Eigenschaft der bevorzugten Händigkeit wird Chiralität genannt – eine Asymmetrie, die für den großen österreichischen Physiker und Nobelpreisträger Wolfgang Pauli schwer zu verdauen war. Allein die Vorstellung, daß die Natur eine Form der Händigkeit der anderen vorziehen könnte, erschien ihm absurd. Er war sogar bereit, eine Wette darauf einzugehen, daß Gott weder Links- noch Rechtshänder sei. Pauli verlor seine Wette, obwohl sich nie klären ließ, mit welcher Hand Gott bevorzugt würfelt. Tatsache ist, daß das Prinzip der Chiralität in einer Weltformel berücksichtigt werden muß.
Die beiden Wissenschaftler John Schwarz vom California Institute of Technology und Michael Green vom Queen Mary College der Universität London haben in diesem Zusammenhang eine faszinierende Lösung angeboten: Das »Baumaterial« des Universums werde nicht durch punktförmige Teilchen verkörpert, sondern durch superfeine und superschwere »strings« (Fäden). Unterschiedliche Schwin-

gungszustände der strings führten zu den bekannten Elementarteilchen.

Ein »Gedankenkomplott« der Wissenschaftler Schwarz, Green, Klein und Kaluza führte schließlich zur »Superstrings«-Theorie. In diesem Zusammenhang steht der Begriff »Super« für die Gravitation. Ursprünglich hatte die Raum-Zeit von Schwarz und Green 26 Dimensionen, die sie schließlich auf zehn – neun für den Raum und eine für die Zeit – reduzieren konnten. Damit war auch dem Chiralitäts-Prinzip Rechnung getragen. Nichtsdestotrotz ist die Superstring-Theorie problematisch und auf Kritik gestoßen, weil sich durch sie eine Unzahl neuer Elementar-»Fäden« ergibt.

Für Roger Penrose besteht der Urstoff des Universums aus sogenannten Twistoren (»twistors«). In seinem achtdimensionalen Kosmos mit vier Raum- und vier imaginären Zeitdimensionen geben diese ineinander verschlungenen, Möbiusschleifen ähnlichen Gebilde sozusagen den Ton an. Aus den vier Penroseschen Zeitdimensionen ergeben sich – wenigstens theoretisch – fantastische Möglichkeiten, da hier das uns bekannte Kausalitätsprinzip aufgehoben wird. Das bedeutet zum Beispiel, daß Zeitreisen sowohl in die Vergangenheit als auch in die Zukunft möglich sind. Ausschlaggebend bei den Vorstellungen von Penrose ist die Einbeziehung der Gravitation in die Quantenphysik, mit anderen Worten: die Quantisierung der Gravitation. In der Quantengravitation ist das sogenannte Graviton das Elementarteilchen des Gravitationsfeldes.

Für den namhaften amerikanischen Physiker John Archibald Wheeler setzt sich der Raum aus Quanten zusammen, die er Geonen nennt. Nach Wheelers Vermutung weist die Raum-Zeit-Struktur durchweg winzige Löcher auf, die er »Wurmlöcher« getauft hat, und müßte somit nach den Gesetzen der Geometrodynamik schaumartigen Charakter haben. Jenseits dieser Löcher ist der Wheelersche Superraum angesiedelt und mit unserem Universum durch diese »Wurmlöcher« verbunden. Innerhalb dieser phantastischen Welt gibt es weder Raum noch Zeit. Daher würden sich alle Ereignisse augenblicklich, zeitlos abspielen. Jede Fortbewegung wäre bereits mit ihrem Anfang am Ende. Fragen nach uns bekannten Begriffen wie »kalt« oder »heiß«, »klein«, »rund« oder »eckig« aufzuwerfen, hätte keinen Sinn, da sie dort nicht existieren und im Superraum ohne Bedeutung wären. Die Frage nach dem Danach zu stellen, hätte keinen Sinn, und die Worte »vorher«, »nachher« und »beinahe« wären hier überflüssig. Zudem könne von einer Anwendung des Begriffes »Zeit« im üblichen Sinne überhaupt nicht mehr die Rede sein. Mit dieser Beschreibung des Superraums verblüffte Wheeler seine faszinierten Zuhörer vor der American Association for the Advancement of Science.

Schon längst hatte Wheeler nach Hinweisen gesucht, die es ihm ermöglichen würden, die Kluft zwischen der Allgemeinen Relativitätstheorie und der Quantenphysik zu überbrücken. Schwarze Löcher – ein Begriff, den übrigens er geprägt hat – müssen nach der Allgemeinen Relativitätstheorie existieren. Wheeler betrachtet sie als eine Art »Treffpunkt« zwischen der Allgemeinen Relativitätstheorie und der Quantenphysik, die *hier* zur Kulmination geführt werden. Aber gerade daraus ergibt sich für ihn auch, daß das Wesen der Raum-Zeit-Struktur nur vom Standpunkt beider Theorien aus betrachtet werden kann.

Aufgrund der Kluft zwischen der Realtivitätstheorie und der Quantenphysik wird das Universum von der modernen Kosmologie als relativistische Szene dargestellt, wo Energie und Materie nicht durch die Relativitätstheorie, sondern durch die Quantenphysik bestimmt werden. Wheeler macht mit seiner Quantisierung des Raums nun den Versuch, den

Raum mit Hilfe *beider* Theorien – mit der Relativitätstheorie und der Quantenphysik – *gleichzeitig* einzuordnen. Seiner Ansicht nach gibt es in der Physik kein anderes Prinzip mit der gleichen universalen Macht wie die Quantenphysik. »Je mehr wie ihr nachgehen, um so klarer wird, daß sie das wichtigste Prinzip zu sein scheint, von dem sich alles andere irgendwie ableitet«, sagt Wheeler.

In seinen kosmologischen Vorstellungen wurde Wheeler durch eine im »Physical Review« veröffentlichte, bedeutende Gemeinschaftsarbeit von Albert Einstein und Nathan Rosen angeregt. In meinem 1982 veröffentlichten Buch »Die Einstein-Rosen-Brücke« bin ich auf dieses faszinierende Konzept mit seinen unglaublichen Konsequenzen bereits in aller Ausführlichkeit eingegangen: Einstein und Rosen verglichen in ihrer Arbeit separate Regionen der Raum-Zeit mit Gummilaken, die durch zeitlose Passagen verbunden sind, und nennen sie Brücken. Diese zeitlosen Querverbindungen wurden in Fachkreisen unter dem Begriff »Einstein-Rosen-Brücken« bekannt.

Das Konzept der Einstein-Rosen-Brücke ist das Ergebnis der grundsätzlichen Einheit von Raum und Zeit, das ja mit den Kern der Einsteinschen Revolution repräsentiert und unsere moderne Auffassung über das Universum geprägt hat. In der Einsteinschen Arbeit werden zwei gleichberechtigte Aspekte einer Einheit zum Ausdruck gebracht. Wie uns bekannt ist, sind Masse und Energie gegenseitig verwandelbar, etwa wie Eis, das sich in Wasser oder – umgekehrt – wieder in Eis wandeln kann. Auch Raum und Zeit sind zwei Aspekte eines einheitlichen Ganzen, des Raum-Zeit-Kontinuums.

Danach besteht unser Universum aus zwei grundsätzlichen Einheiten, von denen jede einzelne gewissermaßen »janusköpfig« ist: Sie besteht nämlich aus Masse-Energie und aus

Raum-Zeit. Die durch die Schwerkraft verursachte Wechselwirkung zwischen beiden erklärt auch die verschiedensten Phänomene – unter anderem die Expansion des Universums, die Krümmung eines Lichtstrahls durch ein massereiches Objekt (einen Stern zum Beispiel) und die bizarren Eigenschaften Schwarzer Löcher, die Zeit zu verzerren und zu verschieben.

Ich zitiere aus meinem Buch »Die Einstein-Rosen-Brücke«: »Kommen wir nun noch einmal auf unser Gummilaken-Beispiel zurück, das hier die Raum-Zeit-Struktur repräsentieren soll. Verschieden schwere, darauf plazierte Kugeln, die hier Sterne verkörpern, verursachen je nach Gewicht tiefere oder flachere Kuhlen. Nehmen wir nun einmal den Extremfall an, daß eine sehr schwere Bleikugel auf diesem elastischen Gummilaken immer tiefer einsinkt, bis sich eine Art Röhre, ein vertikaler ›Tunnel‹ bildet. Alles was sich diesem oben wie ein Trichter geformten Loch nähert, würde unweigerlich hineinfallen, käme aber aus diesem senkrechten Schacht nicht mehr heraus. Damit haben wir das vereinfachte Beispiel eines Schwarzen Lochs. Angenommen, dieser bodenlose Schacht, den das Gewicht der Bleikugel verursacht hat, würde in einer Biegung, einer Krümmung irgendwo zu einer anderen Stelle unseres Gummilakens führen, dann würde die Bleikugel sozusagen durch ein Weißes Loch wieder zum Vorschein kommen. Der Schacht beziehungsweise der Tunnel wäre die Einstein-Rosen-Brücke.

Damit wird klar, was geschehen ist. Die Bleikugel – genauer gesagt: die verdichtete Materie des Schwarzen Lochs – hat einen Teil des Universums verlassen, um in einem anderen wieder aufzutauchen. Anstatt sich auf ›konventionelle‹ Weise auf dem ›unendlichen‹ Gummilaken – also in unserer Raum-Zeit – fortzubewegen, hat sie eine direkte, zeitlose Abkürzung über die Einstein-Rosen-Brücke zu einer anderen kosmischen Region benützt. Wenn sich die Masse über die Einstein-Rosen-Brücke fortbewegt und in etwa 500000 Millionen oder gar Milliarden Lichtjahren Entfernung irgendwo wieder auftaucht, muß dieser Raumsprung durch einen Zeitsprung wieder ausgeglichen werden.«

Schwarze Löcher entstehen durch die Verdichtung großer Sterne, wenn ihr Wasserstoffhaushalt aufgebraucht ist und die Schwerkraft die Kernkraft besiegt. Diese »Sternleichen« werden durch die enorme Gravitation unendlich – bis zur sogenannten Singularität – komprimiert und verlassen unsere Raum-Zeit durch Einstein-Rosen-Tunnels. Sehr schnell rotierende Gravitationsstrudel mit enormer Anziehungskraft bleiben zurück. Wie gigantische kosmische Staubsauger verschlucken sie alles in ihrer Nähe.

Schon 1963 wies der neuseeländische Astronom Roy P. Kerr auf die Tatsache hin, daß alle Schwarzen Löcher rotieren – mit der Konsequenz, daß durch die Zentrifugalkraft gewissermaßen ein Loch im Loch entsteht – wie bei einem Wasserstrudel.

Berechnungen zufolge dreht sich ein Schwarzes Loch von zehn Sonnenmassen und einem Durchmesser von rund 60 Kilometern etwa 1000mal pro Sekunde um die eigene Achse. Das durch die Zentrifugalkraft entstehende »Loch im Loch« hätte dabei einen Durchmesser von cirka 600 Metern und wäre sozusagen die passierbare Eingangspforte der Einstein-Rosen-Brücke, also zu einer augenblicklichen, zeitlosen Passage, die zu einer anderen Region unseres Universums oder zu einem Paralleluniversum führt. Alles, was in diesen Tunnel eintaucht, bewegt sich vorwärts im Raum und rückwärts in der Zeit, denn die unvorstellbare Gravitation im Schwarzen Loch dehnt die Zeit nicht nur bis zum Stillstand, sondern veranlaßt sie sogar, rückwärts zu laufen.

Penrose und Hawking sind der Ansicht, daß die in einem Schwarzen Loch verschwundene Materie unter bestimmten Umständen aus einem sogenannten Weißen Loch wieder

ausströmt. Damit wäre dieses Weiße Loch gewissermaßen das Tunnelende zum Wiedereintritt in unser Raum-Zeit-Kontinuum.
Im Zusammenhang mit Schwarzen Löchern schreibt der Cambridge-Astrophysiker John Gribbin unter anderem im »Encounter«: »Wenn wir ein Schwarzes Loch in der Nähe unseres Sonnensystems zur Hand hätten, könnten wir mit unserer derzeitigen Weltraumtechnologie in die Zukunft reisen. Nehmen wir einen couragierten Astronauten, verfrachten ihn in ein Raumschiff und lassen ihn das Schwarze Loch einmal nah umkreisen – natürlich weit genug entfernt, damit er nicht hineingesaugt wird. Während er die Region verzerrter Raum-Zeit durchquert, hätte er den Eindruck, als würde sich draußen im Universum alles beschleunigen. Im Raumschiff selbst wird er nichts Außergewöhnliches bemerken, vorausgesetzt, er hält sich von den gefährlichen Gezeiteneffekten des Schwarzen Loches fern. Aber wenn er aus der Raum-Zeit-Verzerrung wieder herauskommt, wird er merken, daß die Zeit außerhalb schneller verflogen ist als für ihn. Mit einem ausreichend großen Schwarzen Loch und einer entsprechend starken Verzerrung der Raum-Zeit würde das eine Hinfahrkarte in jede zukünftige Zeitspanne bedeuten – nächste Woche, nächstes Jahr, eine Million Jahre in der Zukunft oder nachdem unsere Sonne längst erloschen ist. Das einzige Problem für unseren unerschrokkenen Reisenden wäre, wenn er feststellt, daß es ihm nicht gefällt, dann gibt es für ihn keine Möglichkeit mehr zur Rückkehr.«
Es kann nicht ausgeschlossen werden, daß hochentwickelte, der interstellaren Raumfahrt mächtige Zivilisationen Einstein-Rosen-Brücken durch rotierende Schwarze Löcher als Abkürzungen benutzen, um vorwärts im Raum und rückwärts in der Zeit, also in *Nullzeit*, riesige Entfernungen im Kosmos zurückzulegen.

Allerdings ist noch völlig ungeklärt, welche Navigationsprobleme mit solchen Reisen durch Schwarze und Weiße Löcher verbunden wären. Natürlich konnten diese Probleme weder durch die Raum-Zeit-Diagramme von Roger Penrose und Brandon Carter noch durch die Kruskal-Diagramme von M. D. Kruskal von der Universität Princeton gelöst werden, in denen die Möglichkeiten solcher Einstein-Rosen-Brücken-Reisen graphisch dargestellt sind. Hätte eine Raumschiffbesatzung beim Eintauchen in ein Schwarzes Loch doch nicht die geringste Ahnung, an welcher Stelle des Universums sie aus einem Weißen Loch wieder auftauchen könnte. Dieser Unsicherheitsfaktor ließe sich mit fortschreitender Erkenntnis ja unter Umständen ausräumen.
Auch die Astrophysiker Kip S. Thorne, Michael S. Morris und Ulvi Yurtsever vom California Institute of Technology ließen sich von »Wurmlöchern« beziehungsweise Einstein-Rosen-Brücken inspirieren. In ihrer 1988 in den »Physical Review Letters« veröffentlichten Arbeit gehen sie von der Möglichkeit aus, daß hochentwickelte Zivilisationen mittels einer weit fortgeschrittenen Technologie als »Tunnelbauer« fungieren, um die Raum-Zeit-Struktur unter Umständen mit »Wurmlöchern« zu versehen. Stabilisiert könnten diese dann als Zeitmaschinen dienen. Da hier Ursache und Wirkung vertauscht werden könnten, käme es zu bizarren Konsequenzen: Hätte zum Beispiel der Zweite Weltkrieg stattgefunden, wenn Hitler durch einen Zeitreisenden aus der Zukunft im Jahr 1933 nachträglich eliminiert worden wäre? Oder werden Ereignisse in verschiedenen Zeitlinien beziehungsweise Parallelwelten aufgespalten, so daß – wie bei Schrödingers berühmten Katzen-Gedankenexperiment – Hitler einerseits eliminiert wurde, andererseits aber weiterlebte?
Beim Gedankenspiel des Physikers Erwin Schrödinger geht es um eine in einer verschlossenen Kiste verstaute Katze.

Darin wird durch den Zerfall eines Atoms tödliches Gas freigesetzt. Es ist nur ein Atom verfügbar, das mit fünfzigprozentiger Sicherheit bereits nach einer Minute zerfallen sein kann. Die Länge des Experiments ist auf eine Minute festgesetzt, dann schaltet der Geigerzähler automatisch ab.

Nach Beendigung des Experiments gibt es zwei gleichermaßen wahrscheinliche Welten. Eine, in der das zerfallene Atom den Geigerzähler in Gang gesetzt hat und das der zerschmetterten Flasche entwichene Gas die Katze umbrachte. In der anderen Welt ereignete sich gar nichts: kein Atomzerfall, kein entströmtes Giftgas und keine tote Katze! Wenn der Experimentator zu sensibel ist, um in der Kiste nach der Katze zu sehen, braucht er wegen einer Antwort – und zu seiner geistigen Verwirrung – nur die Quantenmechanik zu Rate ziehen. Sie liefert zwei sich überlappende Wirklichkeiten, und zwar: Die Katze lebt und ist gleichzeitig tot!

Doch kommen wir noch einmal auf das Thema Zeitreisen zurück. Wenn sie tatsächlich verwirklicht werden könnten, wie neueste mathematische, physikalische und geometrische Modellvorstellungen erkennen lassen, dürften wir eigentlich die Möglichkeit nicht ausschließen, daß Besucher aus anderen Zeitebenen bei uns auftauchen. Und darum sollten wir das Phänomen der unbekannten Flugobjekte zur Abwechslung einmal *vorbehaltlos* angehen. Hält hier vielleicht »Dreamland« eine Antwort bereit?

VII

Dreamland – Nachrichten aus der Schwarzen Welt

»Wir kommen nun zur UFO-Hypothese. Hier sehen wir uns in der bedauernswerten Lage, nicht einmal der Fakten sicher sein zu können, über die wir eine Hypothese aufstellen wollen. Es ist so gut wie unmöglich, Fakten zu verifizieren – es handelt sich um ein in Raum und Zeit seltsam isoliertes Phänomen. Sollten Sie Einwände haben, bitte ich Sie, dieses Phänomen zu erklären – quantitativ, nicht qualitativ; nämlich die Berichte über die Materialisation und Entmaterialisation von UFOs, deren Formveränderungen, ihr geräuschloses Schweben im irdischen Gravitationsfeld, ihre Beschleunigungsfähigkeit, die – für eine nennenswerte Masse – Energiequellen erfordert, welche außerhalb unserer Möglichkeiten, selbst der theoretischen, liegen. Dazu kommen die wohlbekannten EM (elektromagnetischen) Effekte auf Beobachter, von denen häufig berichtet wird – einschließlich der telepathischen Kommunikation und dem wiederholten Auftauchen von UFOs bei ein und denselben Beobachtern.« Dies stellte der inzwischen verstorbene Astrophysiker und UFO-Spezialist Professor J. Allen Hynek 1975 während eines Symposiums des amerikanischen Instituts für Aeronautik und Astronautik in Los Angeles fest.

Parallel zur technologischen Fortentwicklung haben die UFO-Sichtungen im letzten halben Jahrhundert erstaunlich zugenommen. Skeptiker kommen daher zu dem Schluß, daß die meisten UFO-Sichtungen ohne jeden Zweifel Verwechs-

lungen mit irdischen Flugobjekten darstellen. Ihrer Ansicht nach verkörpern UFOs ein modernes Phänomen, das mit Hubschraubern, Flugzeugen, Stratosphärenballons und Satelliten leicht zu deuten ist. Allerdings scheinen sie die Tatsache übersehen zu haben, daß UFOs nicht erst im 20. Jahrhundert aufgetaucht sind, sondern auch schon unsere Ahnen und Urahnen in Staunen versetzten. Das wenigstens ist alten Überlieferungen und Zeitungsberichten zu entnehmen.

»Für uns könnte es eine schmerzliche Erfahrung werden, der Wahrheit über UFOs ins Gesicht zu sehen«, äußerte der Astronom und Ex-Astronaut Dr. Brian O'Leary einmal. »Vielleicht ist das auch der Grund für die strenge Geheimhaltungspolitik der US-Regierung. Meiner Ansicht nach wird das Problem durch unser ständiges Verleugnen und unsere Befürchtungen nur noch verschlimmert. Wir alle sind hier verwickelt.«

Überzeugen Sie sich doch selbst, fahren Sie einfach hin!« Gelassen lehnt sich der sportliche Mittfünfziger mit den grauen Schläfen zurück. Seine blauen Augen streifen mich forschend, während er seine Pfeife entzündet. Er muß meine Skepsis gespürt haben, denn erstmals überzieht sein ernstes, scharfgeschnittenes Gesicht ein flüchtiges Lächeln. Mein Blick gleitet zum Fenster, über die in der Ferne auftauchenden Lichter der Spielermetropole Las Vegas.
»Fahren Sie auf dem Highway 93 Richtung Norden«, nimmt mein Gegenüber das Gespräch wieder auf. »Kurz nach Ash Springs biegen Sie links ab zum Highway 375. Vom Hancock-Paß führt er Sie ins Tal hinunter. In Höhe des Meilensteins 29½ biegt eine etwa zehn Meilen lange, staubige Landstraße ab, die nach einem großen schwarzen Briefkasten Mailbox Road heißt. Hier ist der Nordostzugang nach Groom Lake. Folgen Sie dieser Straße allerhöchstens fünf Meilen, denn dann kommt militärisches Sperrgebiet. Die Testflüge werden meistens mittwochs gegen Abend durchgeführt. Versehen Sie sich also mit einem guten Fernglas und beobachten Sie den westlichen Himmel in Richtung Sonnenuntergang, etwas später den Südhimmel. Sie fliegen in einer Entfernung von zwölf Meilen und sind mit bloßem Auge sichtbar. Aber Einzelheiten wie die Kuppel lassen sich nur mit einem Feldstecher ausmachen.«
Der Mann mir gegenüber ist alles andere als ein Phantast. Keiner von denen, die in jedem unidentifizierbaren Objekt am Himmel ein außerirdisches Raumschiff erkennen. Vor

mir sitzt John Lear – einer der erfolgreichsten und erfahrensten Piloten der Vereinigten Staaten. Sein Vater, William P. Lear, entwickelte als einer der bedeutendsten Flugzeugkonstrukteure der USA den legendären Lear-Jet, das erfolgreichste Düsen-Geschäftsflugzeug der Welt. Dazu den Autopiloten für den ersten Lear-Abfangjäger.
Bevor John Lear das Erbe seines Vaters antrat und die Lear-Flugzeugbau-Firma übernahm, hatte er sich als Pilot und Luftfahrtexperte qualifiziert. Als Flugkapitän einer großen Luftfrachtgesellschaft flog er über 160 verschiedene Flugzeugtypen in mehr als 50 Ländern der Erde. Mit dem hauseigenen Learjet hält er 17 Geschwindigkeitsrekorde und wurde von der amerikanischen Bundesluftfahrtbehörde mit den meisten Auszeichnungen geehrt, die je ein Pilot erhalten hat. Darüber hinaus erhielt er den Preis der Fluglotsen für außergewöhnliche Verdienste in der Luftfahrt. John Lear kann in 35jähriger Flugerfahrung auf 16000 Flugstunden zurückblicken. Im Vietnamkrieg war er als Kurierflieger für den US-Geheimdienst CIA im Einsatz. Im übrigen flog er die verschiedensten Experimentalflugzeuge für die Marine und Luftwaffe.
Viele Jahre später, 1986, traf John Lear einen Luftwaffenoffizier, der 1980 auf dem NATO-Stützpunkt Bentwaters, nahe Woodbridge an der südlichen Ostküste von England, in der Grafschaft Suffolk, stationiert war. Er habe am 27. Dezember 1980 der Landung eines unbekannten Flugobjekts beigewohnt, erzählte ihm der Zeuge. Zum Zeitpunkt des Zwischenfalls hätten sich etwa 200 Militärs und einige Zivilisten auf dem Stützpunkt befunden. Verschiedene Stützpunktangehörige hatten beobachtet, wie im nahegelegenen Randleshan Forest ein grelles Licht niederging. Die sofort dorthin abkommandierten Aufklärungspatrouillen stießen in einer Waldlichtung auf eine etwa 16 Meter Durchmesser große, »wie eine Aspirintablette« geformte

Scheibe auf drei Landebeinen. Als der damalige Stützpunktkommandant, Wingcommander Gordon Williams, geholt wurde, sollen laut Aussage des Zeugen drei kleine humanoide Wesen in einem Lichtschacht aus dem Objekt geglitten sein. Allem Anschein nach habe es zwischen ihnen und dem Standortkommandanten eine telepathische Verbindungsaufnahme gegeben. Danach sei das unbekannte Flugobjekt wieder aufgestiegen, so der Zeuge.

Natürlich war Lears Neugier durch diese schier unglaubliche Geschichte geweckt. Er mußte der Sache auf den Grund gehen. Nach ersten Recherchen zeigte sich, daß der Bericht des Luftwaffenoffiziers offenbar auf Wahrheit beruhte. Nun verschaffte er sich über einen Freund im Pentagon den offiziellen Bericht des damaligen stellvertretenden Stützpunktkommandanten, Lt. Col. Charles I. Halt, über den Vorfall am 27. 12. 1980. Darin heißt es unter anderem:

»Am folgenden Tag wurden an der Stelle, wo das Objekt beobachtet worden war, drei etwa viereinhalb Zentimeter tiefe Abdrücke von knapp 18 Zentimeter Durchmesser im Boden entdeckt. In der Nacht vom 29. Dezember 1980 wurde das Gebiet auf Strahlung hin untersucht. Beta/Gamma-Werte von 0,1 Milliröntgen wurden als Spitzenwerte in den drei Abdrücken und nahe der Mitte des durch die Abdrücke geformten Dreiecks gemessen. Bei einem in der Nähe stehenden Baum wurden an der den Abdrücken zugewandten Seite mäßige Strahlungswerte (0,5–0,7) gemessen.«

Damit war für John Lear klar, daß unbekannte Flugobjekte nicht als Hirngespinste abqualifiziert werden können. Die US-Regierung müsse also schwerwiegende Gründe haben, wenn sie der Öffentlichkeit die Wahrheit vorenthalte.

Jetzt ließ Lear seine Beziehungen spielen. Er nutzte jeden seiner zahlreichen Kontakte zu Regierungs- und hohen Militärkreisen. Nach anderthalb Jahren hatte er sich Klar-

heit verschafft und hielt daraufhin die Hintergründe seiner Erkenntnisse im »Lear-Bericht« vom 29. Dezember 1987 fest. Dieser Report, der in Fachkreisen Furore machte, beinhaltet das folgende:
Die Regierung der Vereinigten Staaten hat seit 1947 diverse abgestürzte Flugobjekte außerirdischer Herkunft geborgen. Durch Präsident Truman wurde ein Ausschuß unter dem Namen »Majestic 12« ins Leben gerufen, der die Intentionen der »Aliens« ergründen sollte. Bei einem UFO-Absturz im Jahre 1949 fiel den Amerikanern ein überlebendes Besatzungsmitglied in die Hände. Diese »Extraterrestrische Biologische Entität – EBE«, wie der Außerirdische im Fachjargon bezeichnet wurde, lebte drei Jahre im Hochsicherheitstrakt der Sandia-Nationallaboratorien in Los Alamos, New Mexico, wo er dann »an einer unbekannten Krankheit« verstarb. Den Amerikanern war es gelungen, sich mit dem EBE zu verständigen. Doch der erste »offizielle« Kontakt mit fremden Besuchern fand erst 1964 auf der Holloman-Luftwaffenbasis in New Mexico statt. Dort landeten drei unbekannte Flugobjekte außerirdischer Herkunft, deren Piloten mit US-Geheimdienstoffizieren zusammentrafen, so heißt es im »Lear-Bericht«. Es wurde folgende Form der Zusammenarbeit vereinbart: Den Außerirdischen sollen genetische Experimente an Menschen und Tieren sowie Ländereien für eigene Stützpunkte zugestanden worden sein. Als Gegenleistung sollen sich die »Aliens« mit »technologischer Entwicklungshilfe« revanchiert haben.
Seit damals häufen sich im Südwesten der Vereinigten Staaten mysteriöse Viehverstümmelungen. In anderen Worten: Rinder und Pferde werden blutleer aufgefunden, deren innere Organe, Ohren, Augen, Mäuler oder Geschlechtsorgane operativ so säuberlich entfernt worden sind, wie es nur mittels eines hochentwickelten Lasers möglich wäre.
Zudem werden Menschen »entführt«. Sie sehen ein UFO,

werden bewußtlos und leiden nach dem Erwachen unter einer »Gedächtnislücke« – zwei Stunden ihres Lebens fehlen ihrem Erinnerungsvermögen. Nur im Traum oder unter Hypnose »wissen« die Entführten, daß sie in dieser Zeit von kleinen, humanoiden Wesen an Bord eines UFOs gebracht und auf einer Art Operationstisch untersucht worden sind. Nach Schätzung namhafter Experten waren mindestens 250000 Amerikaner einer solchen Entführung ausgesetzt.
Für die als Gegenleistung zugesagte »neue Technologie« errichtete die Regierung der Vereinigten Staaten inmitten ihres geheimsten militärischen Versuchsgeländes, dem Groom-Trockensee-Gebiet im US-Staat Nevada, das »Alien Technology Center«. Zwischen 1972 und 1974, so Lear, wurden dort riesige unterirdische Komplexe angelegt. Hier sind amerikanische Wissenschaftler damit beschäftigt, geborgene oder von den Außerirdischen zur Verfügung gestellte Raumschiffe nachzubauen. Und das offenbar mit Erfolg. Denn beinahe an jedem Mittwoch steigen abends kuppelförmige »Alien Reproduction Vehicles« zum Testflug auf.

Lear hatte sie schon Dutzende Male beobachtet. Und zwar am Ende der staubigen Wüstenstraße in der Nähe des Dörfchens Rachel. Erstmals am 22. März 1988. »Das Objekt stieg in einer Entfernung von nur drei Kilometer auf. Es hatte einen Durchmesser von zehn bis 15 Meter und eine deutlich erkennbare Kuppel«, sagte Lear.
Diese Sichtung war nicht zufällig zustande gekommen, sondern durch die Information eines jungen Physikers, der auf dem Groom-Lake-Versuchsgelände für die Navy an der Untersuchung geborgener UFOs beteiligt war. »Wir fliegen die Dinger heute abend wieder«, hatte Robert Lazar Lear mitgeteilt. »Wollen Sie dabei sein?«
Im Lauf der folgenden Monate ließ sich John Lear davon

überzeugen, daß Lazar in der Abteilung S-4 beschäftigt war. Der Physiker fuhr mit Lear sogar auf dem Highway 375 bis zum Meilenstein 29½ – also bis zu dem Punkt, von dem aus Zivilisten am nächsten an das Flug-Testgelände herankamen. Von hier aus konnte Lear die scheibenförmigen Flugkörper der Amerikaner mit eigenen Augen beobachten. Genau zum von Lazar genannten Zeitpunkt tauchte einer auf. Aus der Ferne gesehen zwar nur ein tanzendes Licht am Abendhimmel; aber durch sein Celestron-Teleskop konnte Lear deutlich die Scheibenform ausmachen. Am nachfolgenden Mittwoch war es dasselbe. Diesmal hatte Lear einen Begleiter dabei, der die von Lazar genau beschriebenen Flugmanöver des Objekts mit einer Videokamera festhalten konnte.

Mit zunehmender Leuchtkraft führte es regelrechte »Sprünge« durch. Sobald der Gravitationswellen-Verstärker auf einen bestimmten Punkt im Raum ausgerichtet ist, intensiviert sich das Gravitationsfeld. Der Punkt wird »herangezogen«, erklärte Lazar. Kein Wunder, daß sich die Männer erneut für den nächsten Mittwoch verabredeten. Doch während sie an diesem 6. April 1989 auf den Sonnenuntergang warteten, tauchte eine bewaffnete Patrouille im Jeep auf. Mit den Maschinengewehren im Anschlag verlangten sie Lear, Lazar und deren Begleitern die Ausweispapiere ab. Wie Lazar berichtete, erhielt er am nächsten Tag eine Vorladung vom Airforce-Stützpunkt, um dort von einem FBI-Agenten verhört zu werden. Mit dem auf sein Ohr gerichteten Revolver soll dieser ihn angeschrien haben: »Wir könnten Sie augenblicklich ins Jenseits befördern. Niemand wird je davon erfahren. Wir werden genügend Gründe zur Rechtfertigung finden.« Damit war für Lazar klar, daß er nicht mehr an seinen Arbeitsplatz zurückkehren konnte, wenn er nicht Gefahr laufen wollte, draußen einem »Unfall« zum Opfer zu fallen.

Als er in den folgenden Wochen mit telefonischen Drohungen eingeschüchtert werden sollte, ging Lazar in die Offensive: Er wandte sich über das Fernsehen an die Öffentlichkeit. In seiner ersten Sendung trat er unter einem Decknamen und im Schatten photographiert auf. Am 6. November 1989 brachte KLAS-TV in Las Vegas dann eine Exklusivsendung unter seinem richtigen Namen.
Später sagte Lazar, er habe mit Lear gesprochen, um sich von dem ungeheuren Druck zu befreien. Mit irgendeinem Menschen habe er einfach über die Geschichte reden müssen. »Ständig wurden wir eingeschüchtert, auf die Sicherheitsbestimmungen hingewiesen. Das war leider kein normaler Job, den man nach der Arbeit zu Hause ablegt wie seine Schuhe. Der psychische Druck war zu groß, und mit Lear konnte ich offen reden, konnte sicher sein, daß er meine Identität nicht preisgibt. Das Fernsehen schaltete ich dann aus einem anderen Grund ein: Wenn erst einmal alles gesagt war, hatte ich ihnen den Wind aus den Segeln genommen. Alle Einschüchterungsversuche mußten verpuffen. Sollte mir dann etwas zustoßen, wußte jeder, daß ich die Wahrheit gesagt hatte.«

In meinem 1991 erschienenen Buch »Adams Planet« habe ich bereits ausführlich über Robert Lazars Bericht geschrieben. Hier noch einmal eine kurze Zusammenfassung der Fakten:
Lazar war 1982 als Physiker an den Los Alamos-Nationallaboratorien in New Mexico beschäftigt und führte Experimente am Energie-Linear-Partikelbeschleuniger durch, die speziell auf polarisierte Protonen ausgerichtet waren. Ein praktischer Aspekt seiner Arbeit war die Anwendung von Hochenergie-Partikelstrahlbeschleunigern im Weltraum als Teil der SDI-Forschung. In seiner Freizeit entwickelte Lazar ein Düsenautomobil, über das die Lokalpresse auf der

Titelseite berichtete. Am 28. Juni 1982 traf Bob Lazar Dr. Edward Teller, den sogenannten »Vater der Wasserstoffbombe«, der nicht zuletzt auch Miturheber des SDI-Projektes ist. Teller hielt in Los Alamos ein Seminar ab, an dem auch Lazar teilnahm. Der junge Physiker nahm die Gelegenheit wahr, sich Teller vorzustellen, und erhielt daraufhin Tellers Visitenkarte.

Als Lazar 1988 einen neuen Job suchte, schickte er auch eine Bewerbung an Teller. Wenig später wurde er zu einem Vorstellungsgespräch in das EG&G-Gebäude auf dem Flughafen von Las Vegas eingeladen. EG&G ist einer der führenden High-Tech-Rüstungskonzerne der USA mit einer eigenen »Division für Spezialprojekte«, die inmitten des strenggeheimen Groom Lake-Versuchsgeländes liegt.

Im Verlauf des Vorstellungsgesprächs mußte Lazar erst einmal über seine privaten Interessengebiete Auskunft erteilen – über seine Einstellung zu diversen Themen. Danach kam sein Fachgebiet zur Sprache, insbesondere die Gravitationsforschung. Offenbar waren Lazars Gesprächspartner durch seine Antworten und Fragen beeindruckt. Sie wiesen ihn darauf hin, daß er sich nunmehr einer Reihe von Sicherheitsüberprüfungen unterziehen müsse, daß er eingestellt und zur Mitarbeit an einem Marineforschungsprogramm vorgesehen sei.

Im Dezember 1988 nahm er seine Tätigkeit im Groom Lake-Versuchsgelände auf. Zusammen mit etwa 30 anderen Männern wurde er in einer Boeing-737 des Energieministeriums nach Groom Lake geflogen. Auf Anweisungen wartete er in einer Cafeteria, bis er von einem schwarzen Bus mit verdunkelten Fenstern abgeholt wurde. Nach etwa zwanzigminütiger Fahrt war er am Ziel.

»Ich sah riesige, untereinander verbundene Hangars«, berichtete Lazar später. Er wurde von einem Supervisor und einem Sicherheitsbeamten in Empfang genommen. Dann händigte man ihm eine hellblaue Kennkarte mit dunkelblauem Diagonalstreifen sowie den drei Buchstaben MAJ aus. Die ID-Karte seines Vorgesetzten, Dennis Mariani, trug die Aufschrift »Majestic«. In einem Büro wurde Lazar von Mariani anschließend über die strengen Sicherheitsvorschriften an seinem neuen Arbeitsplatz aufgeklärt. Er mußte sich schriftlich zu strengstem Stillschweigen verpflichten und wurde von Mariani gegen einen Verstoß strengstens verwarnt. Gespräche mit Kollegen seien im übrigen zu vermeiden. Dann händigte ihm Mariani rund 120 Kurzberichte in blauen Umschlägen aus.

Lazar glaubte, seinen Augen nicht trauen zu dürfen, als er zu lesen begann. Denn es ging in den Berichten um unbekannte Flugobjekte, um abgestürzte UFOs, deren Bergungen und um die Autopsie toter Insassen. Es ging um Wesen mit haarlosen Köpfen und großen, geschlitzten Augen, die durch Photos belegt wurden. Andere Dokumente beinhalteten wiederum Einzelheiten über eine kaum vorstellbare Technologie. Es wurden Schwerkraft-Verstärker beschrieben – ein zweiteiliger Antriebsmechanismus der Flugobjekte. »Es war eine bizarre Technologie«, erinnerte sich Lazar. »Jede physikalische Verbindung zwischen den Systemen fehlte. Die Gravitation wurde als Welle benutzt.«

In S-4 arbeiteten etwa 22 Wissenschaftler unter der Aufsicht von mindestens der dreifachen Anzahl von Sicherheitskräften. Bei seinem nächsten Besuch dort wurde Lazar in einen Hangar geführt, in dem eine etwa elf Meter im Durchmesser und fünf Meter hohe, aus hellglänzendem Metall gearbeitete Flugscheibe stand. Rings um die Oberseite war sie mit quadratischen »Luken« versehen. An einer Seite offen, konnte Lazar in das aluminiumfarbene Objekt hineinsehen. In seiner Mitte befand sich eine Säule, und die Innenwand wies Rundbögen auf. Alles war abgerundet, nirgends gab es Ecken oder Kanten, und allem Anschein

nach bestand der Flugkörper aus einem Stück. Am meisten wunderte sich Lazar jedoch über die Pilotensitze, die ihn wie Kindersitze anmuteten.
Beim Betreten des Schiffes interessierte Lazar vor allem das Antriebssystem. Er erfuhr, daß zur Energieerzeugung ein »Antimateriereaktor« verwendet würde. Dabei diene die in der Schiffsmitte befindliche »Hohlsäule« als »Leiter« für die Gravitationswellen. Die Säule sei mit dem Antimateriereaktor verbunden, einer 45 Zentimeter breiten Platte mit einer Halbkugel im Zentrum, deren Deckplatte entfernt werden könne. Im Reaktor befände sich ein Chip des Elementes 115. Hierbei handele es sich um ein superschweres Element, das auf der Erde weder vorkomme noch synthetisch hergestellt werden könne. Unter Protonenbeschuß verändere sich Element 115. Es desintegriere und gäbe dabei Antimaterie und Gravitationswellen frei. Durch den Wellenleiter – also die Säule – und den Schwerkraftverstärker würden die Gravitationswellen kanalisiert und zu einem starken, lokalisierten Gravitationsfeld rund um das Schiff aufgebaut.
Lazar zufolge soll die US-Regierung im Besitz von über 500 Pfund dieses geheimnisvollen Elements 115 sein. Alles, was über 103, über die Schwere von Plutonium hinausgeht, desintegriert zu schnell. So ist beispielsweise Element 106 nur begrenzte Zeit verfügbar. Wissenschaftler gehen davon aus, daß sich die Elemente 113 bis 116 wieder stabilisieren. Der Beweis für die Richtigkeit dieser Hypothese wäre also Element 115. Lazar meint, die einzige natürliche Fundstätte für Element 115 sei ein superschwerer Stern.
Wenig später konnte sich Lazar beim Testflug eines solchen Flugkörpers von den Auswirkungen des Gravitationsantriebs im S-4 persönlich überzeugen. »Beim Start begann seine Unterseite aufzuglühen«, beschrieb er seine Beobachtungen. »Ich hörte ein leichtes Zischen – wie das Zischen

von Starkstrom auf einer Kugel. Allem Anschein nach ist die runde Form der Flugkörper ein besserer Energieleiter als die Ecken und Kanten konventioneller Flugkörper. Auch der Isolator eines Starkstrom-Systems ist rund oder wenigstens abgerundet, damit eine coronale Entladung gewährleistet wird. Jedenfalls war ein Zischen wie unter Starkstrom zu hören. Dann hob das Objekt sanft und geräuschlos vom Boden ab. Nachdem es eine Höhe von zehn Metern erreicht hatte, hielt es erneut an – glitt nach links, glitt nach rechts, um schließlich wieder zu landen.«
Aus dem Antriebsmechanismus der scheibenförmigen Flugkörper zieht Lazar die Schlußfolgerung: »Wenn sich ein Flugobjekt mit 11 000 Stundenkilometern fortbewegt, um dann rechtwinklig abzubiegen, bedeutet das nicht, daß sich das Flugmanöver auch tatsächlich auf diese Weise vollzieht. Wegen einer Gravitationsverzerrung kann auch lediglich der Anschein erweckt werden. Es ist sozusagen wie eine Luftspiegelung in der Wüste. Das wirkliche Objekt wird erst sichtbar, wenn der Antrieb abgeschaltet ist. Ansonsten ist ein ziemlich verzerrtes Etwas zu sehen, das allem Anschein nach seine Form verändert und sich ständig hin und her bewegt, wobei es aber unbeweglich am Himmel stehen oder entlanggleiten kann.«
Auch für die von vielen Sichtungszeugen beobachtete scheinbare Materialisation oder Dematerialisation der unbekannten Flugobjekte gibt es nach Lazar eine logische, physikalische Erklärung: »Es hängt von der jeweiligen Feldkrümmung ab, ob das Flugobjekt gesehen wird oder nicht.«
Zudem geht Lazar davon aus, daß Außerirdische zwei Antriebsmethoden benutzen, um große Entfernungen im Weltall zu überwinden. Innerhalb der Atmosphäre eines Planeten »balancieren« sie sozusagen nur auf dem vom Gravitationsgenerator erzeugten Gravitationsfeld. Sie rei-

ten auf einer Welle wie ein Korken auf dem Ozean. Dabei ist ihr Flug sehr instabil. Bei interplanetarischen oder interstellaren Flügen focussieren sie ihre drei Gravitationsgeneratoren auf den anzusteuernden Punkt und »ziehen« ihn quasi an sich heran. Raum und Zeit werden durch Gravitation verzerrt – »buchstäblich zusammengezogen und gefaltet, bis der erwünschte Punkt erreicht ist«, behauptet Lazar.

Phantasterei? Nach Lazars erstem Interview im KLAS TV-Las Vegas begann Chefreporter George Knapp mit seinen Recherchen – und kam zu dem Ergebnis, daß der Physiker offenbar über Nacht zur Unperson geworden war. Die Universitäten, an denen er studiert hatte, wußten plötzlich nichts mehr von seiner Existenz. Das Los Alamos-Nationallaboratorium verneinte kategorisch, »je einen Angestellten namens Robert Lazar beschäftigt zu haben«. Selbst das Krankenhaus, in dem er zur Welt gekommen war, dementierte plötzlich seine Geburt. War Lazar ein Betrüger?
Die Journalisten gaben nicht auf. Dann stießen sie auf ein altes Exemplar des internen Telefonbuches der Physikalischen Abteilung der Los Alamos-Nationallaboratorien. Dort war Lazar plötzlich aufgelistet. Ebenso der von ihm erwähnte Artikel auf Seite eins des »Los Alamos Monitor« von 1986, der genau an jenem Tag erschienen war, an dem Teller in Los Alamos gesprochen hatte. Darin wurde nicht nur über Lazars Konstruktion eines düsenbetriebenen Autos berichtet, sondern er wurde auch als Physiker bezeichnet, »der an der Physikalischen Abteilung der Los Alamos-Nationallaboratorien mit NASA-Wissenschaftlern auf diesem Gebiet arbeitete«. Er war sogar in der Lage, seine W-2-Einkommensteuerformulare vorzulegen, die ihn als Angestellten des Nachrichtendienstes der Marine mit einer »MAJ«-Kennummer kennzeichneten. Darüber hinaus führten ausgedehnte Lügendetektoruntersuchungen sowie Be-

fragungen durch Psychiater und Psychologen zum Ergebnis, daß es nicht den geringsten Hinweis gab, Lazar der Unwahrheit zu bezichtigen. Selbst der Ex-Astronaut Dr. Edgar Mitchell war nach einem dreitätigen Besuch bei Lazar davon überzeugt, daß dieser über Insiderwissen verfüge und mit Gewißheit an einem hochklassifizierten »schwarzen« Projekt gearbeitet haben muß.
Mittlerweile haben sich bei KLAS TV, bei John Lear und dem Luftwaffenoberst i. R. Wendelle C. Stevens weitere Wissenschaftler und zwei Sicherheitsbeamte gemeldet, die Lazars Geschichte noch untermauern. Danach hätten die Amerikaner schon einige Flugobjekte nachgebaut und anstelle von Element 115 Plutonium verwendet. Tatsächlich behauptet auch Lazar, von Nachbauversuchen zu wissen, wenn er auch lediglich die Untersuchung des einen Flugobjektes zur Aufgabe hatte. Als er einmal durch die Hangaranlage geführt wurde, zählte Lazar dort insgesamt neun Scheiben – jede ein anderes Modell. Zwei waren fast völlig demontiert, bei einer weiteren erkannte er seitlich ein faustgroßes Loch, als wäre ein Projektil auf sie abgefeuert worden.

Um es vorwegzunehmen, ich war zwar während meiner Recherchen in der »Mailbox Road«, habe aber nichts gesehen. Der Zeitpunkt war auch denkbar ungünstig: Freitag abends, gegen 21.00 Uhr, berichteten mir ortsansässige Indianer von ihren Sichtungen »seltsamer Lichter« über den Groom-Bergen. Ich fuhr weiter nach Rachel, besuchte das ehemalige »Rachel-Café«, in dem Lear einige seiner Zeugen – Wachpersonal und Wissenschaftler des Testgeländes – getroffen hatte. Es ist die dem Groom Lake-Gelände nächstgelegene Kneipe, der letzte Außenposten des zivilen Lebens hier am Rande der »Schwarzen Welt«. Doch seit die »Mailbox Road« zum Mekka für UFO-Enthusiasten aus aller

Welt geworden ist – ein Radiosender aus Las Vegas organisierte sogar Busausflüge –, hat sich hier allerhand geändert. Das »Rachel-Café« ist inzwischen in »The Little Ale-Inn« umbenannt worden – es kann sowohl als »das kleine Bierlokal« beziehungsweise als »kleiner Außerirdischer« (»little Alien«) ausgesprochen werden – und verkauft mittlerweile UFO-Souvenirs. Hier traf ich Gary Schultz, der am Mittwoch, 28. Februar 1990, um 9.00 Uhr abends von der »Mailbox Road« aus in Richtung Süden ein kuppelförmiges Flugobjekt in Farbe photographieren konnte. Auch Schultz berichtete von der unregelmäßigen Flugweise der Scheibe, die schon Lear und Lazar erwähnten. Hatte John Lear also recht? Sagte Robert Lazar die Wahrheit?

Um das Groom Lake-Versuchsgelände ranken sich schon seit Jahrzehnten Gerüchte und Spekulationen. Wahrscheinlich handelt es sich hier um das am strengsten bewachte Gebiet der Erde. Denn bis hin zur SDI-Technologie sowie den dreieckigen »Aurora«-Bombern der Navy wurden hier die geheimsten Waffenprojekte der US-Streitkräfte getestet. Sein Codename heißt »Dreamland« – »Land der Träume«.

»Hier werden Testflüge mit Maschinen durchgeführt, die über alles Vorstellbare hinausgehen«, erfuhr der Luftfahrtjournalist James Goodall von einem Luftwaffenoffizier, der über Waffenprojekte »jenseits von Stealth« in der Februar-Ausgabe 1988 des US-Militärmagazins »Gung-Ho« berichtete. Diese mit dem Tarnkappenbomber zu vergleichen hieße, »den Fallschirm von Leonardo da Vinci mit dem Space Shuttle zu vergleichen«, so der Offizier.

Noch deutlicher wurde ein Colonel während eines Interviews mit Goodall: »Hier gibt es Dinge, die das, was wir unter Luftfahrt verstehen, derart überschreiten, daß es auf uns wirkt, als sei es aus einer anderen Welt.«

Goodall selbst sagt dazu: »Gerüchten zufolge zählen Energiefeld-Technologien zu diesen Systemen, Gravitations-Antriebe und Entwürfe »fliegender Untertassen«. Noch phantastischeren Gerüchten zufolge sollen diese Designs nicht einmal auf einer irdischen Technologie beruhen. Allerdings scheint sich jedermann zu fragen, wer sie dann entworfen haben könnte oder uns dazu verholfen hat, sie zu entwikkeln. »Lassen Sie es mich so formulieren«, erklärte ein Lockheed-Ingenieur im Ruhestand: »Es gibt da Dinger, die über der Wüste von Nevada herumfliegen, über die selbst George Lucas vor Neid erblassen würde.« (George Lucas ist der Vater von »Star Wars« und Hollywoods erfolgreichster Science Fiction-Produzent.)

Als die US-Luftwaffe im Jahr 1984 89600 Hektar öffentlicher Ländereien »aus Gründen der Nationalen Sicherheit« kurzerhand konfiszierte – um die Vorgänge auf dem Testgelände vor den Augen der Öffentlichkeit noch effektiver zu verbergen –, verdichtete sich das Geheimnis um Dreamland noch mehr.

Tatsache ist die Existenz des »Alien Technology Center« in Dreamland, wobei »alien« nicht nur die Bedeutung von »fremd«, »außerirdisch« haben kann. Über dieses »Zentrum für fremde Technologien« konnte »Gung-Ho«-Chefredakteur Jim Shults nur in Erfahrung bringen, daß es »Gerüchten zufolge... über ›fremde‹ (›alien‹) Gerätschaften und, gelegentlich, ebensolches Personal verfügt, das uns dabei behilflich ist, neue Flugzeuge und unsere SDI-Technologie zu entwickeln... So verrückt das auch klingen mag, beruhen diese Gerüchte doch auf ziemlich soliden Grundlagen. Das Alien Technology Center ist eine Realität. Und irgend etwas muß die Russen doch bewegt haben, so plötzlich mitzuspielen, und ich persönlich glaube, das könnte es gewesen sein.«

In seinem Buch »Alien Liaison« zitiert der britische UFO-Experte Timothy Good den Bericht des Funkers Mike

Hunt, der Anfang der sechziger Jahre in Dreamland gearbeitet hat. Als Angestellter der Atomenergiekommission besaß Hunt eine Top Secret-Befugnis für alle Bereiche und erfuhr damals von einem »Projekt Redlight«, das mit UFO-Testflügen im Groom Lake-Gebiet in Zusammenhang stand. Wie auch Bob Lazar behauptet, fanden die Testflüge offenbar nördlich der Area 51 statt.

»Ich mußte dieses Gebiet mehrfach durchqueren und wurde jedesmal gefragt, ob ich irgend etwas Ungewöhnliches beobachtet hätte. Damals waren die Sicherheitsvorkehrungen äußerst streng«, berichtet Hunt. »Immer wieder hörte ich Funksprüche wie ›Es landet in soundsovielen Minuten‹, ›Es wird jetzt aus dem Hangar geholt‹, ›Es startet jetzt‹. Oft gab es seltsame Stromstörungen bei diesen Testflügen. Einmal war es mir möglich, solch ein Objekt zu beobachten. Zuerst hielt ich es für ein kleines Flugzeug, bis ich bemerkte, daß es weder Flügel noch ein Schwanzende hatte. Es flog in etwa einem Kilometer Entfernung von mir, war zinnfarben und hatte eine deutlich erkennbare Scheibenform.«

Hunts Hinweis auf den Projektnamen »Redlight« ist interessant. Denn ein Sanitäter des Marine-Testgeländes auf dem Versuchsgelände der Atomenergiekommission in Dreamland berichtete dem Luftwaffen-Oberstleutnant Wendelle C. Stevens, der selbst einmal ein UFO-Forschungsprojekt der US-Luftwaffe leitete: 1951 habe das gesamte Personal mit Ausnahme der Sanitäter das Marinegelände für einige Zeit räumen müssen und sei zu anderen Einheiten versetzt worden. Als Ersatz kam ein Marine-Konstruktionsbataillon auf die Basis, das mit massiven Umbauarbeiten und dem Ausbau unterirdischer Anlagen begann. Ende 1951 waren die Umbauten beendet, und das »Projekt-Redlight«-Team zog ein. Eine 800 bis 1000 Mann starke Einheit, die ständig auf dem Gelände blieb und rund um die Uhr von einer Spezialeinheit der »Blaukappen«-

Elitetruppe bewacht wurde. Zudem wurden regelmäßig Top-Wissenschaftler mit Top Secret-Befugnis eingeflogen. Ales, was der Sanitäter über das »neue Projekt« in Erfahrung bringen konnte, waren Gerüchte. Gerüchte über Antriebstechnik, Waffentechnik, Erforschung von fremden Technologien und sogar über die Reparatur und den Nachbau von abgestürzten UFOs. Es war von mindestens drei geborgenen unbekannten Flugobjekten die Rede, von denen zwei noch nahezu komplett seien. Und immer wieder hieß es, die UFO-Piloten seien kleinwüchsig, humanoid und von gräulicher Hautfarbe. Zwei von ihnen sollen sogar einen Absturz überlebt haben. Geht es hier nur um Gerüchte? Timothy Good zitiert eine ganze Reihe von Zeugen: Ex-Luftwaffenangehörige, Techniker, Airforce-Piloten, die bei Test- und Manöverflügen in Wetterturbulenzen kamen, nur durch Zufall Dreamland überflogen und so Zeugen der UFO-Testflüge wurden.

Es sind supergeheime Projekte, die aus »schwarzen Fonds« des Pentagon finanziert werden – wahrscheinlich aus den Milliarden für das SDI-Projekt, wie Bob Lazar vermutet. Mittlerweile sind selbst seriöse Medien wie das Luftfahrt-Fachblatt »Aviation Week & Space Technology« den Geheimnissen von Dreamland auf der Spur. So beschrieb das Blatt in seiner Ausgabe von Oktober 1990 zum Beispiel nicht nur die neuen, extrem leisen A 12-»Aurora«-Bomber der Navy, sondern erwähnte auch »exotische Antriebe und aerodynamische Formen, die bisher nicht erklärt werden können.« Geht es vielleicht doch um Robert Lazars Gravitationsantrieb?!

In einem von der amerikanischen Raumfahrtbehörde NASA veröffentlichten Papier mit dem Titel »Feldresonanz-Antriebskonzept« zieht der NASA-Physiker Alan Holt die Möglichkeit in Betracht, daß die Erde tatsächlich von außerirdischen Zivilisationen besucht wird. Dies wäre allerdings nur dann durchführbar, wenn sie unabhängig von der Begrenzung der Lichtgeschwindigkeit agieren würden. Nach Holts Theorie könnte dies durch die Wechselwirkung zwischen elektromagnetischen und Gravitationsfeldern möglich sein. »Es müßte eine Energiekonfiguration gefunden werden, die in Resonanz mit dem Zielort stünde und Reisen durch eine Art Überraum beziehungsweise höherdimensionalen Raum ermöglichen würde.« Ein derartiges Modell beschreibt auch Robert Lazar.

Holt plädiert für die Scheibenform: »Ich denke, diese Raumschiff-Form ist von besonderer Bedeutung. Und ich persönlich würde für elliptische oder Scheibenformen plädieren. Vielleicht ist es kein Zufall, daß wir es beim sogenannten UFO-Phänomen auch mit großen, scheibenförmigen Flugkörpern zu tun haben.« Es scheint so, als wäre die Menschheit des Planeten Erde – zumindest aber die Bewohner des »Landes der Träume« – ziemlich nahe daran, die Prinzipien des interplanetaren Raumflugs zu verstehen. Vielleicht ist es nur noch eine Frage der Zeit, bis wir in die Familie der raumfahrenden Zivilisationen aufgenommen werden.

VIII

Fremde unter uns

Der amerikanische Professor der Physik Harley Rutledge hat über viele Jahre versucht, dem UFO-Phänomen mit einem wissenschaftlichen Team auf den Grund zu gehen. Als Vorsitzender der Fakultät für Physik des South East Missouri State College von Kap Girardeau und ehemaliger Präsident der Missouri-Akademie der Wissenschaften war er anfänglich skeptisch, was UFOs angeht. Doch nach einigen sonderbaren Vorfällen bei Piedmont erklärte er sich bereit, die Herausforderung anzunehmen.

Sein Projekt »Identification« wurde von Spezialisten der unterschiedlichsten Disziplinen und mit einem Lastwagen voller Aufzeichnungs- und Überwachungsinstrumenten durchgeführt. Das Rutledge-Team hat den Himmel rund 2000 Stunden lang beobachtet und dabei 178 UFOs ausgemacht, von denen 158 durch Spezialinstrumente registriert wurden. Das heißt, die gesichteten Objekte wurden gleichzeitig *von verschiedenen Standorten aus visuell, photographisch, durch Radarortung und andere Ermittlungsverfahren beobachtet und registriert.*

Aufgrund der triangulär angelegten Beobachtungstechnik ließen sich Ort, Größe, Flugbahn und Geschwindigkeit der Objekte genau bestimmen. Durch diese auf reinen Fakten beruhende Arbeitsweise konnten Fehldeutungen und Verwechslungen ausgeschlossen werden. Auf diese Weise konnte das Team zweifelsfrei nachweisen, daß das UFO-Phänomen real ist, und es konnte konventionelle Objekte, also solche natürlichen Ursprungs, ausschließen.

Den Forschern fiel vor allem auf, daß die unbekannten Flugobjekte in wenigstens 80 Fällen auf ihre irdischen Beobachter zu reagieren schienen. Daraus ließ sich allerdings kein konsequentes Verhaltensmuster ableiten, da die Objekte jedesmal anders reagierten. Da sich die zeitliche Übereinstimmung jedoch zu oft wiederholte, konnte der Zufall ausgeschlossen werden.
In seinem 1991 erschienenen Buch »Alien Liaison« bringt der britische UFO-Experte Timothy Good die Überzeugung zum Ausdruck, daß die Erde nach dem ihm vorliegenden Beweismaterial von den verschiedensten außerirdischen Gruppen aufgesucht wird – unabhängig davon, was Regierungen behaupten. Einige der Fremden dürften wohl kaum in wohlwollender Absicht zur Erde kommen, während es sich bei anderen vielleicht um Anthropologen und auch Touristen handelt. Aber es scheint logisch zu sein, daß sich einige Gruppen mit einer relativ geringen Anzahl Menschen in Verbindung gesetzt haben. Zum Teil vielleicht, um uns auf unserem beschwerlichen Weg zu den Sternen behilflich zu sein.

Im Februar 1962 hätten unbekannte Flugobjekte beinahe den Dritten Weltkrieg ausgelöst. Es war inmitten der heißen Phase des kalten Krieges. Die »Schweinebucht-Affäre« – die von den USA unterstützte Landung exilkubanischer Invasionstruppen auf Fidel Castros Zuckerrohrinsel im April 1961 –, die Berlin-Krise und der Bau der Mauer im August desselben Jahres hatten die Welt so nah wie nie zuvor an den Rand des atomaren Abgrundes geführt. Eine Großmacht mißtraute der anderen. Säbelrasseln galt als Mittel der Politik. Provokationen waren an der Tagesordnung. In dieser hektischen, spannungsgeladenen Atmosphäre waren die in Europa stationierten Truppen des westlichen Verteidigungsbündnisses NATO in ständiger Alarmbereitschaft, da mit allem gerechnet werden mußte.

Durch eine Meldung der NATO-Luftüberwachung wurde dann am 14. Februar 1962 gegen 23.35 Uhr auf allen NATO-Stützpunkten Westeuropas Alarmstufe »Rot« ausgelöst. Auf den Radarschirmen waren 15 riesige Flugobjekte geortet worden – zuerst von den Frühwarnsystemen nahe der deutsch-deutschen Grenze; dann waren sie auch in Stuttgart und Mönchengladbach und schließlich auch von Frankreich aus auf den Schirmen registriert worden. Die Formation näherte sich zweifelsfrei aus dem Hoheitsgebiet der Sowjetunion, hatte Polen überquert und befand sich nun über der DDR mit Kurs auf die Bundesrepublik Deutschland. Sie legte in 35000 Metern Flughöhe 5000 Stundenkilometer zurück.

SHOC, das Operationszentrum des Oberkommandos der Alliierten Streitkräfte in Rodencore/Frankreich, wurde in höchste Alarmbereitschaft versetzt. Der Generalstab der NATO zog für kurze Zeit einen Luftangriff in Erwägung, schloß auch ein zumindest äußerst gewagtes Manöver der Sowjets nicht aus. Doch über der Bundesrepublik Deutschland drehten die unbekannten Flugobjekte nach Norden ab. Sie überquerten Dänemark, Schweden und verschwanden hoch über Norwegen mit Kurs auf die Polregion von den Radarschirmen der europäischen NATO-Streitkräfte.

Wenn auch der äußerste Krisenfall nicht eingetreten war, blieb doch ein »ungutes Gefühl in der Magengegend« zurück – und die Gewißheit, daß eine vollständige Aufklärung der Ereignisse in dieser Nacht dringend notwendig war. Denn bei genauerer Betrachtung sprach eine Reihe von Faktoren gegen eine von den Sowjets ausgelöste »ungeheure Provokation« dieser Art. Letztlich deuteten sowohl die Flughöhe als auch die Geschwindigkeit auf eine Technologie hin, von der zu diesem Zeitpunkt keine der Großmächte auch nur zu träumen versuchte. Durch den NATO-Geheimdienst stellte sich zudem heraus, daß in jener Nacht auch in den Warschauer-Pakt-Staaten höchste Alarmstufe geherrscht hatte. In der DDR waren sogar alle Grenzübergänge nach Berlin für zwei Stunden gesperrt worden.

Hatten hier etwa sogenannte unbekannte Flugobjekte international Verwirrung gestiftet? Die Generalstabsoffiziere der NATO hatten sich bisher immer den offiziellen Verlautbarungen der amerikanischen Luftwaffe angeschlossen. Danach handelte es sich bei 97 Prozent der sogenannten »UFO-Sichtungen« zum Beispiel um Verwechslungen mit bekannten Himmelsphänomenen wie den Planeten Venus oder Jupiter, um Sternschnuppen, Meteoriten, Flugzeuge, Wetterballons oder Hubschrauber – nicht zu vergessen die aus Geltungsbedürfnis in die Welt gesetzten Halluzinationen oder Lügengeschichten überdrehter Zeitgenossen. Im übrigen seien die verbleibenden drei Prozent noch lange kein Beweis für die Anwesenheit außerirdischer Besucher im irdischen Luftraum. Aber hier war mehr im Spiel. Es ging um eine äußerst ernste Angelegenheit, die Gefahr lief, zu eskalieren und unter Umständen einen Dritten Weltkrieg auszulösen. Sofortiges Handeln war notwendig. Es galt, den geheimnisvollen nächtlichen Fliegern mit allen verfügbaren Mitteln auf die Spur zu kommen.

Auf einer Krisensitzung im SHAPE-Headquarter, dem Hauptquartier der Alliierten Streitkräfte in Europa in Rodencore bei Paris, beauftragte der SACEUR (der Oberbefehlshaber General Lauris Norstad) seinen Stellvertreter, den britischen Luftmarschall Sir Thomas Pike, mit den notwendigen Nachforschungen. In diplomatischen Noten erbat Pike von London und Washington Auskunft über die Herkunft der geheimnisvollen Flugobjekte. Doch als sich das Pentagon und Whitehall in Schweigen hüllten, beschloß Pike, eine SHAPE-eigene Studie ins Leben zu rufen, um dem Ernst der Lage gerecht zu werden.

Das von der NATO überwachte Gebiet reichte von Spitzbergen bis Sizilien, von Irland bis in die Osttürkei. Nicht nur der NATO-Geheimdienst hatte sich in allen Phasen des Kalten Krieges bewährt, sondern auch die hervorragenden Kontakte zu den besten Wissenschaftlern ihrer Mitgliedsstaaten. Also wurden Naturwissenschaftler, Historiker, Meteorologen, Geheimdienstler und viele andere mehr veranlaßt, mit ihren Arbeiten zu der Studie beizutragen.

1964, nach dreijährigen Forschungsarbeiten, konnte dem SACEUR der Abschlußbericht vorgelegt werden. Eine 20 Zentimeter dicke Dokumentationsakte mit Photos und Zeugenaussagen unter dem Titel »The Assessment« – »Die Lageeinschätzung« – mit dem Vermerk »Cosmic Top Secret«, der damals als höchste NATO-Geheimhaltungsstufe

galt. »Cosmos«, das (geheime) Codewort für die NATO, bereitete ihren ranghöchsten Generälen sozusagen schlaflose Nächte. Denn dem Ergebnis der dreijährigen Studie zufolge soll die Erde unter intensiver Beobachtung durch Außerirdische stehen. Dabei soll es sich nicht nur um eine einzige außerirdische Zivilisation handeln, sondern um mindestens vier unterschiedliche, von denen die Erde angeblich seit Jahrtausenden aufgesucht wird. Es wurde sogar behauptet, daß eine dieser Zivilisationen uns Menschen aufs Haar gleichen soll und daß einige von ihnen bereits unerkannt auf der Erde leben.
Von »Assessment« wurden 15 Exemplare verteilt. Eines erhielt General Lemnitzer, der seit dem 25. 7. 1962 das Amt des SACEUR innehatte. Eine Kopie ging an das Archiv des SHAPE-Headquarters, die restlichen an die militärischen Oberkommandos der meisten NATO-Staaten einschließlich Frankreichs und der Bundesrepublik Deutschland.

1963 wurde ein junger Stabsfeldwebel zum SHAPE-Headquarter nach Paris versetzt. Er hieß Robert O. Dean. Er war den US-Streitkräften 1950, zu Beginn des Korea-Krieges, beigetreten. Die meiste Zeit diente er damals bei der Infanterie. In den folgenden Jahren war er vorwiegend mit Sonderaufträgen für den amerikanischen Geheimdienst beschäftigt und verfügte über eine ziemlich hohe Befugnisstufe. In Rodencore unterstand er General Lemnitzer und erhielt eine »Cosmic Top Seçret«-Clearance. Im Stab eines deutschen Generalmajors im »Operation Center« tätig, erfuhr er von der UFO-Studie der NATO. Und nach Fertigstellung des Abschlußberichts 1964 hatte er Zugang zu der »Assessment«-Akte.
Ich traf Dean im Mai 1991 in Tucson, Arizona. Er ist ein sympathischer, 1,85 Meter großer Sechziger mit vollem grauem Haar und einem weißen Vollbart, der mir meine

Fragen zu dieser UFO-Studie der NATO bereitwillig beantwortete.

»Colonel Dean, wie waren die Reaktionen des NATO-Headquarters auf die Ergebnisse der SHAPE-Studie?« wollte ich wissen.

»Überall war Verunsicherung zu spüren. Unsere höchsten Generäle hatten plötzlich schlaflose Nächte. Ich erinnere mich an einen Luftwaffengeneral in unserem Stab, General Robert Lee, ein Vier-Sterne-General. Er rauchte dicke Zigarren, war ein guter Freund von General Curtis LeMay, und er wohnte in derselben Straße wie ich. Er besaß dort eine Villa, ich nur ein kleines Haus, aber unsere Kinder gingen jeden Morgen zusammen zur Schule. General Lee war der Typ Soldat, den so schnell nichts aus der Ruhe brachte. Er war ein guter General. Er diente nach dem Krieg, war hochdekoriert und hatte die Brust voller Orden und Auszeichnungen. Doch das ›Assessment‹ hatte sein so fest zementiertes Weltbild ins Wanken gebracht. Eines Morgens sagte er zu mir: ›Bob, weißt du überhaupt, was das für uns bedeutet? Nämlich nicht mehr und nicht weniger, als daß alles, was wir geworden sind und was wir getan haben, mit einem Schlag keine Bedeutung mehr hat.‹«

»Und wie haben Sie auf die Studie reagiert?«

»Als ich den vollständigen Bericht gelesen hatte, war ich tiefer als je zuvor oder jemals später in meinem Leben beeindruckt. Wissen Sie, als Junge habe ich gerne diese Science-fiction-Hefte gelesen, die es nach dem Krieg bei uns gab, »Amazing Stories« und so weiter. Alles, wovon ich damals geträumt habe, war für mich plötzlich zur unfaßbaren Wahrheit geworden. Es war einfach unbeschreiblich faszinierend. Mehr noch, das »Assessment« war für mich zur Droge geworden, zu einer Art Bibel, und ich nutzte jede mir gebotene Gelegenheit, um darin zu lesen. Ich prägte mir alles ganz genau ein, denn Notizen waren ja nicht erlaubt.«

»Können Sie sich noch an spezielle Fälle erinnern?«
»Natürlich. Und ich werde sie nie im Leben vergessen. Alle in diesem Dokument enthaltenen Berichte stammten aus dem gesamten NATO-Bereich zwischen Norwegen und der Südtürkei. Die ›Assessment‹-Akte bringt Berichte von und Interviews mit führenden Wissenschaftlern, Astronomen, Historikern, Theologen, Soziologen und Psychologen. Einer unserer Leute hatte sogar Sir Fred Hoyle interviewt, den bedeutenden britischen Astronomen und Theoretiker. Hoyle sagte in diesem Interview, Leben im Weltall sei durchaus wahrscheinlich, und es gäbe Hinweise darauf, daß uns Außerirdische seit Jahrtausenden besuchen. Zudem enthielt das Dokument die Aussagen von Zivil- und Militärpiloten. So berichtete beispielsweise ein deutscher Luftwaffenpilot, daß er in 13 000 Metern Höhe mit einer Geschwindigkeit von 1700 Stundenkilometern durch sein Cockpitfenster ein scheibenförmiges Objekt entdeckte. Bei genauerem Hinsehen erkannte er hinter einer leuchtenden Kuppel ein Gesicht, das zu ihm herüberblickte. Doch bevor er auch nur einen Gedanken fassen konnte, schoß das Objekt mit unbeschreiblicher Geschwindigkeit aufwärts und verschwand.
Ein anderer NATO-Pilot kam 1963 in der Türkei nicht so glimpflich davon. Durch Radarüberwachung wurde nämlich beobachtet, wie eine Maschine der türkischen Luftwaffe von einem unbekannten Flugobjekt buchstäblich »verschluckt« wurde. Mit anderen Worten: Die Militärmaschine verschwand gemeinsam mit dem UFO einfach von den Radarschirmen.
Nicht weniger erstaunlich ist der Bericht eines dänischen Bauern, der 1963 an Bord eines unbekannten Flugobjekts entführt worden sein soll. Nachdem der Mann einige Tage spurlos verschwunden war, erstattete seine Familie bei der Polizei eine Vermißtenanzeige. Wieder auf die Erde zurück-

befördert, sei er von der Polizei aufgefunden und von Experten stundenlang verhört worden«, berichtete Dean. Das vollständige Protokoll habe aus einigen Dutzend Seiten bestanden. Unter anderem hätte der Bauer von zwei kleinen, schmalen Wesen mit großen Köpfen und grauer Hautfarbe berichtet. Sie seien ihm wegen ihres unselbständigen, stereotypen Verhaltens eigentlich wie Roboter vorgekommen. Bei den eigentlichen Piloten des UFOs habe es sich um zwei große Männer gehandelt, die makelloses Dänisch gesprochen hätten und die in einer skandinavischen Stadt unter Landsleuten nicht als Fremde aufgefallen wären. Am meisten hatten Dean jedoch die Berichte über geborgene Wracks unbekannter Flugobjekte und deren Insassen beeindruckt.

»Haben sich eigentlich außer den mittlerweile in den USA bekannt gewordenen Abstürzen auch in Europa ähnliche Vorfälle ereignet?«

Dean überlegte einen Moment, bevor er antwortete: »Im Bericht war von vier Abstürzen in Europa die Rede. Einer ereignete sich im Juni 1952 im Gebiet von Spitzbergen. Während der NATO-Sommermanöver hatte einer der Piloten inmitten der Gletscherlandschaft eine metallische Scheibe von etwa 40 bis 50 Meter Durchmesser mit einer zerstörten Mittelkuppel entdeckt. Zur Bergung des unbekannten Objekts mußten fünf große Flugboote eingesetzt werden. An Bord des Schiffes wurden übrigens seltsame Hieroglyphen entdeckt.«

»Und welche Schlußfolgerungen wurden aus diesen Studien gezogen?«

Dean kam zu dem Fazit, daß die Erde seit Jahrtausenden Gegenstand umfangreicher und gründlichster Überwachungen durch unterschiedliche außerirdische Zivilisationen ist; daß »sie« eine außergewöhnlich fortgeschrittene Technologie demonstrierten, die der unseren möglicherweise um tausend oder mehr Jahre voraus ist; daß der Studie zufolge ein bestimmter »Prozeß« oder »Plan« vollzogen würde; daß vorhandenes Beweismaterial auf Jahrtausende andauernde »Routine« schließen ließ; daß es keinen Anlaß gab, eine Bedrohung zu vermuten, wir aber im Falle einer feindlichen Gesinnung der Fremden nicht die geringste Chance hätten.

Dean sagte weiter: »Meine Freunde von der ›Company‹ (Insider-Begriff für die CIA) vermuten mittlerweile sogar eine ganze Reihe verschiedener Gruppen. Unsere Leute im SHAPE-Headquarter waren damals schockiert. Denn es hieß ausdrücklich, eine der außerirdischen Zivilisationen sei den Menschen zum Verwechseln ähnlich. Es gebe zwar auch die etwa 1,20 bis 1,40 Meter kleinen grauhäutigen Wesen mit schmalen unterentwickelten Körpern und den riesigen Augen. Aber am meisten waren wir durch die humanoiden Außerirdischen beunruhigt. Allein der Gedanke, daß sie bereits unter uns leben könnten und keiner es bemerken würde, war erschreckend.

Für uns deuteten damals vor allem die zunehmend in ›Wellen‹ beobachteten ›UFO-Pulks‹ darauf hin, daß die Fremden nach einem bestimmten Plan auf sich aufmerksam machen wollten, ohne sich dabei direkt in die ›Angelegenheiten der Menschheit‹ einzumischen. Später stellte sich heraus, daß die Schlußfolgerung unseres Berichts mit einer offiziellen ›Lageeinschätzung‹ des US-Luftwaffen-Untersuchungsprojekts ›SIGN‹ völlig konform ging, die der damalige Stabschef im Pentagon, General Vandenberg, im Juni 1948 erhalten hatte. Vandenberg fand den Bericht so besorgniserregend, daß er ihn vernichten und ›Projekt SIGN‹ umgehend einstellen ließ.«

»Und wie reagierten die europäischen Regierungen, denen – Ihrer Aussage nach – Exemplare von ›Assessment‹ zugegangen sind?«

»Darüber weiß ich nichts näheres. Später kam mir allerdings zu Ohren, daß die sogenannte Grande Nation durch das dem französischen Verteidigungsministerium zugesandte Exemplar in helle Aufregung versetzt wurde und deswegen unter dem Namen ›GEPAN‹ ihr eigenes UFO-Forschungsprojekt ins Leben rief. Es unterstand der französischen Raumfahrtbehörde CNES und arbeitete eng mit der französischen Gendarmerie zusammen. Das war 1967«, erinnerte sich Dean.

»Wir zogen damals nach Belgien um und forderten das dem französischen Verteidigungsministerium überlassene ›Assessment‹-Exemplar zurück. Frankreich war nämlich aus dem SHAPE-Militärbündnis ausgetreten und hatte seine Soldaten zurückgezogen. Wenn Frankreich auch weiterhin NATO-Mitglied blieb, wollte General de Gaulle jedoch die französischen Truppen keinem gemeinsamen alliierten Oberkommando unterstellen. Deswegen zogen wir also nach Brüssel um. Natürlich hatten die Franzosen die Akte rechtzeitig kopiert und somit nichts verloren. Im übrigen waren sie dann die ersten Europäer, die mit ihren Studien über unbekannte Flugobjekte an die Öffentlichkeit traten. So sprach beispielsweise der französische Verteidigungsminister Robert Galley bereits 1974 in einer Rundfunksendung über das UFO-Phänomen und bezeichnete die ihm vorliegenden Berichte als ›ziemlich beunruhigend‹.«

»Wie Sie mir sagten, hat Sie der SHAPE-Report nie mehr losgelassen. Sind Sie eigentlich aus persönlichem Interesse noch weiteren Recherchen nachgegangen? Und zu welchen Schlußfolgerungen sind Sie in diesem Zusammenhang schließlich gekommen?«

Dean: »Nach fast 27jähriger Dienstzeit wurde ich 1976 im Rang eines Oberstleutnants in den Ruhestand versetzt. Natürlich verlor ich mit meiner Pensionierung die Zugangsbefugnis zu Geheimmaterial. Aber ich wurde nach wie vor

von meinen alten Freunden, insbesondere vom CIA-Hauptquartier in Langley, Virginia, auf dem laufenden gehalten. Auf diese Weise konnte ich das sogenannte UFO-Phänomen über fast drei Jahrzehnte aus ›erster Quelle‹ verfolgen.
Sie fragen mich, welche Schlußfolgerungen ich gezogen habe? Also, meiner Ansicht nach handelt es sich bei den echten UFO-Sichtungen, -Landungen, -Entführungen und -Kontakten um die Manifestation einer dauerhaften Wechselbeziehung zwischen der Menschheit und den außerirdischen Wesen, die seit Jahrtausenden mit dem Schicksal der Erde sowie der Menschheit verbunden sind. Alten Schriften zufolge kamen einst ›Götter‹ zur Erde, um den Menschen zu schaffen und zu unterweisen. In diesem Zusammenhang verweisen Sie selbst in Ihrem Buch ›Adams Planet‹ auf uralte sumerische Berichte, die mich sehr beeindruckt haben, da hier vieles bestätigt wird, was 1964 eigentlich nur vermutet wurde: daß nämlich solche Berichte ein Hinweis auf reale Vorfälle sein könnten.«
Heute arbeitet Robert Dean als Koordinator für Notfalleinsätze im Sheriffs-Department von Pima im amerikanischen Bundesstaat Arizona. Sein Einsatz für das UFO-Phänomen hat ihm dort allerdings nur Ärger eingebracht. Als er sich weigerte, seine öffentlichen Reden über »die Außerirdischen« einzustellen, wurde ihm mit vorzeitiger Pensionierung gedroht. Dean prozessierte – und gewann. Das wiederum brachte die größte amerikanische Zeitung, den »National Enquirer«, auf den Plan. In einem Interview wurde Oberstleutnant a. D. Robert Dean nach den Namen seiner ehemaligen SHAPE-Kameraden befragt. Danach recherchierte der »Enquirer« – und es gelang ihm tatsächlich, Deans schier unglaubliche Geschichte bestätigen zu lassen. So zum Beispiel von Oberst Dean d'Arcier, einem ehemaligen NATO-Offizier, der gemeinsam mit Dean im SHOC gedient hatte.

»Ja, das ›Assessment‹ ist mir bekannt«, erklärte er dem ›Enquirer‹. Hier ging es um Berichte von Personen, die angeblich von Außerirdischen entführt und an Bord unbekannter Flugobjekte ausführlich befragt worden sein sollen. In der ›Assessment‹-Studie ging es vorwiegend um UFO-Zwischenfälle. Bei einigen unserer führenden Militärs hat sie große Bestürzung ausgelöst.«
Auch ein noch aktiver NATO-Offizier, der anonym bleiben wollte, bestätigte dem »Enquirer« gegenüber die Existenz der Akte und deutete darüber hinaus an, »daß der Bericht möglicherweise eines Tages zur Veröffentlichung freigegeben werde, derzeit aber noch als ›Top Secret‹ klassifiziert sei.«

Derzeit ist eine vorurteilslose Begegnung mit fremden Wesen anderer Welten auf der Erde kaum vorstellbar. Dazu ist das Verhalten der Menschen im großen und ganzen zu problematisch. Nur zu deutlich haben uns die Ereignisse der letzten Jahre – besonders die Eskalation des Fremdenhasses – gezeigt, wie tief das Mißtrauen gegenüber dem Andersartigen noch in vielen unserer Zeitgenossen verwurzelt ist. Verantwortlich dafür sind die archaischen Strukturen in dem Hirnabschnitt des Menschen, der auf seine Reptilien-Vergangenheit zurückzuführen ist. Revierverhalten, Sozialhierarchie und Aggressionen, die sich bei unseren Reptilienvorfahren vor einigen hundert Millionen Jahren entwickelt haben, trägt jeder von uns tief im Innern seines Schädels – in seinem Reptilienhirn – mit sich.
Wie aber betrachtet eine der UNO vergleichbare interstellare Vereinigung eine durch Bürgerkriege gespaltene Zivilisation – wie beispielsweise die sich gegenseitig zerfleischenden Serben und Kroaten in Jugoslawien?
Unter solchen Umständen ist es doch kein Wunder, daß die im NATO-Bericht erwähnten unbekannten Flugobjekte je-

den offiziellen Kontakt vermieden haben und nur zeitweise aufgetaucht sind. Vielleicht fürchten sie auch die Unberechenbarkeit der Menschen. Angenommen, es gäbe tatsächlich die verschiedenartigsten außerirdischen Zivilisationen. Wie würden die Initiatoren rassistischer Krawalle, die Brandbombenattentäter auf Asylantenheime erst auf Wesen reagieren, die ihnen total fremd sind? Wenn nicht einmal ein Türke, Afghane oder Sudanese als Mitmensch akzeptiert wird, wie würde die Masse Mensch dann auf ein Wesen reagieren, das – sagen wir – blaue, graue oder grüne Haut und Schuppen wie ein Leguan hätte?
Nach Ansicht der modernen Anthropologie erfolgte die Trennung des Ur-Menschen in die verschiedenen Rassen vor weniger als 800 Generationen beziehungsweise vor rund 25 000 Jahren. Und irgendwann vor 280 000 Jahren oder 7000 Generationen soll in Ostafrika eine Ur-Eva gelebt haben, von der wir alle abstammen. Wir sind zwar alle Mitglieder einer großen Familie, der Menschheit, können dies aber anscheinend nicht begreifen. Wird der Mensch es lernen angesichts von Wesen, deren Evolution möglicherweise mit der unseren nicht vergleichbar ist – die vielleicht von Reptilien oder Insekten abstammen?
Die schlechten Erfahrungen in bezug auf Asylanten machen es schwer, daran zu glauben. Und daher dürfte eine offene Kontaktaufnahme derzeit wohl auch nicht möglich sein. Nicht zu vergessen, daß unsere Ethnologen es wahrscheinlich auch tunlichst vermeiden würden, inmitten einer Horde von Kannibalen zu landen. Die Fremden scheinen es zu bevorzugen, unsere Kultur (oder was wir dafür halten) aus der Entfernung in Augenschein zu nehmen und dazu beizutragen, unsere Entwicklung zu beeinflussen.

Zu den Fremden unter uns zählen auch die großen Denker und Erfinder, die mit ihren Schöpfungen dem Schicksal der

Menschheit eine neue Richtung weisen. Aber als »Außenseiter der Gesellschaft« begegnen diese Genies sehr oft Vorurteilen, Ängsten und Aggressionen von »jenem Geschlecht unschöpferischer Wissensverwalter, die für alles gemietet werden können«, wie Armin Witt in seinem faszinierenden Buch »Das Galilei-Syndrom« nur allzu treffend vermerkt. »Womöglich ist es eine archaische Eigenschaft der Menschen, neue Ideen, Erfindungen und Entdeckungen abzulehnen. In diesem Fall hätten wir uns von der Entwicklungsstufe der Truthähne noch nicht weit entfernt. Die Truthähne lassen sich durch Zäune nicht halten. Amerikanische Farmer haben aber beobachtet, daß das liebe Federvieh beim Stolzieren, wenn es mit der Kralle an einen Stein stößt, die Richtung ändert, statt darüber zu steigen. Nun legten sie einen kaum zwei Handbreit hohen Wall zu einem Gehege an. Seit dieser Zeit lassen sich Truthähne ohne Schwierigkeiten züchten«, resümiert Witt mit triefender Ironie.

Auch der amerikanische Wissenschaftler Mora B. King von der Eiring Research Inc. in Provo, Utah, prangert diese Einstellung an: »Das Studium des Schicksals dieser Erfinder lehrt eine wichtige Lektion: Grundsätzlich wird eine Erfindung, welche das wissenschaftliche Paradigma verletzt (das heißt die bekannten Welt-Theorien und -Dogmen), von der wissenschaftlichen Gemeinde abgelehnt oder ignoriert. Alle derartigen Patente werden (zumindest in den USA) abgelehnt, denn sie klingen nach Perpetuum mobile. Ein Prototyp, der wirklich beachtliche Energiemengen liefert, hat zur Folge, daß extremer Druck auf den Erfinder ausgeübt wird. Er wird bedroht von jenen, die seine Erfindung entweder stehlen oder unterdrücken wollen. Wenn dann das Paradigma wechselt, werden dieselben kommerziellen Interessen, welche die Erfindung unterdrückt haben, enorme Kapitalreserven bereitstellen, um sie zu entwickeln.«

Wenn wir schon von Außenseitern sprechen, stoßen wir ganz automatisch auf den 1856 im kroatischen Smiljan geborenen genialen Erfinder Nicola Tesla. Seine wissenschaftlichen Entdeckungen wurden zum Fundament der modernen Elektronik.
Schon in seiner Jugend beherrschte Tesla außer seiner Muttersprache Englisch, Französisch, Deutsch und Italienisch. Der Junge hatte ein besonderes Talent, das er später mit folgenden Worten beschrieb: »... das oft von starken Lichtblitzen begleitete Auftauchen von Bildern, die den Anblick wirklicher Gegenstände beeinträchtigten und sich störend auf meine Gedanken und Handlungen auswirkten. Es waren Bilder von Dingen und Szenen, die ich tatsächlich gesehen hatte. Es handelte sich niemals um Einbildungen. Wenn man ein Wort zu mir sagte, erschien der beschriebene Gegenstand als plastische Vision vor meinen Augen, und manchmal konnte ich nicht unterscheiden, ob das, was ich sah, greifbar war oder nicht.«
Um die verwirrenden Eindrücke loszuwerden oder sie wenigstens vorübergehend »auszuschalten«, dachte sich Tesla nun imaginäre Welten aus, die ihm »ebenso teuer waren wie die des realen Lebens und nicht weniger intensiv in ihren Erscheinungsformen«.
Tesla, der seinen Ideenreichtum bereits als Siebzehnjähriger methodisch in Erfindungen umzusetzen begann, kam bald dahinter, daß er dafür weder Zeichnungen, Modelle noch Experimente benötigte, da er alle Einzelheiten bereits wahrheitsgetreu im Kopf hatte. »Jedes (von mir) erfundene Gerät funktioniert stets, wie ich es mir ausgemalt habe«, sagte er, »und das Experiment verläuft genau nach Plan. In zwanzig Jahren gab es da keine Ausnahme.«
1884 wanderte der brillante und eigenwillige Mann nach Amerika aus. Dort kam es schon bald zu einer engen Zusammenarbeit mit Thomas Alva Edison, die allerdings in

einen erbitterten »Stromkrieg« zwischen beiden Wissenschaftlern umschlug. Während sich nämlich Edison für den von ihm bevorzugten Gleichstrom einsetzte, verteidigte Tesla vehement den Wechselstrom. Über die Fernstromversorgung kam es zum endgültigen Bruch zwischen Edison und Tesla. Wie wir wissen, hat der letztere schließlich und endlich recht behalten.
Im übrigen sah der einzigartige Erfinder schon 1895 voraus, daß elektrische beziehungsweise elektromagnetische Energie für zukünftige Weltraumprojekte der Menschheit von entscheidender Bedeutung sein wird. »Es ist mir gelungen, elektrische Entladungen zu produzieren, die eine Länge von über 35 Metern hatten, aber es dürfte nicht schwerfallen, die hundertfache Länge zu erreichen«, schrieb er in diesem Zusammenhang. »Ich habe Energie von annähernd 100 000 PS erzeugt, aber auch Quoten von einer, fünf oder zehn Millionen PS sind leicht zu erreichen.«
Tesla starb im Alter von 83 Jahren und nahm viele seiner Ideen mit ins Grab. So auch die Resultate seiner Experimente über die Wechselwirkung zwischen elektromagnetischen und Gravitationsfeldern.

Von Dr. Thomas Townsend Brown, einem Zeitgenossen von Tesla, ist mit Sicherheit bekannt, daß er Anfang der zwanziger Jahre Gravitationsversuche durchführte. Er war damals Assistent des Physikers Professor P. A. Biefeld von der amerikanischen Denison-Universität in Granville, Ohio. Brown und Biefeld hatten nachgewiesen, daß ein freihängender Kondensator eine Eigenbewegung ausführt, sobald er hoher elektrischer Spannung ausgesetzt wird – ein Phänomen, das als Biefeld-Brown-Effekt in der Physik zum Begriff wurde. Brown kam nach 28jähriger Forschungsarbeit zu dem Schluß, daß jedes elektromagnetische Phänomen über ein elektrogravitatives Analogon verfügt.

In einem seiner Experimente konnte Brown nachweisen, daß ein frei hängender, mit den Polen waagerecht ausgerichteter Kondensator sich unter hoher Spannung stets in Richtung seines positiven Pols bewegt. In weiteren Versuchen setzte Brown die senkrecht ausgerichteten Polenden des Kondensators hoher Spannung aus. Wenn sich das positive Polende unten befand, bewegte sich der Kondensator in dieser Richtung. War das positive Polende jedoch oben, bewegte er sich gegen die Schwerkraft aufwärts. Die Umkehr der Polarität hat also auch eine Umkehr der Schubkraftrichtung zur Folge. Aufgrund weiterer Experimente entwickelte Brown nach eigenen Aussagen das Modell eines »Raumfahrzeuges«: ein auf den Prinzipien der Elektrogravitation basierendes Fluggerät ohne bewegliche Teile, dessen Antrieb und Steuerung nur durch Richtungsveränderung und Verstärkung der positiven Spannung funktionierte.

Nachdem Brown die unterschiedlichsten Formen für sein Raumfahrzeug durchexerziert hatte, entschloß er sich schließlich, ein scheibenförmiges »Raumfahrzeug« zu bauen. Die wissenschaftliche Welt nahm allerdings erst drei Dekaden später von Brown Notiz – nämlich im Jahre 1956, als der Physiker im angesehenen Fachjournal »Interavia« seine Arbeit unter dem Titel: »Dem schwerelosen Flug entgegen – über die jüngste Entwicklung auf diesem Gebiet« veröffentlichen ließ. Das an einem Drahtgestell befestigte Flugmodell von Brown bestand aus zwei Scheiben von 60 Zentimeter Durchmesser, die mit einem abgewandelten Zweiplattenkondensator ausgestattet waren. Bei einer Elektrodenspannung von 50 Kilovolt und einer gleichmäßigen Energiezufuhr von 50 Watt erreichten die Flugkörper auf einer kreisförmigen, waagerechten Bahn von sechs Meter Durchmesser immerhin eine Geschwindigkeit von 19 Stundenkilometern. Nach der Wirkungsweise seiner fliegenden Scheiben befragt, erklärte Brown, diese sei auf eine lokale Veränderung des Gravitationsfeldes zurückzuführen.

Auf dem Prinzip der Wechselwirkung von Schwerkraft und elektromagnetischer Energie beruht auch die Forschungsarbeit des japanischen Physikers Professor Shinichi Seike. Seiner Behauptung nach soll das Leistungsvermögen seines Antriebsentwurfs wesentlich größer sein als das der Saturnrakete.

In England entwickelt der Außenseiter John Searl einen Raumfahrtantrieb, basierend auf rotierenden, in Magnetfelder gebetteten Dipolen. Von einer bestimmten Resonanzfrequenz an soll dieser Antrieb Gravitationsenergie abziehen beziehungsweise aufnehmen und ein Antifeld erzeugen, welches die Trägheit des Flugkörpers aufhebt und ihn schwerelos macht. Da das mit dem Resonanzvorgang gekoppelte magnetische Feld sich zunehmend verstärkt, werden durch entsprechende Spulenanordnungen Induktionsspannungen produziert. Durch das den Flugkörper umgebende elektrostatische Feld werden die sich dem Feld nähernden Luftmoleküle ionisiert und abgestoßen: ein Prozeß, der mit einem intensiven Leuchten um das Flugobjekt verbunden ist. Interessanterweise handelt es sich hier um einen Effekt, der bei UFOs immer wieder beobachtet wird.

Das faszinierendste Außenseiterprojekt im Zusammenhang mit Energiequellen beziehungsweise Antriebsmethoden kommt aus der Schweiz. O. Crane und Ch. Monstein sind dabei, einen Raum-Quanten-Manipulator oder -Motor zu entwickeln. In seinem Konzept geht der Atomphysiker Crane von einer magnetischen Raum-Quanten-Strömung aus, die inzwischen durch den sogenannten Monstein-Effekt in Computermessungen nachgewiesen worden sein soll. Crane zufolge ist das gesamte Volumen des Universums mit einem idealen, stark entarteten Gas angefüllt –

dem Raum-Quanten-Medium, aus dem sich alle Elementarteilchen und Kraftfelder aufbauen sollen. Wie Crane behauptet, dienen kompensierte Druckdifferenzen der Raum-Quanten-Strömung zur Energiegewinnung.

Entdeckungen, Erfindungen und Strategien können sich entscheidend auf unsere Zukunft auswirken. Aber der Widerstand gegen nützliche innovative Ideen kann einen Rückschlag bedeuten. Heute befindet sich die menschliche Zivilisation in einer kritischen Phase: Aufstieg oder Untergang. Wenn wir in einer lebenswerten Welt überleben wollen, dürfen wir unser Schicksal nicht einfach dem »Zufall« überlassen. Wir müssen uns vielmehr um ein neues Wertesystem, um ein neues Naturverständnis bemühen.
Suchen wir also Merlin auf, den Zauberer, der die Jahrhunderte transzendiert. Suchen wir Merlin auf, der die Gabe besitzt, den Menschen in die Lage zu versetzen, sich selbst zu erkennen. Merlin, der von sich sagt: »Ich war mir selbst entfremdet, und gleich einem übermenschlichen Wesen wußte ich von den Taten vergangener Völker und sagte das Künftige voraus. Ich kannte das Verborgene aller Dinge, den Flug der Vögel, die schweifende Bahn der Sterne und die Züge der Fische.«

IX

Projekt Merlin

»Die westlichen esoterischen Traditionen bergen kraftvolle Methoden der magischen und spirituellen psychischen Transformation. Einsicht und Weisheit dieser Art sind keineswegs eine Domäne der östlichen Kulturen, wie in mancher Schule der modernen Psychologie und transpersonalen Entwicklung fälschlicherweise angenommen und gelehrt wird«, sagt Robert John Stewart in »Das Buch Merlin« und fährt fort: »Allerdings bedürfen die Weisheitslehren des Westens einer Neubewertung sowohl ihres Vokabulars als auch ihrer Anwendungstechniken für einzelne oder Gruppen, die eine innere Transformation anstreben. – Niemand repräsentiert diese Weisheit exemplarischer als Merlin, der Urseher, Prophet und erleuchtete Weise der britischen, der westlichen Legenden überhaupt. Wenn wir ein praktikables westliches System psychischer Entwicklung wiederaufbauen wollen, das auf überliefertem Wissen beruht, können uns gerade die Symbole, die Merlin, seine Prophezeiungen und sein Leben begleiten, unschätzbare Dienste leisten.«
Was ist aus deinen herrlichen Wäldern geworden, Merlin, aus deinen kristallklaren, murmelnden Bächen, der würzigen Luft und deinen glücklichen Tieren? Was ist aus dieser Welt nur geworden, o Merlin?
Ignoranz und Gewinnsucht haben den Boden, das Wasser und die Atmosphäre vergiftet. Rücksichtslose Wachstumsideologie läßt die »Schornsteine« weiterrauchen! Saurer Regen fällt. Durch Kalkentzug siechen die Bäume in Agonie dahin. Ihre hängenden Kronen verblassen und lichten sich,

nehmen auch den Baumschnecken ihren Lebensraum. Durch diesen Verlust fehlt es den Vögeln am lebensnotwendigen Kalk. Als Konsequenz legen sie schalenlose – »fließende« – Eier. Der Nachwuchs hat keine Lebenschance mehr …

Damit aber steigt der Aktienwert von Gen-Banken. Abkommen zum Artenschutz werden deswegen blockiert. Die verzweifelten Warnungen und konstruktiven Vorschläge von Ökologen werden natürlich opportunistisch aufgenommen, aber nicht befolgt. Horrormeldungen wie Klimakatastrophe, Treibhauseffekt, beschädigte Ozonschicht, das Aussterben von wenigstens einem Drittel aller Lebensformen in wenigen Jahren – läßt viele verantwortungsbewußte Menschen nur noch hilflos resignieren.

All das »bedeutet nur, daß ihr nicht glauben sollt, die Menschen seien völlig schlecht. Schlecht mögen sie sein, und sogar sehr schlecht, aber nicht völlig. Sonst, das gebe ich zu, hätten Versuche keinen Sinn«, sagt der große Zauberer in T. H. Whites »Das Buch Merlin«.

Heutzutage befinden sich sehr viele Menschen in einer Weltuntergangsstimmung. Sie sind davon überzeugt, daß sich das verhängnisvolle Schicksal unserer Zivilisation nicht mehr abwenden läßt. Ist Gottes Würfel wirklich schon gefallen?

Salisbury Plains, Südengland. 21. Juni 2680 vor Christus. »Der Tag bricht an. Auf der Ebene hat sich eine Menschenmenge versammelt. Heute gibt es einen besonderen Anlaß – es ist der Tag der Entscheidung. Im Osten wird der Himmel hell.

Vorhin haben die Leute noch gelacht. Sich zusammengedrängt, um warm zu bleiben. Denn selbst im Hochsommer können die Nächte in England kühl sein. Jetzt werden die Menschen still. Fasziniert blicken sie zu den zwei einzelnen Bäumen hinüber. Wie ein feuriger Fächer breitet sich der Morgenhimmel über ihnen aus.

›Schaut genau hin, Leute‹, sagt der Priester. ›Wenn der Göttliche an der heiligen Stätte erscheint, ist alles gut. Dann hat sich die Weissagung erfüllt. Alle Omen sind günstig. Hier werden wir den Tempel zur Freude des Göttlichen errichten. Er wird euch im Leben schützen und im Tod eure Geister hüten.‹

›Wir sind geehrt, daß der Göttliche selbst unser Land für seinen heiligen Tempel erwählt hat‹, antwortet der Häuptling, ein stattlicher Mann.

Das Volk pflichtet ihm murmelnd bei. Der Himmel wird heller und heller. Nun breitet der Priester die Arme aus. Neben ihm steht andächtig der Häuptling.

Dann kommt der magische Augenblick der Geburt – ein gleißender Lichtstrahl, genau zwischen jenen fernen Bäumen erscheint rotgolden – gewaltig der Sonnengott.

Am nächsten Tag begann das ungeheure, geheiligte Werk.«

So jedenfalls sieht der amerikanische Astronom Professor Gerald S. Hawkins in seiner Phantasie den Tag, bevor eine der rätselhaftesten und faszinierendsten Monumentalanlagen der Vorzeit in Angriff genommen wurde – die Anlage von Stonehenge, die »hängenden Steine«. Dieser doppelte Kreis zyklopischer Felsbrocken, der vor Urzeiten in der Ebene von Salisbury in Südengland von unbekannter Hand erbaut wurde, bewegte die Gemüter von Generationen. Die älteste Erwähnung verdanken wir dem griechischen Historiker Hekataios von Abdera aus dem dritten Jahrhundert vor Christus, der die Anlagen für einen Tempel des Sonnengottes Apollon hielt: »Dem Keltenlande (Frankreich) gegenüber liegt im angrenzenden Ozean nördlich vorgelagert eine Insel, die nicht kleiner als Sizilien ist. Auf der Insel gibt es einen prachtvollen Hain, der dem Sonnengott geweiht ist, und einen seltsamen Tempel von kreisrunder Form. Alle zwölf Jahre, zur Zeit, wenn Sonne und Mond wieder die gleiche Stellung zueinander einnehmen, kommt Apollon auf die Insel.«

In den folgenden Jahrhunderten, bis in die jüngste Vergangenheit hinein, wurde das Monument abwechselnd für eine Grabstätte britischer Fürsten, für eine Hinrichtungsanlage, einen römischen Tempel, ein Heiligtum der Druiden, für einen Königshof der Dänen oder ein Denkmal zur Erinnerung an eine gewonnene Schlacht gehalten.

König Charles I. von England entsandte bereits 1610 seinen gefeierten Hofarchitekten Inigo Jones nach Stonehenge, um die gewaltige Megalithanlage zu untersuchen. Als Jones mit der Kunde an den Königshof zurückkam, es handele sich hier um die Überreste eines römischen Tempels, galt sein Urteil jahrelang als unanfechtbar, bis sich herausstellte, daß die alten Briten diese Anlage schon einige Jahrtausende vor der Gründung Roms errichtet hatten.

Das Aufleben der Freimaurer- und Rosenkreuzerbünde im

17. und 18. Jahrhundert führte dann zu einem intensiven Studium der »heiligen Geometrie«, die man in Stonehenge erkannt haben wollte. Nach ihrem Muster baute mindestens ein Architekt, John Wood, eine städtische Anlage, den »Circus« von Bath. Im 19. Jahrhundert befaßte sich eine Reihe von Gelehrten mit der Position von Stonehenge auf der Landkarte, da möglicherweise eine Verbindung zu anderen »heiligen Stätten der Vorzeit« bestand, die auf »großen, geraden geometrischen Linien« angeordnet vermutet wurden.

Im ersten Jahrzehnt dieses Jahrhunderts erfuhr der bekannte Astronom Sir Norman Lockyer dann lokale Geschichten über den Sonnenaufgang in Stonehenge. So wußten die Einheimischen zu berichten, daß bei der Sommer-Sonnenwende beobachtet werden kann, wie die aufgehende Sonne direkt hinter dem »Heelstone«, auch »Friars Ferse« genannt, auftaucht. Als Lockyer sich mit seinen Vermessungsinstrumenten nach Stonehenge begab, zeigte sich, daß die Berichte der Einheimischen stimmten. Darüber hinaus stellte der Astronom fest, daß drei weitere antike Stätten auf eben dieser »Stonehenge-Sommersonnwend-Linie« lagen: Castle Ditches, Grovely Castle und Silbury Hill, jede von ihnen genau 33,4 Kilometer von den beiden anderen entfernt.

Wenn auch Lockyers Buch »Stonehenge« 1909 großes Aufsehen erregte, gebührt doch das eigentliche Verdienst, das Rätsel um das Vorzeit-Monument gelöst zu haben, Gerald S. Hawkins, Professor der Astronomie an der Boston-Universität und Mitarbeiter des Observatoriums der renommierten Harvard-Universität. Als Hawkins das Lockyersche Buch zufällig in die Hände geraten war, machte er sich daran, es mit Hilfe moderner IBM-Computer zu überprüfen. In seinem aufsehenerregenden Buch »Stonehenge Decoded« (Stonehenge entschlüsselt) veröffentlichte er 1965 sein Ergebnis: Der gesamte Stonehenge-Komplex ist ein riesiger, prähistorischer Astronomie-Computer, der unseren Vorfahren selbst komplizierte astronomische Berechnungen ermöglichte. So ließen sich nicht nur die Sonnen- und Mond-Aufgangs- und Untergangszeiten zur Winter- und Sommersonnenwende durch ein ausgeklügeltes System von Linien, Stein- und Grabhügelpositionen berechnen, sondern durch die 56 »Aubrey-Löcher« um die Anlage herum auch jede Sonnen- und Mondfinsternis im Lauf des Jahres.

Doch wozu diente das steinzeitliche »Observatorium« seinen Erbauern? »Die Sonne-Mond-Anordnungen von Stonehenge wurden aus zwei oder möglicherweise drei Gründen geschaffen und ausgearbeitet«, spekulierte Hawkins. »Sie ergaben einen Kalender, der besonders nützlich für die Festlegung der Pflanzzeiten war; sie trugen dazu bei, priesterliche Macht zu verschaffen und zu erhalten, indem sie den Priester befähigten, die Menge herauszurufen, um die spektakulären Auf- und Untergänge von Sonne und Mond zu sehen, ganz besonders den Sonnenaufgang der Sommersonnenwende und den Sonnenuntergang der Wintersonnenwende durch den großen Trilithen; und vielleicht dienten sie auch als intellektuelles Spiel.«
Der Geomant und Kulturphilosoph John Michell geht einen Schritt weiter. In seinem Buch »Maßsysteme der Tempel« weist er nach, daß Stonehenge nach einer »heiligen Geometrie« angelegt wurde wie zur selben Zeit die Pyramiden Ägyptens, der Salomonische Tempel oder sehr viel später die gotischen Kathedralen. Für ihn ist der Steinkreis ein »Modell des Universums« und ein Tempel der Sonne und des Mondes, von einer sehr viel naturverbundeneren Menschheit errichtet, die nach den Rhythmen der Schöpfung leben und sich mit ihren Kräften vereinigen wollte.

»Bei der Sommersonnenwende, im Morgengrauen des längsten Tages, wird die heilige Hochzeit vollzogen«, deutet Michell seine ursprüngliche Funktion. »Die aufgehende Sonne wirft einen Lichtstrahl den breiten Weg hinunter, zwischen dem Heelstone und seinem jetzt fehlenden Nachbarn, um an der Achse des Tempels entlang in das innerste Heiligtum einzudringen, die weibliche Öffnung, die ursprünglich einmal überdacht gewesen sein mag. Sollte das Allerheiligste, über einer Quelle irdischer Strömungen gelegen, den Sonnenstrahl empfangen, wurde aus der Fusion der Kräfte des Himmels und der Erde eine Energie geboren, die als strahlendes Licht sichtbar war und in Durchbrüchen unter der Erde in alle Teile des Landes geleitet wurde, um ihre Fruchtbarkeit zu erneuern. So war Stonehenge eine natürliche Stätte ihrer Anrufung und Beschwörung.«

Und auch einer der besten Kenner der Anlage von Stonehenge, der Archäologe Professor R. J. Atkinson, ist überzeugt: »Stonehenge ist vorwiegend ein ›Tempel‹, eine Struktur, in der es den Menschen möglich war, Kontakt mit außerweltlichen Kräften oder Wesen aufzunehmen.« Und vielleicht war es eine Orakelstätte wie das griechische Delphi.

Mit Stonehenge untrennbar verbunden ist die Gestalt Merlins, des Magiers. Geoffrey von Monmouth, der im 12. Jahrhundert die »Geschichte der Könige Britanniens« verfaßte, behauptet, der Zauberer hätte den »Tanz der Riesen« von Irland nach Südengland bringen lassen. Diese so unglaubliche Legende beruht insofern auf einem wahren Kern, als die »Bluestones« aus dem inneren »Hufeisen« der Anlage aus dem Steinbruch im Westen von Wales stammen und einst zu Lande und zu Wasser über 400 Kilometer transportiert wurden.

In der später geschriebenen »Vita Merlini« bittet Merlin seine Schwester, ihm ein seltsames Bauwerk inmitten des

»weiten Landes« zu errichten: »Laß mir neben anderen Gebäuden ein entlegenes Haus errichten mit siebzig Türen und ebenso vielen Fenstern, durch die ich den glutatmenden Phöbus (die Sonne) und die Venus betrachten kann und die anderen Sterne, wenn sie über den nächtlichen Himmel ziehen. Sie werden mich belehren über die künftigen Geschicke von Volk und Herrschaft.«
Tatsächlich wird Stonehenge in einer seiner frühesten Beschreibungen aus der Zeit um 1130 von Henry Huntington als »Steine von erstaunlicher Größe in der Art von Türöffnungen aufgestellt« geschildert, »so daß eine Tür neben der anderen zu stehen scheint.« Eine andere Stelle in der »Vita Merlini« erwähnt die 19 Apfelbäume des Magiers. Besteht vielleicht eine Verbindung zu den Silberäpfeln des Vollmondes und seinem in der Anlage von Stonehenge dargestellten 19jährigen Zyklus?

Zweifellos ist Merlin eine der faszinierendsten Gestalten der Geschichte. Zudem gibt es im Süden von England genügend Beweise dafür, daß er wirklich gelebt hat: »Merlin's Hill« bei Carmathan in Südwest-Wales, wo der Magier geboren wurde; »Merlin's Cave« bei Tintagel in Cornwall, wo er lebte, als er den jungen König Arthur erzog. »Merlin's Tree« oder »Merlin's Oak« bei Carmathan und ebenso auf dem Erdwall von Avebury. Schließlich »Merlin's Barrow«, der Grabhügel des Magiers in Marlborough, Wiltshire.
Wer war Merlin? Geoffrey of Monmouth versetzte ihn ins 5. Jahrhundert, in die Zeit der Rückeroberung des Landes von den Römern. Constans, der Sohn des letzten römischen Herrschers Konstantin III., wurde im Jahre 410 auf Betreiben des Edelmannes Vortigern ermordet, der den Thron bestieg. Die beiden Brüder des Constans, Aurelius Ambrosius und Uther Pendragon, flohen nun in die Bretagne, wo sie zur Wahrung ihrer Erbrechte vorsorglich eine Armee

aushoben. Durch die drohende Gefahr verängstigt und zudem wegen des Einfalls der Pikten im Norden besorgt, holte Vortigern 449 zwei Söldnerführer mit ihren Gefolgsleuten aus Sachsen nach Britannien zu Hilfe – Hengist und Horsa. Bei einem Trinkgelage verliebte sich Vortigern in Hengists Tochter Rowena. Er bekam sie zwar zur Frau, mußte ihrem Vater aber verhängnisvolle Gebietszugeständnisse machen. Damit faßten die Sachsen Fuß in Britannien und begannen, das Königreich für sich zu erobern.

Vortigerns Vasallen »mauserten« sich nun zu seinen Feinden. Er zog sich daraufhin in die Einsamkeit von Snowdonia in Nord-Wales zurück, um dort eine uneinnehmbare Festung zu bauen. Aber so sehr sich seine Arbeiter auch abmühten, wurden die am Tage hochgezogenen Mauern über Nacht, durch einen bösartigen Zauber, stets wieder dem Erdboden gleichgemacht.

Nun schickte Vortigern nach seinen Magiern. Die aber erklärten ihm, daß nur ein Jüngling, der nie einen Vater gehabt habe, das Geschick abwenden könnte. Die vom König ausgesandten Boten fanden in Süd-Wales schließlich einen Jungen mit Namen Merlin, auf den die Beschreibung zutraf. Seine Mutter hatte ihn eines Nachts von einem Dämon empfangen, und nur ihre Frömmigkeit und der Segen eines Priesters hatten verhindert, daß er sich dem Bösen zuwandte. So war er ein Prophet im Dienste Gottes, versehen mit »allem Wissen des Teufels«.

Merlin begab sich an den Hof Vortigerns und forderte dessen Magier mit der Frage heraus, was sich unter der Erde, auf der die Burg errichtet werden sollte, befinde. Sogleich enthüllte der Knabe, was sie nicht ahnten: In einem verborgenen Teich bekämpften sich zwei Drachen. Da der Drache seit alter Zeit die Erdenergien symbolisiert, können wir uns eigentlich nur vorstellen, wie es dem jungen Zauberer gelang, eine negative Erdstrahlung ausfindig zu machen.

Auf Verlangen Vortigerns offenbarte Merlin jedenfalls in einer langen Prophezeiung den tieferen Sinn dieser Erscheinung: Sie deute einen anfänglichen Sieg der Sachsen an, das darauffolgende Wiedererstarken der Briten und die Geschicke der künftigen Könige bis hin zur Endzeit, wenn Winde und Meere wüten und die Gestirne in wildem Aufruhr auseinanderjagen.
Der erste Teil der Prophezeiung sollte sich alsbald bewahrheiten. Aurelius und Uther überquerten mit ihrem Heer das Meer, stöberten Vortigern in seinem Versteck auf und töteten erst ihn, dann Hengist. Aurelius Ambrosius wurde rechtmäßiger König von Britannien und beauftragte Merlin, im Gedenken an alle gefallenen britischen Edelleute bei Amesbury ein großes Denkmal zu errichten. Nach dieser Version soll Stonehenge entstanden sein.
Doch die Herrschaft des Aurelius war nur von kurzer Dauer. Die Sachsen vergifteten ihn, und sein Bruder Uther wurde nun König. Ihm gelang es, die germanischen Eindringlinge vernichtend zu schlagen. Bei der Siegesfeier verliebte er sich in Igerna, die Gemahlin von Gorlois, dem Herzog von Cornwall. Uthers Verlangen war jedoch so ungezügelt, daß sich der Herzog gezwungen sah, seine Frau zu der auf den Klippen gelegenen Burg Tintagel in Cornwall bringen zu lassen und sich selbst in der Festung Dimilioc zu verschanzen. Anfangs versuchte Uther, die Festung zu erobern, dann besann er sich auf eine List. Er ließ den findigen Merlin kommen, der kurzerhand Uther in Gorlois und seine Männer in dessen Gefolgsleute verwandelte. So ritten sie nach Tintagel, konnten ungehindert die Burg betreten, und Uther kam zu seiner ersehnten Liebesnacht.
Er zeugte einen Sohn, der später Arthur genannt wurde. Merlin blieb in der Nähe des jungen Prinzen. Er wohnte in einer Höhle bei Tintagel und unterrichtete den Knaben nicht nur in den Wissenschaften und der Kriegskunst, son-

dern auch darin, die Welt mit anderen Augen zu sehen, sie als harmonisches Ganzes zu betrachten, als heilige Ordnung, als Einheit in ihrer einmaligen, unbeschreiblichen Schönheit und Vielfalt. Merlin offenbarte ihm seine königliche Herkunft und lehrte ihn die Bedeutung wahren Königtums: eine Widerspiegelung der kosmischen Gesetzmäßigkeiten in der menschlichen Gesellschaft und die Verpflichtung, die Erde zu pflegen und den Himmel zu schützen.

Bei Uthers Tod blieb seine Nachfolge offen. Als dann ein Stein auftauchte, in dem ein Schwert steckte, verkündete Merlin, daß derjenige König werden solle, dem es gelingt, das Schwert aus dem Stein zu ziehen. Nur Arthur war dazu in der Lage, denn er begriff als einziger, daß er nicht durch Kraft und rohe Gewalt zum Ziel kommen würde, sondern durch Intuition und geistige Stärke. Er wurde der König der Briten. Von Merlin erhielt er einen kreisrunden Tisch zum Geschenk und den Rat, die aufrechtesten Ritter des Landes um sich zu versammeln, damit sie sich der edelsten aller Aufgaben widmen, der Suche nach dem Heiligen Gral.

Merlin verkehrte am Hofe König Arthurs in Camelot, dem heutigen Cadbury. Unter der Regentschaft des gerechtesten aller Könige wurde es zum Zentrum eines goldenen Zeitalters. Camelot verkörpert bis heute eine verlorene, unwiederbringliche Zeit, in welcher der Mensch im Einklang mit der Natur nach den göttlichen Gesetzen lebte. »Ein Gesetz gibt es in Camelot«, heißt es in dem zauberhaften Musical »Der einstige und zukünftige König« von T. H. White, das unter dem Titel »Camelot« in den sechziger Jahren verfilmt wurde, »es regnet erst, wenn die Sonne am Horizont versinkt.«

Erst als Arthur durch die Hand eines verräterischen Neffen in der Schlacht am Camblan-Fluß im Jahre 542 das Leben verlor, ging das goldene Zeitalter von Camelot zu Ende. Die Sachsen eroberten Britannien Stück für Stück, die verbleibenden Briten zogen sich nach Wales zurück und nannten sich fortan »Waliser«. Merlin wurde König und Prophet der Südwaliser, heißt es in Geoffreys »Vita Merlini«; »dem stolzen Volk der Südwaliser gab er Gesetze, und den Häuptlingen weissagte er die Zukunft.«

Dann erklärte der König der Nordwaliser, Peredur, König Gwenddolau von Schottland den Krieg. Merlin zog mit Rhydderch, dem König der Kunbrer, ins Feld gegen Peredur. Doch der Tod von Hunderten tapferer Männer, das Gemetzel der Völkerschlacht, bedrückte den Magier so sehr, daß er drei Tage lang klagte und jede Nahrung verweigerte, um dann in die Wälder zu flüchten. Seine Zeitgenossen dachten, er sei dem Wahnsinn verfallen, doch Merlin »erfreute sich daran, verborgen unter den Eschen zu liegen; er staunte über die wilden Tiere, die sich vom Gras der Lichtungen nährten; er jagte ihnen nach und eilte an ihnen vorbei. Er lebte von den Wurzeln der Kräuter und vom Gras, von den Früchten der Bäume und den Maulbeeren des Dickichts. Er wurde ein Waldmensch, als habe er sich den Wäldern geweiht.«

Merlin wurde ein »Prophet der Demeter«, der Erdgöttin, schreibt Geoffrey. Einer, der »mit den Bäumen spricht und mit den Steinen fühlt«. Dreimal wurde Merlin an den Hof des Königs Rhydderch zurückgebracht, um zu prophezeien – zweimal sogar in Ketten. Aber immer wieder trieb es den Magier zurück in die Wälder, »weil er die Menschen in der Stadt nicht ertragen konnte. Er sprach und versammelte in Wäldern und Hainen eine Herde von Hirschen zu einer einzigen Reihe, und er selbst setzte sich auf einen Hirsch.« Auch Wölfe wurden zu seinen Gefährten. Er lauschte der Stimme der Erde, heilte mit dem Wasser heiliger Quellen und las das Schicksal der Länder und Könige aus dem Lauf der Sterne.

»Ich wurde von mir selbst entfernt und kannte wie ein Geist

die Handlung vergangener Menschen und weissagte die Zukunft«, vertraute er dem Barden Taliesin an. »Als ich dann die Geheimnisse der Dinge erkannte, den Flug der Vögel, das Wandern der Sterne und das Dahingleiten der Fische, peinigte mich all dies und versagte meinem menschlichen Geist eine natürliche Ruhe.« Diese Selbstreflektion ging Merlins Entschluß voraus, sich völlig aus der Welt zurückzuziehen. Geoffreys »Vita Merlini« endet damit, daß der Magier sich hochbetagt unter eine alte Eiche begab, um eins zu werden mit der Natur.

»In diesem Wald steht eine Eiche von ehrwürdiger Gestalt, der das hohe Alter, das alles verzehrt, so sehr zugesetzt hat, daß der Saft vertrocknet ist und sie von innen zerfällt. Ich sah den Baum, als er eben zu wachsen begann, und ich sah sogar den Fall der Eichel, aus der er entsproß, und ein Specht stand darüber und beobachtete den Zweig. Hier habe ich ihn von selbst wachsen sehen; ich habe alles beobachtet, und da ich in diesen Gefilden um ihn fürchtete, behielt ich diesen Ort in meinem treuen Gedächtnis. Ihr seht also, daß ich lange gelebt habe, und die Last des Alters hält mich zurück, so daß ich auf neues Herrschertum verzichte. Wenn ich unter dem grünen Laub verweile, erfreuen mich die Reichtümer Kaledoniens (Schottlands) mehr als die Edelsteine, die Indien hervorbringt, oder das Gold, das Tagus an seinen Ufern haben soll. Hier werde ich zeit meines Lebens bleiben, zufrieden mit Äpfeln und Gräsern, und ich will meinen Leib mit frommem Fasten reinigen, damit ich würdig sein möge, des ewigen Lebens teilhaftig zu werden.«

Geoffrey schweigt sich über Merlins Tod aus. Es gibt zu viele, einander widersprechende örtliche Überlieferungen über den Verbleib des Magiers, und in vielen heißt es, daß er in einem Baum, einem heiligen Berg, einer Quelle oder einem Wald weiterlebt. Im »Rauschen der Wälder des

Kaledonischen Forstes« soll von Zeit zu Zeit die Stimme Merlins zu hören sein, wird in Südschottland behauptet. Dagegen besteht die Waliser Legende darauf, daß er im Inneren von Merlins Hill bei Carmathan haust »und von Zeit zu Zeit sein Seufzen gehört wird, wenn man an der richtigen Stelle lauscht«.

Einer anderen Sage zufolge soll er noch heute in einem unsichtbaren Glashaus auf der Insel Bardey vor der Küste von Wales leben und verschiedene Schätze hüten, darunter den wahren Thron Britanniens, den eines Tages, im goldenen Zeitalter, ein neuer König Arthur besteigen wird. Es sieht beinahe so aus, als sei der Magier Teil des Landes selbst geworden, als wäre jeder Baum und jeder Berg in England Merlin, das magische Bewußtsein der Natur. Denn Merlin war mehr als nur eine historische Persönlichkeit, ein später Druide oder ein Zauberer, der Könige beriet. Ähnlich dem griechischen Pan war er der »Hüter des Waldes« und »Beschützer des Landes«, der personifizierte Wächter der Erde.

»Nicht von Vater oder Mutter bin ich geboren,
über meine Erschaffung ist zu sagen, ich wurde
aus neun Arten von Elementen gemacht:
aus der Frucht der Früchte, aus der Frucht Gottes am Anfang;
aus Primeln und Blumen des Hügels, aus den Blüten der Wälder und Bäume;
aus der Krume des Bodens wurde ich gemacht,
aus den Blüten der Nesseln, aus dem Wasser der neunten Welle«,

singt Merlin in einer walisischen Dichtung.

»Merlin hatte die Aufgabe, über Ordnung und Sinn in der menschlichen Gesellschaft zu wachen«, erklärt der britische

Historiker Nicolai Tolstoy in seiner (ausgezeichneten) »Suche nach Merlin«. »Er half Uther Pendragon dabei, die Monarchie neu zu begründen; er sorgte für den magischen Test, mit dem Arthur seine Fähigkeiten unter Beweis stellte, und zeigte, daß er Uthers legitimer Nachfolger war; er gründete die Bruderschaft der Tafelrunde, die die gestörte Gemeinschaft der Edelmänner wiederherstellte; und er stiftete die Suche nach dem Heiligen Gral, die der Gesellschaft ein höheres Ziel setzte. Gleichzeitig warnte Merlin aber auch immer wieder vor den schwerwiegenden Folgen, die jeder Bruch mit den magischen Zeremonien und Abläufen, die die Gemeinschaft zu einem Ziel vereinen, nach sich ziehen würde.

›Unser werden sein Jahre und lange Tage
mit falschen Königen und verdorrenden Erntefrüchten‹,

weissagte er unheilvoll in dem walisischen Gedicht ›Hoianau‹. Die falschen Könige werden die Ursache der Mißernte sein, da der Bruch in der herrscherlichen Legitimität ein Zeichen für das Auseinanderbrechen der Gesellschaft ist. Der Gegensatz zu legitimer Ordnung ist Unordnung, Unfruchtbarkeit und Chaos. Alles fällt in seinen vor-kulturellen Zustand zurück, und die moralischen und physischen Landschaften werden zum Wüsten Land der arthurischen Epen.

Merlin ist also der Hüter der Kultur und der zivilisierten Ordnung, der Dichtkunst und des Königtums, des Schreibens und der Genealogie. In dieser Eigenschaft stößt er häufig prophetische Warnungen aus über die Folgen, die jede Störung der sozialen Harmonie mit sich bringen wird. Mehr noch: Er wacht als Hüter der Tiere auch über das Wüste Land selbst.«

Damit wird er zur Personifikation des Erdgeistes selbst, den der britische Mystiker William Blake im 18. Jahrundert als den »Riesen Albion« beschrieb, den in den Hügeln und

Tälern seines heimischen Reiches angeketteten Riesen. Eine Schar erbärmlicher Tyrannen hatte sein Königtum an sich gerissen, und sein mächtiger Leib war vom Nebel der grauen Verzauberung vor den Augen der Sterblichen verborgen. Jeder einzelne Hügel, jeder Baum ist ein Teil von Albions Leib, wie auch jeder Hügel und jeder Baum Merlin selbst ist, der in ihm weiterlebt und das Schicksal der Erde verfolgt.

»Clas Myrddin« – »Merlins Einfriedung« – hieß ganz Britannien einer walisischen Triade zufolge vor der Ankunft des Menschen. Einige Mythologen folgerten, daß der Name »Merlin« nichts anderes sei als eine Verballhornung des alten keltischen Namens »Myrddin« für den Himmelsgott. Wie der walisische Folklorist John Rhys 1886 vermutete, wurde dieser auch in Stonehenge verehrt. Jedenfalls ist es eigenartig, daß die »Blausteine« des Steinzeitheiligtums aus eben jenem Gebiet um Carmathen stammten, in dem, der Sage nach, Merlin geboren wurde. Obwohl Historiker sich darüber einig sind, daß die erste Bauphase des Monuments drei Jahrtausende vor der Zeit Merlins errichtet wurde und die letzte Phase immerhin noch über 2000 Jahre vor seiner Zeit datiert, besteht noch eine andere Möglichkeit, um zu erklären, warum alle Legenden so nachhaltig auf seiner Verbindung zu Stonehenge beharren. Denn vielleicht war ja der Magier der letzte einer Reihe von Hohepriestern des Steinzeitheiligtums, das ihn befähigte, den »Lauf der Gestirne zu erforschen« und mit der Natur in Dialog zu treten. In der antiken Literatur existiert tatsächlich eine Art Vorbild des Merlin: der Zauberer Abaris. Nach Diodorus von Sizilien (1. Jh. v. Chr.) war er Hohepriester des »kreisrunden Tempels« auf der Insel Hyperborea, jenseits des »Keltenlandes« Frankreich. Abaris, der dem Sonnen-, Licht- und Himmelsgott Apollon diente, soll sogar auf einem »goldenen Pfeil« die damals bekannte Welt bereist und so den griechischen Philosophen Pythagoras (6. Jh. v. Chr.) in seiner Mysterienschule in Kroton, Süditalien, besucht haben – und das ein gutes Jahrtausend vor Merlin.

Einiges im Leben Merlins deutet darauf hin, daß er Vertreter einer uralten magischen Tradition war. Wenn er in Gesellschaft von Hirschen dargestellt wird, erinnert er an den keltischen Gott Gerunnos, der auf seinem Haupt ein Hirschgeweih trug und ebenso wie der Magier in den Wäldern lebte. Aber auch Gerunnos hatte seinen Ursprung in grauester Vorzeit. So stellt eine Höhlenmalerei in der Trois-Frères-Höhle in Südfrankreich einen Schamanen dar, dessen Kopf von einem Geweih gekrönt wird. Zusätzlich ist er mit Attributen der Eule, des Hirsches, des Wolfes und des Pferdes ausgestattet. Archäologen datieren das Höhlenbild auf circa 12000 v. Chr. Da auch noch Schamanen unserer Tage in den Weiten Sibiriens zu Ritualzwecken Hirschgeweihe tragen, ist erwiesen, daß der Schamanismus als älteste Religion der Menschheit eine in vielen Teilen der Erde bis heute ungebrochene Tradition aufweist.

So schreibt Nicolai Tolstoy: »Der Schamane trug aufgrund der Vorstellung, daß er eine besondere Beziehung zu den wilden Hirschen hat, ein Geweih und Tierhäute. Als Hüter der Tiere wachte er darüber, daß keines von ihnen ohne rituelle Vorbereitung und Sühneopfer erlegt wurde, obwohl das Überleben des Menschen von Tieren abhängig ist. Dem lag der Gedanke einer harmonischen natürlichen Ordnung zugrunde, die nur entweiht werden durfte, wenn es unumgänglich notwendig war. Doch danach mußte dem Gott, der das Gleichgewicht aufrechterhielt, ein Opfer dargebracht werden. Um es mit den Worten eines Eskimo-Schamanen zu sagen: ›Die ersten Menschen opferten aus Liebe zur allumfassenden Harmone, aus Liebe zu großen, unermeßlichen, unauslotbaren Dingen.‹ Ungeachtet der Tatsache, daß es auf der Erde mehr als genug Wild gab, hatten die

Menschen früher einen erleuchteten Sinn für das, was man heute das ökologische Gleichgewicht nennen würde.«
Wie wichtig wäre doch ein Merlin, ein »Hüter der Schöpfung«, für unsere Zeit!

3.–14. Juni 1992, Rio de Janeiro. Über 100 Staatschefs aus fast allen Ländern der Erde und über 30000 Teilnehmer, darunter führende Wissenschaftler und Ökologen, nehmen in der brasilianischen Küstenstadt an der größten Konferenz aller Zeiten teil, um für die weltweiten Umweltprobleme des Planeten Erde eine Lösung zu finden. Es heißt, sie wollen Strategien entwickeln, um die Erde für zukünftige Generationen zu retten. Es geht um die Hauptprobleme: Überbevölkerung, Artenschutz, Klimawende, fortschreitende Umweltverpestung durch Kohlendioxid- und Treibgase, das Sterben der Tropenwälder, die sich stetig vergrößernden Ozonlöcher über dem Südpol und Nordpol.
Jedem der 30000 Teilnehmer des UN-Umweltgipfels war klar, daß der Raubbau an der Erde und die zunehmende Zerstörung ihrer Ökosphäre so nicht weitergehen kann. Aber keiner der 100 Staatschefs war wirklich bereit, in seinem Land einen radikalen Anfang zu machen. Und so blieb es bei ein paar »schönen« Absichtserklärungen, langfristigen Besserungsgelöbnissen, und letztlich – bleibt alles beim alten. Zu sehr hatte jeder seine wirtschaftlichen Interessen, bevorstehende Wahlen oder die nationale Schuldenlast im Hinterkopf. Was in Rio fehlte, war ein »Gorbatschow der Umwelt«, wie das »Hamburger Abendblatt« schrieb – ein *neuer Merlin*, ein »Hüter der Erde«.
Dabei gibt es sie wieder, die modernen Schamanen, die der Erde ihre Stimme leihen. Im Mai 1991 traf ich in Potsdam, am Rande einer Konferenz, Sun Bear, den Chippewa-Medizinmann. Sun Bear, dessen Stamm im US-Staat Washington lebt, wurde von Mitgliedern seiner Familie zum Schamanen

ausgebildet. Er reiste im ganzen Land umher, um von Lehrern seines Volkes Wissen zu erlangen und den Weg zu eigenen Visionen zu finden. Immer wieder erfuhr er, daß nach den alten Prophezeiungen der Indianer einmal die Zeit kommen wird, in der Mutter Erde aus dem Gleichgewicht gerät. Dann würde es in einer Gegend zu feucht werden, in der anderen zu trocken, an einem Ort zu heiß werden und an einem anderen zu kalt. Mit den ersten Folgen der Umweltzerstörung – Dürren im Südwesten und Flutkatastrophen im Süden der USA – ahnte er, daß diese Zeit jetzt gekommen ist. Er selbst träumte von Vulkanausbrüchen im Westen des Landes, von heftigen Erdbeben, zerstörten Städten, Wirbelstürmen, Fluten und anderen Erdumwälzungen.
Warum war Sun Bear nach Deutschland gekommen? War es seine Botschaft?
»Ich denke, ich habe die Pflicht, mein Wissen mit allen Menschen zu teilen, die bereit sind, zuzuhören und sich dem zu öffnen, was sich ereignet«, antwortet Sun Bear. »An der Zerstörung von Mutter Erde sind Menschen in der ganzen Welt beteiligt, ganz besonders aber die Weißen in den großen Städten. Ihr habt euch vom Weg der Harmonie und des Gleichgewichts mit Mutter Erde getrennt. Ihr habt die heiligen Zeremonien vergessen, dic eure Vorfahren noch gekannt haben. Darum bin ich nach Deutschland gekommen, um jenen, die hören wollen, zu zeigen, wie sie dieses Gleichgewicht wiedererlangen können, zurückkehren können zur Verantwortung und Liebe für Mutter Erde und die ganze Schöpfung. Wenn wir gemeinsam daran arbeiten, ist es uns vielleicht noch möglich, den prophezeiten Untergang der Erde abzuwenden.«
Mit welcher »Medizin« versuchen die Indianer, die verlorene Harmonie wiederherzustellen?
»Nach indianischer ›Medizin‹ muß den Menschen geholfen werden, bewußter zu leben. Darum reise ich umher, um zu

lehren und mein Wissen zu teilen. Viele Menschen beginnen auf diese Weise, die Erde zu respektieren und zu lieben. Wir müssen leben, ohne der Erde Schaden zuzufügen. Wir müssen lernen, die Erde als lebendes Wesen zu behandeln. Wir müssen uns wieder in den heiligen Kreislauf eingliedern, um zu lernen, daß die gesamte Schöpfung dasselbe Existenzrecht hat wie wir selbst. Bevor die Menschen die Erde heilen, müssen sie sich zuerst selbst heilen. Jeder Mensch muß die Verantwortung für sein Leben, sein Schicksal selbst übernehmen. Er muß seine eigene Vision finden und ihr folgen. Ich lehre sie, die Schönheit in sich selbst und in der Natur zu sehen. – Heute hören so viele Menschen die Erde einfach nicht. Die Natur spricht ständig zu uns, aber die Menschen sind taub für ihre Stimme«, sagt der Indianer.

Was können wir tun, um die Erde zu hören?

»Als erstes bringe ich meinen Schülern bei, hinauszugehen und einen Baum zum Umarmen zu finden. Ihn einfach zu berühren, um das Leben dieses Baumes mit dem eigenen Körper zu spüren. Wir können mit der gesamten Schöpfung sprechen – mit den Bäumen, den Steinen, dem Wind und den Vögeln. Die Erde warnt uns vor jeder Veränderung. Die Tiere spüren sie und werden unruhig. Aber viele Menschen halten die Erde für tote Materie. Das ist ein entscheidender Fehler, denn sie lebt! – Noch. Bis die Menschen sie endgültig umgebracht haben.«

Ist dies nicht genau das, was Merlin lehrte? Erinnerte der Magier nicht einmal an ein langvergessenes Goldenes Zeitalter, in dem die Menschen in Harmonie mit der Natur und den Gottheiten lebten? Als sie, ohne Druck und Furcht, »aus eigenem Antrieb heraus rechtschaffen und ehrlich waren«, wie Ovid feststellte, »und es weder Strafe noch Furcht, weder Richter noch Soldaten gab. Die Erde brachte alles spontan hervor, und die Menschen waren mit den natürlichen Erzeugnissen zufrieden.«

25

26

27

28

29

via an enormous French spy ring located in Paris.) This eventually was broken and several top French ministers either were eliminated or killed themselves. (See the TOPAZ scandal and the Columbine group....i.e., URIS-TOPAZ.)

The *Assessment* study was finally published in 1964... Only fifteen copies were ever produced. The complete package with annexes was eight inches thick. It contained testimony, interviews, photographs and in-depth studies by historians, theologians, atmospheric physicists, astronomers, astro-physicists, sociologists and psychologists...

The area studied covered all of the NATO theater of operations from northern Norway all the way South to Turkey and Greece. There were photographs of crash/retrievals, little bodies and some limited analysis of "plasti-metals" which they didn't seem to understand but human-types never crashed. (This was in 1964.) It concluded that:

a. The planet Earth was the subject of an extensive and very thorough survey by "several" extraterrestrial civilizations.
b. "They" demonstrated extremely advanced technology...possibly a thousand years or more beyond us. (I personally think we are dealing with millions.)
c. There was a "Process" or "Plan" of some kind unfolding. The study demonstrated that a development of some process was taking place (one-on-one contact).
d. Evidence indicated that this has been going on for several millenia.
e. There did not appear to be a major military threat involved. If they were hostile, there was absolutely nothing we could do.

Needless to say Len, the study caused a few serious psychological reactions among several of the top generals. The Air Deputy, General Robert Lee, U.S. Air Force was quite "disturbed".

The French government (Charles DeGaulle) withdrew France from the military alliance and we were forced to move SHAPE from Roquencourt (just outside of Paris) to Casteau (near Brussels) in 1967. At this point, the French copy of the *Assessment* was called back. We were pretty certain that they copied it because just after that, they established G.E.P.A.N. under the gendarmerie. One French army source, it was recently confirmed, who knew about *Assessment*, was Colonel Jean Fauvre.

I was assigned to SHAPE in 1963 and helped move the headquarters to the new site in

30

31 

25 John Lear, einer der erfolgreichsten und erfahrensten Piloten der Vereinigten Staaten, behauptet fest, daß Raumschiffe außerirdischer Herkunft die Erde erkunden.

26 In Groom Lake beziehungsweise Dreamland finden im Rahmen des sogenannten »Schwarze Welt«-Programms »UFO«-Testflüge statt.

27 Der britische UFO-Spezialist Timothy Good. Er kam durch die Veröffentlichung von »Majestic 12«, die Geheimdokumentation eines UFO-Absturzes, ins Gespräch.

28 Der ehemalige Groom Lake-Mitarbeiter Robert Lazar löste durch seine Enthüllungen über UFO-Antriebe weltweit Kontroversen aus.

29 Der Ex-NATO-Offizier Col. Robert O. Dean. Von ihm wurde die geheime NATO-Studie »The Assessment« preisgegeben.

30 Auszug aus der Top secret-NATO-Studie »The Assessment«. Danach steht die Erde unter intensiver Beobachtung außerirdischer Zivilisationen.

32

33

34

31 Rekonstruktonszeichnung des vieldiskutierten, nachweislich echten UFO-Zwischenfalls in einem französischen Lavendelfeld bei Valensole.

32 Der geniale Erfinder Nicola Tesla, dessen wissenschaftliche Entdeckungen zum Fundament der modernen Elektronik wurden.

33 Instrumentarium zum Nachweis der Raum-Quanten-Strömung im Barnet Monstein-Experiment 1992.

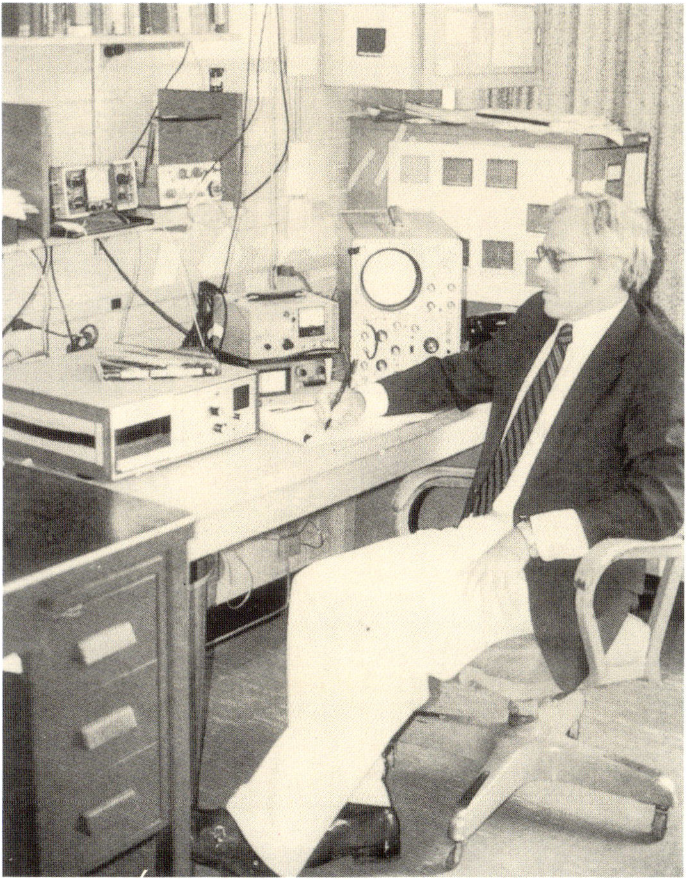

35

34 Silbury Hill, der höchste, ursprünglich als Stufenpyramide errichtete prähistorische Hügel in Wiltshire, England.

35 Dr. Harley Rutledge mit seinen verschiedenen Meßapparaturen zur Erforschung des UFO-Phänomens.

36 Die 6000 Jahre alte prähistorische Anlage Avebury in Wiltshire entspricht in ihrer Form dem sumerischen Symbol für den einstmals zehnten Planeten Nibiru.

37 Avebury – »Ort der Kraft« im Lande Merlins.

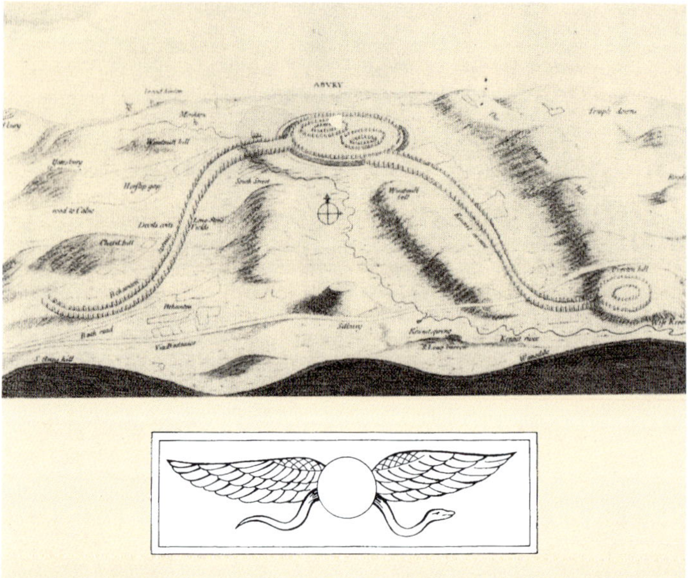

36

37

In seinen »Gesetzen« zitiert Platon den Dichter Hesiod, der in seiner mythischen Erzählung über das Goldene Zeitalter schreibt, daß sich sämtliche zum Leben notwendigen Dinge ganz unaufgefordert und im Überfluß einstellten. Denn damals ließen sich Menschen nicht von Menschen beherrschen, sondern folgten ausschließlich ihren inneren geistigen Kräften. Die Erde war für sie etwas Heiliges, nicht weil sie von Gottesfürchtigen so betrachtet wurde, sondern weil sie vom schöpferischen Geist des Universums beseelt war. Sie wußten, daß das höchste Prinzip dieses Schöpfergeistes die Harmonie ist, die planvolle Evolution, die Rhythmen des Kosmos.

Ihr Studium der Natur zeigte ihnen, daß alles Leben ein Kreislauf ist – Tag und Nacht, Geburt und Tod, der Lauf der Gestirne, die Jahreszeiten. In ihren kreisförmigen Tempeln – wie der Anlage von Stonehenge – versuchten die Menschen, das Universum nachzubilden und in Einklang mit seinen Rhythmen zu bringen, um an ihnen teilzuhaben. Denn sie wollten ihr Schicksal durch diese Integration nicht dem Zufall überlassen. Die ersten Priester waren Schamanen, Propheten der Erde, und Astronomen, Erforscher der kosmischen Zyklen. Ihre Aufgabe war der Dialog mit dem Universum, war die Ergründung der »himmlischen Harmonien« und das Wachen darüber, daß die Gesellschaft im Einklang mit ihnen funktionierte. Sie wußten oder ahnten zumindest, daß ein Ausbruch aus diesem Schöpfungsplan unweigerlich zu Disharmonie, zu Zerstörung, Zwietracht, Kriegen und Katastrophen führen mußte. So beschäftigten sich auch die ältesten Prophezeiungen immer wieder mit Drohungen, was der Menschheit widerfahre, wenn sie gegen das Reglement der »Götter« verstoße. Und die Erfahrungen der Gegenwart geben ihnen nur allzu recht.

Die Rhythmen der Natur gerieten in Vergessenheit, je mehr sich der Mensch der Natur entfremdete. Die ersten Städte wurden nicht zu Unrecht durch die biblische »Hure Babylon« charakterisiert, und es ist auffallend, wie sehr der Schamane Merlin die Städte mied. Statt dessen streifte er lieber durch die Wälder und hielt Zwiesprache mit den Bäumen und Steinen. Wie furchtbar müßten für ihn die modernen Industriestädte sein, ihr hektisches Durcheinander von Licht und Lärm, Hast und Ruhelosigkeit, in denen die Natur in ein paar eingezäunte Parkanlagen zurückgedrängt und der Geist der Erde durch Stahl und Beton isoliert wurde? Hier manifestierte sich nur allzu drastisch, was die Hopi-Indianer mit dem Begriff »Kooyanisquatsi« charakterisieren. Es bedeutet: »Zustand der völligen Disharmonie« – aber auch »Zustand, der einer Veränderung bedarf«. Ist es nicht typisch, daß brillante Kosmologen unserer Zivilisation ausgerechnet die »Chaostheorie« zum »Stein der Weisen« erkoren haben?

Im alten China wurden Naturkatastrophen und soziale Unruhen entweder auf des Kaisers Nachlässigkeit bei der Ritualausübung oder auf unstimmige Beziehungen bei Hofe zurückgeführt. Der Hofstaat repräsentierte die himmlische Ordnung als Mikrokosmos und symbolisierte Einheit mit dem Geist der Erde, der Evolution. Jede Art der Katastrophe hatte ihre ganz spezifische Ursache, und man erwartete vom Kaiser, daß er etwas zur Heilung unternahm. Einige dieser Ursachen werden im »großen Gesetz«, einem Kapitel aus den 1050 v. Chr. erschienenen und von Raphael Patai in seinem Buch »Mensch und Tempel« zitierten »Chinesischen Annalen« wie folgt erläutert:

»Geht die Natur ihren gewohnten Gang, so ist dies ein Zeichen für eine gute Regierung. Treten jedoch Störungen in der Natur auf, so läßt dies auf einen Irrtum der Natur schließen. Mit Hilfe dauerhafter Tabellen kann man aus den Störungen in der Natur herausfinden, wo der Wurm steckt. Zuviel Regen ist ein Beweis für Ungerechtigkeit. Regenmangel wiederum läßt Nachlässigkeit vermuten. Jedoch beweist eine gute Ernte, daß alles in Ordnung ist. Eine schlechte Ernte hingegen ist ein Zeichen für die eindeutige Schuld der Regierung.«

Die Menschheit hat nur noch *eine* Chance, das einundzwanzigste Jahrhundert zu überleben: den Dialog mit der Erde und mit dem Kosmos, die Kommunikation mit anderen Daseinsebenen. Wir müssen Merlins Leben als eine Metapher für den einzigen Weg aus dem Chaos unserer hochtechnisierten Welt begreifen; als Rückkehr in die Einheit, die Harmonie mit der Schöpfung. Wie Merlin müssen wir lernen, mit den Steinen und den Bäumen zu reden. Wir müssen diese magische Welt in uns wiederentdecken, die von dem Archetypus aller Zauberer, von Merlin repräsentiert wird: die Welt des Zwischenhirns, der Intuition, der Liebe, der Phantasie und Kreativität.

Wir müssen beginnen, *mit dem Herzen zu denken und mit dem Verstand zu fühlen* – das, was ich den Merlin-Effekt nenne: die Wiederverzauberung der Natur. Nur auf diese Weise kann der in der Natur allgegenwärtige Zauberer wiedererstehen. In den Bäumen, Steinen, Hügeln und Tieren der Erde, deren menschliche Bewohner sich so sehr von seiner Mahnung entfernt haben, wie Spenser im Jahr 1590 in »The Faerie Queene« wiedergibt:

»Also sprach Merlin fürwahr,
die Schicksalsmächte ziehen
ruhig ihres vorbestimmten Weges,
selbst wenn die Erde bebt:
Und dennoch sollte sich der Mensch darum bemühen,
daß die himmlische Fügung, von ihm gelenkt,
ihrem Ziel zustrebt.«

Ist es Zufall, daß gerade im Land Merlins in den letzten Jahren ein rätselhaftes Phänomen für Aufregung sorgte? Seit Mitte der siebziger Jahre, als Sportflieger in den südenglischen Getreidefeldern und Weiden aus der Luft ungewöhnlich symmetrische Kreisgebilde entdeckten, hat das Thema »Kornkreise« in den Medien und in der Öffentlichkeit weltweit immer wieder heftige Kontroversen ausgelöst. Es begann mit »Einzelexemplaren«, bis diese sich im Lauf der Jahre dann schließlich zu Aberhunderten vermehrten.

Zwischen Mai und September tauchen meistens über Nacht in Getreidefeldern – in Weizen, Wintergerste, Roggen, Hafer, aber auch in Raps und im Gras – bei bestimmter Höhe und Reife sogenannte Kornkreise auf. Ihr Durchmesser liegt zwischen einem halben Meter und 45 Metern. Großformatige Muster können bis 180 Meter Länge haben und Flächen von bis zu 10000 Quadratmetern bedecken! Am meisten fällt die Präzision ins Auge, mit der die Halme meist in Spiralmustern flach auf dem Boden liegen, ohne gebrochen oder geknickt zu sein. Manchmal weist ein Kreis mehrere Schichten übereinander auf, in denen das Getreide in eine andere Richtung zeigt oder auch kunstvoll verflochten ist. Die Form der meisten »Kreisanlagen« weicht ins Ovale ab, und das Zentrum des »umgelegten« Getreides entspricht häufig nicht dem geometrischen Kreismittelpunkt.

1990 änderte sich dann das Bild radikal: Die simplen Kreise »mauserten sich« zu komplexen Mustern – zu Piktogrammen beziehungsweise Agroglyphen. Und zwar nicht nur im klassischen »Stammland« der Kornkreise, in Wiltshire und Hampshire, sondern im gesamten britischen Inselreich und auch in anderen Ländern der Erde. Eine Entwicklung, die sich 1991 fortsetzte und sogar nach Deutschland verirrte, wo Phänomene aus Arroganz und mangels besseren Wissens besonders gern ins Lächerliche gezogen werden.

So ist es also kein Wunder, daß besonders deutsche Medien am 9. September 1991 die Meldung des britischen Revolverblattes »Today«, »Männer, die die Welt hereinlegten«, begierig aufgriffen: »Wie wir die Kreise machten und die Welt zum Narren hielten. ›Today‹ kann beweisen, daß es sich bei den mysteriösen Kornkreisen, die Wissenschaftler in aller Welt verblüfften, um einen gigantischen Schwindel handelt«, schreibt das Blatt.

Mittelpunkt der nachfolgenden Geschichte à la Münchhausen waren zwei unvorstellbar rüstige Rentner von 62 und 67 Jahren – David Chorley und Doug Bower aus Southampton –, die in dreizehnjähriger Sisyphusarbeit die bis dahin angefallenen Kreise und Piktogramme fabriziert haben wollen. Ausgerüstet mit Stricken, Brettern und einer Baseballkappe mit einem abenteuerlichen Drahtgestell, um gerade Linien ziehen zu können, haben sich die pensionierten Tausendsassas – ›Today‹ zufolge – unzählige Nächte im Dienste der Kreisgestaltung um die Ohren geschlagen.

Als das Fälscher-Duo dann vor laufender Kamera seine Kunst demonstrieren sollte, versagte es kläglich. Das Resultat war ebenso stümperhaft wie der gefälschte Felmer Kornkreis bei Eckernförde.

Obwohl sich nach sorgfältigen Recherchen die Mär von Doug und Dave als Ente entpuppte und die beiden betagten Knaben als Schwindler entlarvt wurden, nahmen die deutschen Medien davon erstaunlicherweise keine Notiz. Ganz anders die britische Presse: »Es fällt leichter, an kleine grüne Männchen zu glauben als an die Geschichte von Bower und Chorley«, hieß es in der hochangesehenen Tageszeitung »The Independent«. Auch die besonders an diesem Phänomen interessierte BBC distanzierte sich von den beiden.

Nach den vielen Ungereimtheiten ist es nicht erstaunlich,

daß schließlich ein Journalist beim britischen Presserat Beschwerde gegen »Today« wegen gezielter Irreführung der Öffentlichkeit einreichte.

Im Juli 1991 flog ich für RTL nach Grasdorf bei Hildesheim, um ein am 22. Juli 1991 in einem Weizenfeld entdecktes Piktogramm zu untersuchen. An jenem Tag wollte der Bauer Werner Harenberg in diesem Feld Disteln ausreißen. Als er sein Auto am Waldrand abstellte, blieb er wie angewurzelt stehen. Riesige Flächen im Korn waren zu einem unglaublich komplexen und ästhetisch schönen Piktogramm flachgelegt worden. Das etwa 100 Meter lange und 50 Meter breite Muster im Kornfeld nahm eine Fläche von 5000 Quadratmetern ein. Es setzte sich aus sieben Symbolen und 13 Kreisen zusammen, deren größter mit einem Kreuz versehen war. Als ich dieses Piktogramm im Hubschrauber überflog, beeindruckte mich insbesondere seine Präzision und Symmetrie.

Immer wieder zeigt sich, daß die Kornkreise beziehungsweise Piktogramme in der Nähe prähistorischer Plätze auftauchen. So entstand auch das Grasdorf-Piktogramm im Bereich prähistorischer Kultstätten. Es liegt am Fuße eines altgermanischen Thingplatzes, dem Thieberg, in dessen unmittelbarer Nähe sich ein uraltes germanisches Wotan-Heiligtum, der Wohldenberg, befindet, auf dem unter Karl dem Großen eine christliche Kirche errichtet wurde. Außerdem gibt es dort die »Wotans-Klippe« und das »Heilige Holz«, einen heiligen Hain der Germanen, um den bis ins Mittelalter hinein gekämpft wurde. Als die Abholzung dieses Kultwaldes 1273 durch einen Burgvogt befohlen wurde, brachten ihn die Grasdorfer um. Das Feld, in dem das Piktogramm entdeckt wurde, wird seit alters her Thiebergfeld genannt.

Wegen seiner komplexen Struktur hat das Grasdorfer Piktogramm international Schlagzeilen gemacht und unzählige Menschen angelockt. Einige der Besucher waren mit Pendeln, Wünschelruten, ja sogar Geigerzählern und Minensuchgeräten ausgerüstet. Einer wurde fündig: Im Zentrum von drei Piktogrammen ortete er Metall. Stillschweigend verschwand er, um mit Schaufel und Hacke zum Graben wiederzukommen. In einem halben Meter Tiefe stieß er auf Metall: drei vier bis fünf Kilogramm schwere, runde Metallplatten von etwa dreißig Zentimeter Durchmesser kamen zum Vorschein, als Lehm und Erde vorsichtig entfernt worden waren – eine bronzene, eine silberne und die dritte, inzwischen verschwundene, anscheinend aus purem Gold. Auf den Platten waren maßstabsgetreu die Zeichen erhaben festgehalten, die auch im Kornfeld als Piktogramm erschienen waren!

Bedauerlicherweise hat der Finder die Platten mit Chemikalien unsachgemäß gereinigt. Das jedenfalls erfuhr ich von dem Künstler und Gruppendynamiker Moschkote Litfass, der die bronzene und silberne Scheibe in Verwahrung hat und mir freundlicherweise zeigte. Im Gutachten der Bundesanstalt für Materialforschung und -prüfung heißt es: Platte zwei (bronzefarben) besteht aus einer Kupfer-Zinn-Legierung mit einem Zinngehalt von 10–15 Prozent. Weitere Legierungsbestandteile sind ein Prozent Nickel und Spuren von Eisen, weniger als 0,1 Prozent. Platte eins (silbern) besteht aus ziemlich reinem Silber. Als weiterer Bestandteil konnte nur Eisen nachgewiesen werden, in Spuren von weniger als 0,1 Prozent.

Demnach besteht die Platte praktisch aus reinem Silber. Sollte es sich bei dem ganzen Unternehmen – Piktogramm und Platten – um einen gigantischen Schwindel halten, müßten sich der oder die Urheber aus unerfindlichen Gründen enormer Mühe unterzogen und keine Unkosten gescheut haben.

Zusammenfassend ist in Zusammenhang mit dem Grasdorfer Piktogramm folgendes bemerkenswert:
1. Ebenso wie die englischen Piktogramme liegt es in der Nähe von prähistorisch bedeutsamen Stätten.
2. Die Zeichen sind genau in West-Ost-Lage ausgerichtet.
3. Die Zeichen laufen nicht parallel zu den Treckerspuren, wie es bei den getürkten oft der Fall war.
4. Keine Treckerspur schneidet einen Kreismittelpunkt.
5. Alle Kreise sind gegen den Uhrzeigersinn verwirbelt.
6. Keines der Maße paßt in unser metrisches System, sondern alle basieren auf der Megalithelle von 83 Zentimetern.

Erklärungsversuche über die Verursacher dieses merkwürdigen Phänomens reichen von Außerirdischen in UFOs über stationäre Wirbelwinde, geomantische Energieformen, kopulierende Igel, morphische Resonanzphänomene bis hin zur internationalen Kornkreis-Fälscher-Mafia.

Gleichgültig, wer oder was dafür verantwortlich sein könnte, repräsentieren Piktogramme eine Art Symbolschrift, wohl im Zusammenhang mit einer Botschaft. Darüber hinaus »berühren« diese mysteriösen »Zeichen im Korn« die Schichten des menschlichen Bewußtseins, ja, verändern beziehungsweise erweitern unser Naturverständnis. In diesem Zusammenhang sagt der englische Historiker und Kornkreisspezialist John Michell: »Die regelmäßigen geometrischen Muster der Kornkreise verkörpern archetypische Symbole, die sowohl der Struktur des Universums als auch dem Geist des Menschen eigen sind.«

So stellt das Grasdorf-Piktogramm uralte heidnische Symbole dar. Danach bedeutet der Kreis mit dem Kreuz beispielsweise das Sonnenrad, während die Spirale den Kosmos beziehungsweise die Schöpfung symbolisiert. Die »Hantel« kann sowohl das Erbe der Ahnen darstellen als auch den Kontakt zu anderen Daseinsebenen. Ebensogut

können die Kreise aber auch als Planeten beziehungsweise Planetensysteme gedeutet werden.
Der amerikanische Philologe Steve Canada hat eine ganz andere Erklärung für die Piktogramme: Er »übersetzt« sie nämlich als Botschaften der Anunnaki, über die ich in meinem 1991 erschienenen Buch »Adams Planet« ausführlich berichtet habe – jene, die in grauer Vorzeit von dem dereinst zwischen Mars und Jupiter gelegenen, sagenhaften zehnten Planeten Nibiru zur Erde gekommen sein sollen.
Meiner Meinung nach handelt es sich bei den echten, nichtgetürkten Kornkreisen um ein morphisches Resonanz-phänomen. Bei diesem Prozeß materialisieren sich vergangene, innerhalb eines morphogenetischen Feldes gespeicherte Strukturen durch morphische Resonanz – also durch Mitschwingen und Energie-Austausch – in der Gegenwart.
Als Teil der Natur sind wir gehalten, mit ihr in Einklang, in Resonanz zu leben. Dieses Prinzip wird von dem zeitlosen Merlin symbolisiert.

X

Kontakt aus der Zukunft

Die Unzufriedenheit vieler Menschen mit einem kraß materialistisch orientierten Weltbild führte in den siebziger und achtziger Jahren zur sogenannten New-Age-Bewegung. Sie entstand vor allem aus Protest gegen die Unzulänglichkeiten von Politik und Kirche sowie gegenüber einem insgesamt lebensfeindlichen Wertesystem. Die größte Rolle spielte dabei die Abwendung von einer reinen Glaubensreligion hin zu einer Erfahrungsreligion. »Das globale Ziel der New-Age-Bewegung ist die Wiederintegration eines visionären Elements in die Gesellschaft, eines Elements, das den sozialen Energien erlaubt, über die Mythen hinauszusehen, welche die politischen Überbauten gefangenhalten und die heute die gesamte menschliche Biosphäre genauso bedrohen wie die Ökosphäre der Welt. Wenn diese Mythen nicht überwunden werden, steht uns die Hölle bevor«, schreibt Swann in »Der sechste Sinn«.

Im Gegensatz zur Religion, die auf Glaubensvorgaben basiert, ermöglicht es die Erfahrungsreligion dem einzelnen, durch persönliche Erfahrungen das Potential seiner Bewußtseinsschichten im Sinne eines holistischen Lebens zu erschließen. für Swann fallen hier die Möglichkeiten der außersinnlichen Wahrnehmung besonders ins Gewicht. »Selbst die geringfügigste Erfahrung der eigenen Fähigkeit, sich der menschlichen, die Grenzen des Körpers transzendierenden Elemente bewußt zu werden, kann als Bindeglied zu einem holistischen Bewußtsein dienen, wie es vorher nie in Betracht gezogen wurde... Wenn wir als Gesellschaft

diese fundamentalen Fähigkeiten nicht anerkennen wollen, mag dies ein Zeichen für unsere generelle Zurückhaltung beim Erschließen innerer Realitäten, der Träume, der Einbildungskraft, des Gedächtnisses, der Gedanken und Gefühle, des kreativen Prozesses selbst – sein.«
Der große australische Neurophysiologe und Nobelpreisträger Sir John Eccles ist der Überzeugung, daß es ein immaterielles, denkendes und wahrnehmendes Ich gibt, das irgendwann im Verlauf unseres Embryonalstadiums oder in den ersten Lebenstagen unser Gehirn übernimmt. Nach Eccles macht uns erst dieses immaterielle Etwas endgültig zum Menschen. Es wirkt sich als »Verbindungs-Hirn« aus und hat auf bestimmte Art und Weise auch physischen Einfluß auf unsere Hirnfunktionen. Willenskraft, persönliche Identität und Bewußtsein sind Qualitäten, die sich auf dieses Etwas – die Seele – zurückführen ließen. Eccles ist sogar fest davon überzeugt, daß dieses immaterielle Ich den physischen Tod des Gehirns überlebt. Damit geht der Neurophysiologe erstaunlicherweise von einer paranormalen, Raum und Zeit übergreifenden Daseinsebene aus.
Auch paranormale Fähigkeiten sind offensichtlich nicht an Raum und Zeit gebunden. Die Prophetie ist dafür beispielhaft. So würden viele Menschen nur zu gern in die Zukunft schauen, um zu erfahren, was das Schicksal für sie in petto hat.

Der schlanke, hochgewachsene Schriftsteller saß mir in seiner Bibliothek gegenüber. Mein Blick glitt über die ringsum bis zur Decke reichenden Buchregale und blieb dann versonnen an seinen lebhaften Augen im schmal gewordenen Gesicht hängen.

»Wie soll ich das verstehen – Sie sind dem Tod schon begegnet?« fragte ich schließlich.

»Es war schon ein merkwürdiges Erlebnis, damals, als mir der Mann in Grau zum ersten Mal begegnet ist«, sagte Gerd von Haßler und griff nach einem alten Notizblock auf dem Tisch. »Es war irgendwann im Januar 1959. Ich erwachte in den frühen Morgenstunden und fand mich – einen vollgeschriebenen Notizblock und einen Kugelschreiber in der Hand – auf dem Bettrand sitzend. Ich rätselte herum, wieso der Block Blatt für Blatt vollgeschrieben war. Noch dazu von mir selbst, denn es war eindeutig meine Handschrift.«

»Soll das heißen, daß Sie das Ganze im Schlaf geschrieben haben?«

»Der Text handelt von einem Mann in Grau. Erst kürzlich, beim Ordnen meiner Sachen, fiel mir der Block wieder in die Hände. Wenn ich heute über den Traum nachdenke – denn es muß ein Traum gewesen sein –, sehe ich diesen mir seltsam vertrauten Mann in Grau fast leibhaftig vor mir: groß, schlank, mit schmalem Gesicht, in feldgrauer Uniform.« Sinnend blätterte von Haßler in den vergilbten Seiten und begann daraus vorzulesen:

»Er trat aus dem Kasten einer alten Standuhr und sagte: ›Da

ist sie wieder, die Zeit, der ich ein Leben lang zugetan war. Die Zeit des Werkens und Wirkens. Die Zeit, die keiner begreift, der nicht in ihr ist.‹ Kaum hatte der Mann in Grau ausgesprochen, wurde es ganz still, ganz dunkel. Es war, als ginge er durch einen langen, unendlich langen Gang mit vielen kleinen Nischen links und rechts – wie ein Eisenbahntunnel, der in ein anderes Land führt. Aber das Land war so entfernt, daß sein Licht nur zu ahnen, aber nicht zu sehen war. Das Geräusch der Schritte, mit denen der Mann in Grau dem unsichtbaren Licht entgegenstolperte, übertönte jeden anderen Laut, nur nicht die Worte, die er im Gehen vor sich hin sprach: ›Einmal mußt du heimgehen und dich fragen, wonach du gesucht hast. Und wenn es dir nicht einfällt, war all dein Suchen vergebens. Weißt du es aber, hat dein Leben einen Sinn gehabt. Drum geh, geh! Denn es kommt keiner, der dir sagt, daß die Zeit reif ist.‹«
Erst nach einer ganzen Weile nahm Gerd von Haßler seinen unterbrochenen Bericht wieder auf: »Als der Mann in Grau weiterging, wurde es heller und heller um ihn. In den Nischen nahm er Gestalten wahr, die schwiegen und lauschten. ›Menschsein bedeutet nicht unbedingt, auch eine Seele zu haben‹, sagte er zu ihnen. ›Aber eines Tages brechen diesen Seelenlosen dann die Gebeine zusammen, und sie sind verreckt und werden verscharrt. Irgendein Geistlicher redet dann von Dingen, die diese Toten nichts mehr angehen. Aber die Nachlebenden wollen ja getröstet werden, und der Geistliche ist nicht dazu da, um die Wahrheit zu sagen. Denn sonst müßte sein Grabspruch lauten: Dieser Seelenlose lebte wie ein Vieh, starb wie ein Vieh und geht darum als Vieh in die Ewigkeit ein. Amen.‹«
»Was sich da in Ihrem Traum widerspiegelt, klingt ja über alle Maßen bitter und zynisch«, warf ich ein.
Doch unbeirrt fuhr Gerd von Haßler fort: »Die Krähen fliegen umher, hacken den Boden auf und tragen einen

Dreckklumpen von einem Grab in die Ewigkeit. Der Dreckklumpen aber ist nichts anderes als eine leere Totenmaske, deren viele an den Wänden im Saal des ewigen Gerichtes hängen. In tiefen Kerben ist alles in den Masken festgehalten: die Wege, die sie beschritten haben, ihre gedachten Gedanken und die von ihnen verrichteten Taten. Keine Seele erhebt sich, um für sie zu sprechen. So ist das in der Maske geformte Sein gerichtet und findet keine Seele, die Fürsprache einlegt.

Die letzte Strecke des Weges – aus der Dunkelheit des unendlich langen Tunnels in die Helligkeit des Lichts hinaus – schwieg der Mann in Grau. Er ging durch die dastehenden, redenden Menschen, schritt durch alles hindurch, bis es plötzlich nur noch Helligkeit gab. Der Mann in Grau ging darin auf. Die Helle aber war ein grauer, wolkenverhangener Morgen und das Ende des Traums.« Mit einer endgültigen Bewegung klappte Gerd von Haßler den vergilbten Notizblock zu.

»Es ist schon ein merkwürdiger Traum, den Sie da vor knapp 30 Jahren aufgeschrieben haben«, sagte ich, eigenartig berührt. »Aber warum hat dieser Traum jetzt, nach so langer Zeit, plötzlich solch eine besondere Bedeutung für Sie?«

»Warum?« Gerd von Haßlers Blick wanderte zum Fenster und kam auf der verschneiten bayerischen Winterlandschaft draußen zur Ruhe. »Er ist mir wieder begegnet«, sagte er nach einer kleinen Ewigkeit. »Der Mann in Grau. Vor ein paar Tagen.«

»Im Traum?«

»Aber nein. In Wirklichkeit. Bei einem Spaziergang kam er auf mich zu und ging an mir vorbei. Jetzt weiß ich auch, wer er ist. Warum er mir damals so vertraut war. *Ich* bin der Mann in Grau. Ich bin mir selbst begegnet«, beantwortete Gerd von Haßler meinen fragenden Blick. »Und die Bedeutung? Nun, der Mann in Grau hat mir endgültig angekündigt, daß meine Zeit abgelaufen ist, daß der Tod auf mich wartet.«

Wenige Tage nach meinem Besuch in Ampfing erhielt ich die telefonische Nachricht von Gerd von Haßlers Ableben.

In der Parapsychologie stellt die »Begegnung mit dem eigenen Ich« eines der merkwürdigsten Phänomene dar. Hier wird offenbar, daß unser Unterbewußtsein unter bestimmten Umständen Zugang zu einem raum- und zeitlosen Kontinuum hat; daß die Projektion – die Begegnung mit dem eigenen Ich – auf schicksalhafte Veränderungen hinzuweisen scheint. Erscheinungen aus einer anderen Dimension bedeuten allerdings nicht immer Tod. Denn wie das nachfolgende Ereignis zeigt, taucht sie manchmal auch ganz unverhofft aus dem Unbekannten zur Rettung auf:

Der etwa dreißig Jahre alte Schotte Robert Bruce kreuzte im Jahr 1828 als Steuermann auf einem Handelsschiff zwischen Liverpool und St. John in Neu-Braunschweig. Unweit der Küste von Neufundland beschäftigte er sich eines Tages in seiner – neben der des Kapitäns gelegenen – Kajüte mit Kursberechnungen. Mit dem Resultat unzufrieden, fragte er den Kapitän, den er über die Schulter an seinem Pult schreiben zu sehen glaubte: »Wie haben Sie es gefunden?«

Da Bruce keine Antwort erhielt, ging er hinüber. Doch als der Schreibende den Kopf hob, sah der Steuermann verwundert in ein ihm völlig fremdes Gesicht.

Verstört rannte er auf Deck, um den Kapitän über den Vorfall zu unterrichten. In Windeseile liefen die beiden wieder nach unten. Aber die Kapitäns-Kajüte war leer. Doch auf der Schiefertafel des Kapitäns war in unbekannter Handschrift eine Nachricht hinterlassen worden: »Stear to the North-West« (»Steuert nach Nord-Westen«), hieß es dort unmißverständlich.

Alle, die auf dem Handelsschiff schreiben konnten, mußten eine Schriftprobe ablegen. Aber keine ähnelte der auf der Schiefertafel. Auch die Suche nach einem blinden Passagier verlief ergebnislos. Nun entschloß sich der Kapitän tatsächlich, der Warnung nachzukommen und nordwestlichen Kurs einzuschlagen. Außer ein paar Stunden hatte er ja eigentlich nichts zu verlieren. Es dauerte nicht lange, bis das Handelsschiff ein völlig vereistes Wrack sichtete; ein auf dem Weg nach Quebec in Seenot geratenes Schiff, dessen Passagiere und Besatzung sich in höchster Lebensgefahr befanden. Umgehend wurden die Schiffbrüchigen an Bord geholt.

Bruce traute allerdings seinen Augen nicht, als er unter den Geretteten einen Mann erblickte, der aufs Haar dem glich, den er in der Kajüte des Kapitäns hatte schreiben sehen.

Nun bat der Kapitän den Fremden, auf die Rückseite seiner Schiefertafel den Satz »Stear to the North-West« zu schreiben. Die Handschrift auf der Vorderseite war mit der auf der Rückseite absolut identisch!

Der Kapitän des havarierten Schiffes entsann sich daraufhin, daß der Schreiber gegen Mittag in einen Tiefschlaf gefallen sei und beim Erwachen gesagt habe: »Heute werden wir gerettet.« Er habe geträumt, an Bord eines Schiffes gewesen zu sein, das zur Rettung käme. Als das Schiff dann in der Tat auftauchte, sei es nach der genauen Beschreibung sofort von allen wiedererkannt worden. Der Schreiber selbst bestätigte, daß er sich an alles auf dem Schiff genau erinnere, so deutlich sei es ihm aus dem Traum im Gedächtnis.

Es wird immer wieder behauptet, daß Menschen im Augenblick ihres Todes engen Angehörigen oder Freunden erscheinen sollen – vorwiegend im Traum. Hin und wieder jedoch stehe mit dem Augenblick des Ablebens sein Erscheinungsbild in so plastisch-realistischer Weise in Verbindung, daß sich der Betroffene erst viel später des Außergewöhnlichen der Situation bewußt werde. Der Fall McConnell ist dafür ein geradezu klassischer Beweis:

Es war unmittelbar nach Ende des Ersten Weltkriegs. Der 18jährige David McConnell war Leutnant der Royal Air Force und stand kurz vor seiner Beförderung, als er am 7. Dezember 1918 von seinem Vorgesetzten morgens den Befehl erhielt, eine »Camel«-Maschine vom Militärflugplatz Scampton nach dem etwa 60 Meilen entfernten Tadcaster zu überführen.

McConnell ließ seinen Zimmerkameraden Leutnant Larkin um 11.30 Uhr wissen, daß er wegen der Überführung einer Maschine nach Tadcaster nicht am angesetzten Übungsschießen teilnehmen könne, aber zur Teezeit wieder zurück sein werde. McConnell flog in Begleitung einer anderen Maschine, die ihn nach Ablieferung der »Camel« in Tadcaster wieder zu seinem Standort zurückbringen sollte. Sie starteten bei gutem Wetter.

Als es bei Doncaster plötzlich neblig wurde, landeten sie, um telefonisch neue Instruktionen einzuholen. Hier wurde McConnell angewiesen, nach eigenem Ermessen zu handeln. Die beiden Piloten stiegen wieder auf. Doch als sich der Nebel verdichtete, ging die Begleitmaschine in einer Notlandung zu Boden, während McConnell seinen Flug nach Tadcaster fortsetzte.

Er erreichte zwar sein Ziel, ging aber im Sturzflug nach unten und bohrte die Maschine mit dem Propeller in den Grund. McConnell, der nach vorn geschleudert wurde, schlug mit dem Kopf auf das Maschinengewehr vor ihm auf. Eine junge Frau, die den Absturz beobachtet hatte, rannte herbei, um dem Piloten zu helfen. Doch er hatte den Absturz nicht überlebt. Genau um 15.25 Uhr war seine Uhr stehengeblieben.

Die Beerdigung fand vier Tage später statt. Hier ergab sich für Leutnant Hillman, einen weiteren Kameraden des Verunglückten, die Gelegenheit, mit dessen Vater zu sprechen. Dieser erzählte ihm, daß sein Sohn im Augenblick des Absturzes von seinem Zimmerkameraden, Leutnant Larkin, gesehen worden sei. Daraufhin schrieb der alte McConnell umgehend an Larkin, der ihn in einem Brief vom 22. Dezember 1918 darüber unterrichtete, was sich zugetragen hatte:

Er, Larkin, habe am Nachmittag, als David McConnell die Maschine nach Tadcaster überführte, vor dem Kamin gelesen und geraucht. Dann hätten sich über den Korridor Schritte genähert, und gleich darauf habe er die ihm bekannten Geräusche im Zusammenhang mit McConnells Eintreten vernommen.

Er habe ihn »Hello boy« sagen hören und sich halb zur etwa zweieinhalb Meter von seinem Kaminplatz entfernten Tür umgedreht. McConnell stand lächelnd auf der Schwelle, eine Hand am Türknauf. Er trug seine Pilotenausrüstung, anstelle einer Fliegerhaube war sein Kopf jedoch mit seiner Marinekappe bedeckt. Eine Angewohnheit, die mit seiner einstigen Zugehörigkeit zum Royal Naval Air Service, auf die er sehr stolz war, zusammenhing.

»Hello, schon wieder da?« sagte Larkin.

»Ja, bin dort gut angekommen, hatte einen guten Flug«, entgegnete der, den er für McConnell hielt. Und nach einer Pause: »Well, cheerio.« Mit diesen Worten ging er und schloß die Tür.

Wenig später, um 15.45 Uhr, ließ sich Leutnant Garner Smith sehen und meinte, er hoffe nur, daß McConnell rechtzeitig zurückkomme, damit man abends ausgehen könne. Larkin sagte ihm, daß McConnell bereits wieder da sei und soeben das Zimmer verlassen habe.

Larkin war fest davon überzeugt, daß ihm McConnell

zwischen 15.15 Uhr und 15.30 Uhr erschienen war, und Garner Smith bestätigte, daß es 15.45 Uhr gewesen sei, als ihm Larkin gesagt habe, McConnell sei erst kurz vorher weggegangen.

Das »Auftreten« von McConnell hatte sich so natürlich abgespielt, daß es von Larkin zu diesem Zeitpunkt als Tatsache hingenommen worden war. Erst im Lauf des Abends hörte er von dessen Absturz. Zuerst sei er von McConnells leibhaftiger Anwesenheit so überzeugt gewesen, daß er angenommen habe, dieser sei aus irgendeinem Grund noch einmal zurückgekommen und dann wieder aufgestiegen. Eine andere Erklärung gebe es für ihn nicht. Da er metaphysischen Geschehen gegenüber skeptisch sei, würde er sich nur zu gern selbst überreden zu glauben, daß er McConnell nie gesehen habe! Aber leider wisse er nur zu genau, daß er ihn sah. Leutnant Hillman bestätigte, daß ihm der Vorfall am Morgen nach dem Absturz von Larkin so geschildert wurde, wie er im Brief an McConnells Vater festgehalten wurde. So nachzulesen in »Psychical Research Today« von D. J. West.

Nicht nur Physiologen und Neurologen haben sich mit dem Wesen und Potential unseres Bewußtseins befaßt, sondern erstaunlicherweise auch große Physiker und Mathematiker wie zum Beispiel der geniale John von Neumann und die Nobelpreisträger der Physik Eugene Wigner und Hans Bethe. So ist Wigners Überzeugung nach das »Bewußtsein« nicht nur ein wichtiges Konzept der Physik, sondern gewissermaßen auch eine Art Retorte der Wirklichkeit. Er geht davon aus, daß die sogenannte Realität durch das Bewußtsein nicht nur erschlossen, sondern sogar erst erschaffen wird. John von Neumann, der die Quantenphysik auf eine präzisere mathematische Grundlage stellte, war der Ansicht, daß der Mensch über ein immaterielles Bewußtsein verfügt, mit dem er die materielle Welt beeinflussen kann. Diese Theorie wird durch paranormale Phänomene beziehungsweise Wahrnehmungen unterstützt.

So hielt sich der Bischof Josef von Lanyi, wie gewöhnlich, auch am 28. Juni 1914 in Großwardein auf – mittlerweile die sechs Kilometer von der ungarischen Grenze entfernte Hauptstadt der rumänischen Region Crisana.

Morgens gegen halb vier wurde Lanyi durch einen intensiven Traum aus dem Schlaf gerissen: Er hatte gerade die Morgenpost erhalten, auf der zuoberst ein schwarz umrandeter, versiegelter Brief lag. Der Bischof, Sprachlehrer des österreichischen Thronfolgers, erkannte natürlich sofort dessen Handschrift und Siegel.

Als er den Brief öffnete, sah er am Briefkopf das Farbbild eines Automobils, in dem das Kronprinzenpaar saß, und diesem gegenüber zwei hohe Offiziere. Plötzlich sprangen zwei Männer aus der Menge und schossen auf das Thronfolgerpaar.

Der Traumbrief lautete: »Euer Bischöfliche Gnaden! Lieber Doktor Lanyi! Teile Ihnen hierdurch mit, daß ich heute mit meiner Frau in Sarajewo als Opfer eines politischen Meuchelmordes falle. Wir empfehlen uns Ihren frommen Gebeten und heiligen Meßopfern und bitten Sie, unseren armen Kindern auch fernerhin in Liebe und Treue so ergeben zu bleiben wie bisher. Herzlichst grüßt Sie Ihr Erzherzog Franz.«

Um halb vier Uhr morgens zeichnete der Bischof Lanyi alle Einzelheiten des lebhaft in seiner Erinnerung gebliebenen Traum-Briefes auf. Später erzählte er dann seiner Mutter und dem Kammerfräulein davon.

Zwölf Stunden nach dem Traum des Bischofs wurde das österreichische Thronfolgerpaar in Sarajewo erschossen. Damit brach der Erste Weltkrieg aus.

1914, im ersten Kriegsjahr, lag der bayerische Infanterist

Andreas Rill bei Colmar in den Vogesen im Quartier und schickte wunderliche Feldpostbriefe an die Lieben daheim. »Einen prophetischen Franzosen, einen sonderbaren Heiligen haben sie da vernommen, was der alles gesagt hat«, schrieb er, »damit werde ich nicht fertig, es ist unglaublich.«

»Wir dürften ja nicht glauben, daß wir was von der Welt wüßten«, hat der gesagt, denn dann »würden wir heute noch die Gewehre wegwerfen.« Denn »für Deutschland sei der Krieg verloren und geht ins fünfte Jahr, dann kommt Revolution, wenn sie auch nicht recht zum Ausbruch kommt; der eine geht und der andere kommt.« Und es sei geradezu »lächerlich«, was der »Komplize« noch dazu bemerkt hätte: »Alles wird Millionär, und soviel Geld gibt's, daß man's zum Fenster 'nauswirft, und klaubt's niemand mehr auf.«

Dann erscheine »cirka 32 ein Mann aus der niederen Stufe, der in Deutschland alles gleich macht, und die Leute haben nichts Rechtes zu reden, und zwar mit einer Strenge, daß es uns das Wasser bei allen Fugen raustreibt. Denn der nimmt den Leuten mehr, als es gibt, und straft die Leute entsetzlich, denn um diese Zeit verliert das Recht sein Recht, und es gibt viel Maulhelden und Betrüger. Die Leute werden wieder ärmer, ohne daß sie es merken. Jeden Tag gibt's neue Gesetze, und viele werden dadurch manches erleben oder gar sterben ... alles geht auf eines Mannes Diktat.«

Dann kommt »die Zeit (um) 38; (viele) werden überfallen und zum Krieg gezwungen. Der Krieg endet schlecht für diesen Mann und seinen Anhang. Wenn an der Jahreszahl eine vier und fünf steht, wird Deutschland von allen Seiten eingedrückt, und das zweite Weltgeschehen ist zu Ende, und der Mann verschwindet. Das Volk steht da und wird noch vollständig ausgeraubt und vernichtet bis ins Unendliche. Aber die Feinde stehen auch nicht gut miteinander.«

Für jene, die »zu dieser Zeit« ein Amt angenommen haben, wird es dann hart. »Alles kommt an den Galgen.« Und die Leute dürfen froh sein, »wenn sie sich noch in Sandsäcke kleiden können.«

Solch Absonderliches verhieß der »prophetische Franzose«, schrieb der bayerische Infanterist. »Wir sagten, der hat's doch nicht ganz recht, oder er spinnt. Ihr werdet darüber lachen, denn das ist doch nicht zum glauben. Der Mann sprach mehrere Sprachen; wir haben ihn ausgelacht, aber der Leutnant sprach mit ihm die ganze Nacht.« Denn mit dem »zweiten Weltgeschehen« war der Mann noch nicht am Ende seiner Weissagung.

In den Jahrzehnten nach dem Krieg sollte sich der ehemalige Infanterist Andreas Rill noch öfter an den »prophetischen Franzosen« erinnern. Er hatte seinen Söhnen schon vor der Nazizeit erklärt: »Jetzt kommt der strenge Herrscher, der bringt den Krieg, und der ist wieder verloren.« Weil er in der Dorfkneipe zu laut von den Prophezeiungen des »seltsamen Fremden« gesprochen hatte, wurde er 1936 von zwei Kriminalbeamten aufgesucht, hatte doch schon das Eintreffen der vorausgesagten Inflation Schreinermeister Rill davon überzeugt, daß der »seltsame Fremde« die Wahrheit gesagt haben mußte. Also wiederholte er im Kreise seiner Familie in den kommenden Jahren immer wieder die Worte: »Und genau das hat er gesagt.« In bezug auf den dritten Krieg meinte er zu seinen Söhnen noch kurz vor seinem Tod im Jahr 1958: »Er dauert nur ganz kurz. Ich erlebe es nimmer, aber ihr Buben denkt noch an mich.«

Von seiner Frau hatte er natürlich verlangt, daß sie die beiden Feldpostbriefe, in denen er von dem Franzosen berichtete – sozusagen als Beweis –, sorgfältig wegschließt. 1979 überprüfte dann der bekannte, inzwischen verstorbene Parapsychologe Professor Hans Bender die Echtheit der Briefe noch einmal durch eine kriminaltechnische Analyse. Er kam zum Ergebnis, daß es keine Anhaltspunkte für eine Fälschung gibt.

Am 24. März 1933 wurde der umstrittene Hellseher und Hypnotiseur Erik Jan Hanussen von den Nazis in einem Wald bei Berlin erschossen. Als Hermann Steinschneider am 2. Juni 1889 in Wien geboren, hatte der »Mann mit dem sechsten Sinn« oder der »Nostradamus des 20. Jahrhunderts« – wie er genannt wurde – unter anderem auch den Reichstagsbrand vorausgesagt.

»Er war ein medial hochbegabter Mann mit großartigen hellseherischen Fähigkeiten«, verteidigte ihn seine Tochter Erika Fuchs-Hanussen, als ich ihr bei meinem Besuch in Meran einige kritische Fragen stellte. »Schließlich habe ich dafür eindeutige Beweise: Die letzte Sekretärin meines Vaters, Elisabeth Heine, übergab mir 1955 ein Manuskript meines Vaters, das sie über den Krieg hinweg retten konnte. Es handelte sich um das Protokoll von sieben Trance-Sitzungen, die mein Vater 1930 im Beisein einer Reihe von Zeugen durchgeführt hatte. Er diktierte damals in Trance ein Manuskript unter dem Titel ›New York versinkt‹. Dieses Manuskript ist eine Sensation«, beteuerte Erika Fuchs-Hanussen:

»Denn darin hat Hanussen bereits 1930 die Teilung Deutschlands sowie die Wiedervereinigung prophezeit. Er beschreibt Organtransplantationen, obwohl Professor Barnard sich erst 1967 an die erste Herztransplantation heranwagte. Er spricht von der Mondlandung, von Atomenergie und vielen anderen Dingen, die inzwischen eingetroffen sind. Als mein Vater während dieser protokollierten Sitzung beschreiben sollte, wie New York im Jahr 2024 aussehen würde, sagte er: dann gebe es New York nicht mehr – es sei im Meer versunken.«

Heute werden wir Tag für Tag durch neue ökologische Hiobsbotschaften aufgeschreckt. So gehen einige Klimaforscher von der Tatsache aus, daß der unaufhaltsame Treibhauseffekt einen Anstieg der Durchschnittstemperaturen und somit ein Abschmelzen des Polareises mit sich bringen wird. Eine Anzahl von Küstenstädten würde damit im ansteigenden Meer versinken. Es ist also nicht weiter verwunderlich, daß vor allem naturverbundene, sensible Menschen durch ihre prophetischen Endzeitvisionen unsere Zivilisation vor dem Untergang bewahren möchten. So auch der kanadische Yellowknife- oder Denee-Indianer Tim Sikyea.

Er kam am 12. März 1951 im Nordwest-Territorium von Kanada, in Yellowknife, zur Welt. Kaum einen Monat später drang ein Fremder in die Hütte der Sikyeas ein und erschoß Mutter, Bruder und Schwester. Der Vater überlebte, weil er zur Zeit des Verbrechens im Krankenhaus war. Die Hintergründe der Untat konnten bis zum heutigen Tag nicht geklärt werden.

Als die Mordopfer aufgefunden wurden, war es bitterkalt – 15 Grad unter Null. Der Holzofen in der Hütte war natürlich längst ausgekühlt, und die Temperatur lag unter dem Gefrierpunkt. Da fiel jemandem plötzlich ein, daß noch ein Neugeborenes zur Familie gehörte. Aber wo war das Baby? Schließlich wurde es halb erfroren in einem der Betten entdeckt. Das war Tim Sikyeas Eintritt ins Leben ...

Er war 16 Jahre alt, als er zum ersten Mal von einer Vision heimgesucht wurde. »Ich hatte das Gefühl, einen Schlag erhalten zu haben, dann verlor ich das Bewußtsein«, erzählte mir der Indianer. Unter uralten Bäumen saßen wir auf einer Ritualdecke. »Bewußtlos war ich in einen tiefen Schacht gefallen und mußte unter Todesangst wieder hinaufklettern – einem Licht im Himmel entgegen. Dieses Erlebnis hat mich geläutert und mein Leben verändert.«

»Wie soll ich das verstehen? Wie kann ein Trancezustand – denn das war es ja wohl – das Leben verändern?« wollte ich von ihm wissen.

»Von diesem Tag an häuften sich meine Visionen. Meistens wurden sie durch ein fliegendes Licht am Himmel oder durch einen großen Adler ausgelöst. So war es auch 1978 im Yellowknife-Gebiet.«

Von einem undefinierbaren Geräusch geweckt, war der Indianer aufgestanden und ins Freie gegangen. Er spürte, daß etwas in der Luft lag. Wachsam schaute er sich um, konnte aber nichts Außergewöhnliches feststellen. Plötzlich aber blieben seine Augen in der mondhellen Nacht an einem dunklen Gebilde am Himmel hängen. Beim langsamen Näherkommen nahm es die Konturen eines riesigen Vogels an, der über ihm in nördlicher Richtung weiterflog. In einiger Entfernung begann er dann zu kreisen, um schließlich zu landen.

Die Gegend dort ist sehr felsig, und der Weg dorthin führt an einem stillgelegten Goldbergwerk vorbei. Ganz in der Nähe gibt es einen gewaltigen, hohen Felsen, darauf hatte sich der Vogel niedergelassen. Tim Sikyea kletterte hinauf und stand vor einem riesigen »Adler«, der so groß war wie eine »Boeing-747«. Dort, wo sich gewöhnlich das Herz eines Adlers befindet, öffnete sich eine Tür, und der Indianer trat über die Schwelle.

Als er noch einmal hinaussah, bemerkte er eine Menschenschlange. So weit das Auge reichte, drängten sich Menschen aller Hautfarben, um in den Adler einzusteigen. Der Indianer fragte sich, wie der Platz für so viele Menschen ausreichen sollte. Aber zu seinem Erstaunen mußte niemand zurückbleiben. Als der Riesenvogel lautlos abhob, blieb der Flugwind das einzige Geräusch. Und als der Indianer dann zum Kopf des Adlers ging, konnte er auch mit den Augen des Adlers sehen – unendlich scharf und endlos weit.

Sie flogen über die Rocky Mountains und schwebten endlich über einer großen Stadt. Tief unten war deutlich geschäftiges Leben zu erkennen – bis plötzlich ein furchtbarer, gleißender Blitz die Stadt und den Himmel ringsum geisterhaft erleuchtete. Einer grauenhaften Explosion folgte ein Flammenmeer. Der Boden riß auf, die Gebäude stürzten in sich zusammen, alles versank in Schutt und Asche. Der Adler flog weiter, über alle Weltmeere und Kontinente. Überall hatte sich einst fruchtbares Land in Wüste verwandelt. Die Wälder waren gestorben, Luft und Wasser vergiftet. Es gab kaum noch Leben, und die wenigen Überlebenden hatten den Verstand verloren.

Der Indianer weinte. Lautlos. Aus dem Nichts standen plötzlich zwei Gestalten in hellen Gewändern neben ihm.

»Warum habt ihr das getan?« fragte er sie.

»Das waren wir nicht«, sagte sie, »wir sind nur hier, um zu warnen!«

Die Tränen liefen ihm über die Wangen, als er immer wieder versicherte, daß er es ihnen oft genug gesagt und sie gewarnt habe. »Warum haben sie denn nicht auf mich gehört?«

»Wir wissen es«, tröstete ihn eine der Gestalten und legte ihm beruhigend die Hand auf die Schulter. »Wir werden dich mitnehmen, denn hier kannst du nun nicht mehr bleiben.«

»Mitnehmen, wohin?« Er fuhr sich mit der Hand über das Gesicht, um die Tränen wegzuwischen. Dann wußte er es auf einmal und erwachte aus seiner Trance. Er war in Kanada.

»Deuten Sie Ihre Visionen nun als Apokalypse – als den Untergang unserer Zivilisation?« fragte ich Tim Sikyea nach einer Weile.

»Diese Visionen müssen nicht unbedingt das Ende bedeuten, sie können auch eine Veränderung andeuten. Nach den Aussagen der alten Weisen unseres Stammes wird die

Menschheit allerdings den Verstand verlieren, alles um sich herum vernichten und sich selbst umbringen. Es wird zugehen wie im Irrenhaus.«

Gott sei Dank haben sich nicht alle Prophezeiungen der Seher erfüllt, kann man da nur sagen. »Im Klartext, und das wollen uns alle Propheten sagen: Wir bestimmen unsere Zukunft selbst. Durch unser heutiges Denken und Verhalten. Wir lenken Entwicklungen zum Positiven oder – zum Negativen«, heißt es bei Karl Heinz W. Smola in »Mega- und Meta-Trends«.

Indien dürfte das einzige Land sein, in dem es Schicksalsbibliotheken gibt. Genauer gesagt, befinden sich dort die rätselhaftesten Bibliotheken der Welt – Palmblattsammlungen.

Schon vor Jahrtausenden haben indische Weise – Seher – auf sechs Zentimeter breiten und 48 Zentimeter langen Palmblättern die Lebensläufe und Schicksale von Menschen festgehalten, die in unserer Zeit leben, selbst von Europäern, die nie zuvor in Indien gewesen sind. Von wenigen Ausnahmen abgesehen, kann jeder in einer solchen Palmblatt-Bibliothek vorsprechen, um sich aus seinem Palmblatt den Verlauf des eigenen Schicksals vorlesen – berichten – zu lassen. Natürlich sind auf den Blättern nicht die Lebensläufe aller Erdenbewohner festgehalten, sondern nur die von jenen Menschen, die eines Tages auch tatsächlich in einer solchen Palmblatt-Bibliothek erscheinen.

Der Inhalt dieser Palmblätter wird von denjenigen, die sie in Verwahrung haben, alle 800 Jahre von den alten, brüchig gewordenen Blättern auf frische übertragen. So sind Vergangenheit und Zukunft eines Besuchers auf beiden Seiten der dünnen Blätter in eng eingeritzten Zeilen in der Versform des Alt-Tamil verewigt. Für das bloße Auge des Ungeübten sind die nur etwa einen Millimeter hohen »Schriftzeichen« und Mantras in dieser jahrtausendealten Sprache Südindiens kaum erkennbar.

Zu seinem maßlosen Erstaunen erfährt der Besucher alles aus dem eigenen Leben, dem seiner Eltern, Geschwister, seiner Frau und der Kinder. Neben beruflichen Einzelheiten sind sogar eventuelle Körpermerkmale oder Gebrechen vermerkt. Moderne Begriffe, die auftauchen, werden dabei ab und zu in einer Art Bildersprache verständlich gemacht. Der Lebenslauf des Besuchers ist vom längst dahingeschiedenen Verfasser des Palmblattes so »visuell« aufgezeichnet worden, daß es den Anschein erweckt, als sei er persönlich dabei gewesen.

Für jeden Besucher gibt es zwei Palmblätter: eines, auf dem sein Name und Beruf, sein bisheriges Leben und seine früheren Inkarnationen eingeritzt sind. Entsprechen die hier festgehaltenen Einzelheiten den Tatsachen, holt der Palmblatt-Leser das zweite Blatt aus seinem Archiv. Darauf ist die Zukunft des Besuchers eingeritzt. Alle kommenden Ereignisse – bis zur letzten Stunde seines Lebens – sind hier in Zeitabschnitten von zweieinhalb bis zu fünf Jahren zusammengefaßt.

Diese Art der Vorausschau wird in Indien »Brighu Santa« genannt. Dieser Begriff geht auf einen Weisen namens Brighu zurück. Von ihm wird behauptet, er habe diese Methode nach vielen Jahren der Meditation entwickelt, da er in Sorge um das Schicksal seiner Schüler war.

Bei der Kunst des Palmblatt-Lesens geht es um eine Familientradition, die jeweils vom Vater auf den ältesten Sohn übertragen wird. In Bangalore oblag die Verantwortung für die Bewahrung und Fortführung der Shuka-Nadi-Palmblattsammlung und die Kunst des Lesens der alt-tamilischen Schriften bisher Sri Shastri. In der Bibliothek seiner Familie befinden sich 3665 Bände mit jeweils 365 Blättern – in einer Tradition, die über 5000 Jahre zurückreicht.

Vor einiger Zeit erreichte mich aus Indien die Nachricht, daß Sri Jyotishacarya Ramakrishna Shastri, der Palmblatt-Leser aus Bangalore, aus einem Trancezustand nicht mehr in sein irdisches Dasein zurückgekehrt ist.

Fast alle Prophezeiungen über das Schicksal der Menschheit können in letzter Konsequenz auf einen Nenner gebracht werden: Ein Umbruch, eine Zeitenwende bahnt sich an. Uns stehen einschneidende Veränderungen bevor. Goldenes Zeitalter oder Apokalypse – wie wird Gottes Würfel fallen?

XI

Zeitenwende

»Wir werden nicht unversehens in diese Zeit hineinfallen, etwa in der Art, daß der liebe Gott mit dem Finger schnipst, und mit einem Schlag ist der große Friede ausgebrochen. Wir werden uns die Zeit erdienen müssen, die einen – untergehend – mit Gewalt, die anderen – harrend – mit großem Gottvertrauen. Und alle werden geprüft. Und es wird wohl, wenn die Gegenwart, wie ich annehme, ein Vorgeschmack dessen ist, was die kommenden Tage da und dort bringen werden, eine der härtesten Prüfungen werden, denen menschliche Seelen, denen überhaupt Menschen in Glauben und Unglauben, gut und böse, hoffend und fragend, je ausgesetzt waren. – Aber was Philosophen und große Denker seit langem fordern, was bisher immer am Menschlich-Allzumenschlichen schien scheitern zu müssen, die geistige Umkehr, sie wird Wahrheit werden. Weil nur jene überleben werden, die dazu reif sind, deren Seelen sich im Filter der Erde reinigten, so wie das verunreinigte Wasser des Sees mit kristallklaren Tropfen in den Brunnen des alten, weisen Indianers fällt.« Dies schrieb Gerd von Haßler in »Der Menschen törichte Angst vor der Zukunft«.

Da die Lebensfähigkeit aller in unserer Welt auch zukünftig entscheidend von der positiven Anwendung der Naturwissenschaften abhängt, müssen notwendigerweise naturwissenschaftliche und soziologische Auswirkungen stärker in die Politik einbezogen werden. Genaugenommen, haben Politiker bisher überwiegend im negativen Sinn von wissenschaftlichen Erkenntnissen – vor allem in der Waffentech-

nologie – Gebrauch gemacht. Zu einer friedlichen Lösung in zwischenmenschlichen Beziehungen haben naturwissenschaftliche Errungenschaften leider verhältnismäßig wenig beigetragen. Rufen wir uns doch nur die Entdeckung des Schießpulvers ins Gedächtnis zurück. Jahrhunderte mußten vergehen, bevor überhaupt jemand auf den Gedanken kam, es nicht nur für kriegerische Auseinandersetzungen zu nutzen, sondern vielmehr zum Wohle der Menschheit – nämlich für eine Schießpulvermaschine als Vorläufer des Explosionsmotors. Mit der Atomenergie wurde kaum anders verfahren: Bevor ihre Nutzungsmöglichkeit für friedliche Zwecke überhaupt erst näher untersucht wurde, kam sie als grauenhaftes Massenvernichtungsmittel zur Anwendung.
Unvermögen und Machtstreben haben zu einer kraß materialistisch orientierten Gesellschaftsordnung geführt, die mit ihrer unbedachten, umweltfeindlichen Überindustrialisierung den Lebensraum der Menschheit bereits weitgehend zerstört hat. Darum ist es nicht weiter verwunderlich, daß viele Experten mit einer Katastrophe rechnen.
»Nach der Katastrophe wird es wärmer. In Bayern werden die Südfrüchte wachsen. Jeder kann siedeln, wo er will, und soviel Land haben, wie er will. Die Welt hat die schreckliche Zeit hinter sich – und es wird Friede sein bis ans Ende.« Das wenigstens sagte der 1894 geborene Brunnenmacher und Seher Alois Irlmaier aus Freilassing für die Zeit nach dem Zweiten Weltkrieg voraus.

38

39

40

38 Englische Landschaft bei Glastonbury. Hier vermuten Archäologen die einstige »Burg Camelot«, das Zentrum der Artussage.

39 »Der Barde«, Gemälde von Thomas Jones. Barde, Prophet und Mystiker suchen die magischen Plätze der Erde auf...

40 Der Chippewa-Medizinmann Sun Bear, dessen Stamm im US-Staat Washington lebt, reist von Land zu Land, um die Menschen zur Natur zurückzuführen.

41 Der Autor im Dialog mit »Merlin's tree« bei Avebury.

42 Das Grasdorf-Piktogramm in der Nähe prähistorischer Kultstätten.

43

44

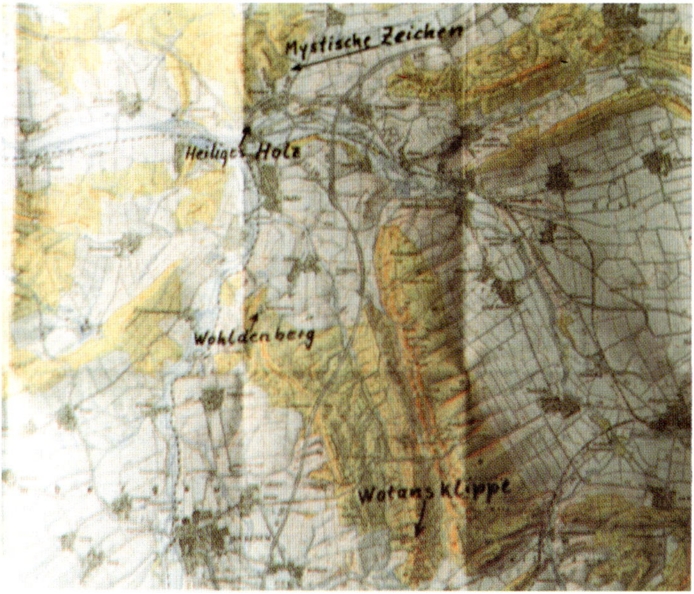

45

43 Das Grasdorf-Piktogramm wird mit Meßgeräten untersucht.

44 Eine der rund fünf Kilogramm schweren Metallscheiben, die, einen halben Meter tief, im Zentrum eines Grasdorfer Kornkreises entdeckt wurden. Das Grasdorf-Piktogramm ist darauf maßstabsgetreu und erhaben festgehalten.

45 Historische Landkarte von der Grasdorfer Gegend mit ihren prähistorischen Kultstätten.

46 Atlantis 2000 – die Stadt der Zukunft – entsteht auf der kanarischen Insel Teneriffa. Ein Modell für die Zeitenwende der Menschheit?

Praktisch hängt alle menschliche Mühsal mit fundamentalen evolutionären Faktoren wie Fortbestand, Versorgung und Expansion zusammen. Je mehr der Mensch dem Zwang ausgesetzt war, seine Bedürfnisse sicherzustellen, um so erfinderischer wurde er. Er dachte sich komplizierte hierarchische Systeme aus, um den Fortbestand seiner Art durch entsprechende Gesetze und Rituale mehr oder weniger erfolgreich abzusichern.

Allerdings nahmen Rivalitätsverhalten und Aggressionen im gleichen Maße zu wie das Bevölkerungswachstum. Der damit im Zusammenhang stehenden, ständig wachsenden Problematik mußte mit einer strengeren Gesetzgebung begegnet werden. Also wurde unter anderem das Eigentum »festgeschrieben«, Wasserrechte bestimmt und auch die sozialen Beziehungen der Gemeinschaft reglementiert. Jeder einzelne war einer geregelten Rechts- beziehungsweise Herrschaftsordnung unterworfen.

Trotz einer ständig anwachsenden Bevölkerungszahl sind wir weit davon entfernt, eine »geeinte Menschheit« zu sein. Im Gegenteil, Staaten brechen durch Nationalitätenkonflikte auseinander. Haß und blutige Kleinkriege sind an der Tagesordnung. Durch einige wenige verbohrte Politiker werden Millionen Menschen gegen den eigenen Willen verwickelt und grausamen Schicksalen ausgeliefert.

Zweifellos halten die Menschen bei vernünftigem Denken eine geeinte Menschheit für erstrebenswert. Auch transzendentale, dem Gemüt entspringende Vorstellungen sollten

im Individuum oder auch in Menschengruppen ein Gefühl der Zusammengehörigkeit wachrufen. Um so erstaunlicher, daß die Wirklichkeit damit so gar nicht übereinstimmt. Wahrscheinlich liegt es daran, daß jede Gemeinschaft festgelegte Wertordnungen braucht, um sich weiterentwickeln zu können. Ob diese nun transzendentalem Denken entstammen und als »Ethik« bezeichnet oder als immanente Gesetze der Wirklichkeit angesehen werden, ist nur dem Anschein nach gleich. Denn alle dem emotionalen Denken entspringenden Wertmaßstäbe sind rein subjektiver Natur.
Diese Problematik kommt besonders deutlich in der Theologie zum Ausdruck. So weist Hans Albert in »Die Theologie und die Idee der doppelten Wahrheit« aus seinem Buch »Traktat über kritische Vernunft« darauf hin: »Alles in allem bringen die Vertreter der Theologie es fertig, kritisch und doch dogmatisch zu sein: Kritisch in den Dingen, die ihnen nicht so wichtig sind, dogmatisch in denen, die ihnen wichtiger erscheinen. Man entwickelt also eine mit methodischen Ansprüchen ausgestattete Zwei-Spähren-Metaphysik, die in Verbindung mit der Idee der doppelten Wahrheit geeignet erscheint, gewisse tradierte Anschauungen gegen bestimmte Arten der Kritik abzuschirmen und dadurch einen inselhaften Bereich unantastbarer Wahrheiten zu schaffen. In diesem Bereich ist man dann sogar unter Umständen bereit, die Logik außer Gefecht zu setzen, damit echte Widersprüche akzeptabel werden, allerdings meist ohne die Tragweite eines solchen Unternehmens und seine Absurdität voll zu erkennen ... Denn die Aufgabe des Prinzips der Widerspruchsfreiheit zugunsten eines oft ›dialektisch‹ genannten Denkens mag zwar in gewissen Fällen äußerst bequem sein, aber sie macht, wie wir wissen, beliebige Konsequenzen ableitbar, bedeutet also gewissermaßen eine logische Katastrophe, da sie den Zusammenbruch jeder sinnvollen Argumentation involviert.«

Symptomatisch und geradezu absurd sind in diesem Zusammenhang die Vorschriften des neuen »Weltkatechismus« – dem Leitfaden für Glaube und Sitte des Vatikans. Aus der dem »Stern« vorliegenden Endfassung dieser Moral-Enzyklika »Veritatis splendor« (»Glanz der Wahrheit«) hier einige Kostproben: Zeugung und Aufzucht von Nachkommen sollen Katholiken als Hauptzweck der Ehe verstehen. Sexualität solle höchstens als Mittel zum Zweck dienen. Pille und Kondome seien selbst in Zeiten der Überbevölkerung und Aids von der Kirche verboten. Und wörtlich heißt es im überaus amüsanten »Stern«-Artikel (25/92): »Besonders die Lust der Geschöpfe bringt die höchsten Repräsentanten der Kirche in Wallung. Im Katechismus – unter Federführung des Präfekten der römischen Glaubenskongregation, Kardinal Ratzinger, formuliert – werden nicht nur Menschen verurteilt, die ohne Gewissensbisse die freie Liebe leben. Auch Eheleuten empfiehlt das neue Regelwerk Maßhalten. Als Vorbild dient Tobias aus dem Alten Testament, der zum Schöpfer gebetet hat, ehe er mit seiner Frau ins Bett ging ... In dieser Tradition geht es im ›Glanz der Wahrheit‹ weiter: Der Mensch, das unkeusche Wesen, hat seine Sündhaftigkeit von den Stammeltern Adam und Eva geerbt, die sich von der teuflischen Schlange verführen ließen, ... bestraft dafür mit der Vertreibung aus dem Paradies. Jeder Sünder braucht die Erlösung, für die die Kirche das Monopol besitzt.« Wer wundert sich da noch, daß der katholischen Kirche die Schäfchen in Scharen fortlaufen – allein 1991 waren es über hunderttausend.

Verfolgen wir die Geschichte vorurteilslos, zeigt sich nur zu deutlich, daß insbesondere der Glaube und die damit zusammenhängenden Dogmen zu Barrieren zwischen Andersgläubigen führen, eine unüberwindliche Mauer aufbauen. Je fanatischer sich Völker oder Religionsgemeinschaften für ihren Glauben einsetzen, um so intoleranter sind sie. Aber Intoleranz führt zur Feindschaft, nicht zur Freundschaft.

Aus der Geschichte geht eindeutig hervor, daß von den vielen ethischen und moralischen Wertsystemen sich bisher kein einziges über einen längeren Zeitraum halten konnte. Grund dafür dürfte die Tatsache sein, daß sich nicht einmal die Wertordnungen größerer und kleinerer Gemeinschaften aufeinander abstimmen ließen. Darum ließ sich auch kein Kompromiß als Basis für größere Gemeinschaften finden. Selbst in einem grundsätzlich toleranten System wie dem Römischen Imperium war es nicht möglich, die Divergenz zwischen den unterschiedlichen ethischen Grundauffassungen und ihrer moralischen Entwicklung auszugleichen. Der Untergang des Römischen Reichs ist im wesentlichen auf den Zerfall seiner inneren Ordnung zurückzuführen. So war der Auslösungsfaktor die immer stärker werdende Opposition gegen die vorgegebenen Moralbegriffe des Römischen Reichs, nicht zuletzt aber das Christentum, da es von Beginn an wegen seiner Ethik und Heilsbotschaft im Widerstreit zur römischen Auffassung stand. Hier hatte ein revolutionärer Kern alle anderen Unterdrückten um sich geschart, vor allem orientalische Gemeinschaften mit gegensätzlichen Wertmaßstäben.

Die Geschichte hat aber auch festgehalten, daß im Lauf der Jahrhunderte erhebliche Gebiete des christlichen Einflußbereiches wieder an andere ethische Auffassungen verloren gegangen sind. Doch der Verlust konnte durch neu entdeckte Länder ausgeglichen werden, da das Christentum dort die vorherrschenden ethischen Grundbegriffe durch die eigenen ablöste, insbesondere in Mittel- und Südamerika. Hier wurde die Christianisierung brutal, mit Waffengewalt und Völkermord durchgesetzt – nicht zuletzt aber aus Habgier und machtpolitischen Erwägungen.

Keine Religion kann sich als einzig wahre und die anderen als falsch bezeichnen. Denn in ihrem Ursprung beruhen sie alle auf transzendentalen Schöpfungsmythen und deren Konsequenzen. Da aber die unterschiedlichen Wahrheitsansprüche dieser Religionen durch keine übergeordnete Instanz zu klären sind, verweisen alle auf die gleichen Autoritäten, nämlich auf die von ihnen verehrten Gottheiten. Aber damit ist keinesfalls der Beweis für ihre Wahrheit erbracht. Da das ethische Fundament aller Religionen zudem auf rein subjektiven Vorstellungen beruht, die in keiner echten Beziehung zur Wirklichkeit stehen, sind sie auch nicht geeignet, die Menschheit zu vereinen. Wie hinreichend bekannt ist, setzt sich die Menschheitsgeschichte aus blutigen Auseinandersetzungen zusammen. Leider haben die Religionen nichts getan, um das zu verhindern. Im Gegenteil: Nur zu oft waren und sind gerade sie – immer noch – die Ursache von Gewalt und Tod.
Schon die angeblich so friedliebende Essener-Sekte, aus der das Christentum entstanden ist, lehrte, die Feinde zu hassen und mit dem Schwert niederzumachen. Das jedenfalls ist den am Westufer des Toten Meeres bei Chirbet Qumran in einer Höhle entdeckten Essener-Schriftrollen zu entnehmen.

»Eines der weitestverbreiteten Märchen unserer Zeit ist, daß Regierungsentscheidungen auf den am besten zugänglichen Informationen beruhen und daß Regierungen Entscheidungen zum größten Wohl des Volkes treffen. Aber in Wirklichkeit ist eigentlich eher das Gegenteil der Fall. Wenn Entscheidungen gefällt wurden – gewöhnlich aus ökonomischen oder politischen Gründen –, werden weitere Informationen gesucht, die die Richtigkeit der Entscheidungen bestätigen. Somit dient Informationspolitik zur nachträglichen Rechtfertigung und nicht zur Entscheidungshilfe«,

resümiert der Harvard-Professor und Nobelpreisträger George Wald sarkastisch (»Raum & Zeit«, 52/91).
Durch Kurzsichtigkeit und Machtstreben ist es Politikern gelungen, eine kraß materialistisch orientierte Gesellschaftsordnung zu schaffen, die mit ihrer gnadenlosen, umweltfeindlichen Überindustrialisierung den Lebensraum der Menschheit todsicher zerstört. Es ist durchaus verständlich, daß viele Politiker diese Tatsache gern unter den Tisch kehren möchten, und selbst wenn einige unter ihnen inzwischen wissenschaftliche Erkenntnisse und Methoden bezüglich unserer Umwelt und Lebensqualität in ihre Überlegungen einbeziehen, ist es einige Jahre zu spät.
Politiker bilden sich ein, ihre sogenannte politische Kunst sei eine Art magische oder transzendente Kunst, die dem »a priori« entstammt, nämlich der »Gabe« politischen Denkvermögens. Der wirkliche Zustand kann bei dieser Einstellung auch nicht durch die Einbeziehung der Wissenschaft und ihrer Methoden, beispielsweise der Datenverarbeitung, verändert werden. Denn Schwachsinn, selbst wenn er von Computern verarbeitet ist, bleibt Schwachsinn.
Die neue Entwicklung der Computertechnologie bietet allerdings schier unglaubliche Perspektiven. Denn Cyberspace ermöglicht den Zugang zu virtuellen Realitäten beziehungsweise Welten. Virtuell bedeutet hier, daß etwas nur scheinbar vorhanden ist. »Wir sehen die virtuelle Realität als erweiterte Wirklichkeit, als Möglichkeit für alle Menschen, auf dieser Welt gemeinsame Erfahrungen in alternativen Wirklichkeiten zu machen«, sagt der Cyberspace-Pionier Jaron Lanier.
Ausgerüstet mit einem Helm, einer Eyephone genannten Spezialbrille und einem verkabelten Datenhandschuh, taucht der Abenteurer in die von ihm dreidimensional wahrgenommene, simulierte, virtuelle Welt ein. Mit dem Datenhandschuh erteilt er dem Großrechner Befehle.

Die an diesen Computer angeschlossenen Eyephones sind mit Stereokopfhörern und jeweils einem Minibildschirm für jedes Auge ausgestattet. Diese sind natürlich unvergleichlich komplexer als unsere Heim-Fernsehgeräte.
Isoliert von der Außenwelt, taucht somit um den Cyberspace-Abenteurer die Illusion des vom besonders leistungsfähigen Computer erzeugten Szenarios auf. Der Datenhandschuh erteilt dem Computer nicht nur die Befehle, er kann darüber hinaus sogar nach imaginären Gegenständen greifen und sie manipulieren. Wird ein Finger gekrümmt, entläßt eines der zahlreichen Glasfaserkabel in Höhe des Handgelenks einen Lichtimpuls. Aus den Werten, die von lichtempfindlichen Sensoren an den Kabelenden zum Computer geleitet werden, kann dieser die Handhaltung berechnen und den entsprechenden Befehl ausführen.
Die Cyberspace-Technologie macht fast jede Simulation möglich: für den Architekten die Bauten, für Ärzte den Organismus, für den Chemiker das Molekül, das er mit dem Datenhandschuh drehen kann, für den Geologen Erdbeben – und für den Cybernauten die Marslandschaft mit dem steinernen Antlitz, das er virtuell erkunden kann. Es dürfte uns eigentlich nicht überraschen, wenn Politiker vom Potential der Scheinwirklichkeiten nur allzu gern Gebrauch machen werden.
Zweifellos werden die Cyberspace-Möglichkeiten in weite Bereiche unseres täglichen Lebens vordringen – in Arbeits-, Schul- und Freizeitbereiche. »Je simulativer eine Kultur wird, um so mehr wird ›Realität‹ nur zu einem Sonderfall der Simulation. Unsere Kultur wird dadurch zu einer virtuellen Kultur. Und aus der klassischen eindeutigen Realität wird Hyperrealität: Derjenige kommt mit der Welt am besten zurecht, der in seinem Kopf viele Welten zur Auswahl hat«, behauptet Gerd Gerken in »Radar für Trends«.

Atlantis ist nicht vergangen, Atlantis 2000 entsteht! Auf der kanarischen Insel Teneriffa wächst abseits der touristischen Zentren eine Stadt für die Zukunft – »Atlantis 2000«. Zukünftig sollen hier kreative, tatkräftige Menschen mit neuen Initiativen zum Überleben der Menschheit beitragen. In dieser Stadt sollen sich einflußreiche Menschen aus Kultur, Wissenschaft, Wirtschaft und Politik für bestimmte Zeit aufhalten, um zu arbeiten, zu forschen und Kontakte zu pflegen, damit sie später in ihrem eigenen Wirkungsbereich auf diese Weise positiven Einfluß ausüben können.
»Um das Fortbestehen der Menschheit zu ermöglichen, bedarf es für das nächste Jahrtausend einer umfassenden Idee und wohl auch neuer ethischer Wertsetzungen. Um beidem näherzukommen, sollen in Atlantis Künstler und Politiker, Spitzenmanager und Wissenschaftler, kurz: die kreativsten Kräfte aus allen gesellschaftlichen Bereichen für jeweils einige Wochen zusammenkommen, um interdisziplinär und unter ganzheitlichen Prämissen umsetzbare Alternativen zu unseren überholten Lebensformen zu entwerfen. Dieses Forum soll der fortlaufenden Diskussion brennender Zeitfragen dienen, vom Alkohol- oder Drogenmißbrauch bis zur Drittweltproblematik, von der Verbreitung psychosomatischer Erkrankungen bis zu den unsere Zeit ebenso charakterisierenden Brutalisierungen allenthalben, von den technologischen Fehlentwicklungen – die Hochrüstung eingeschlossen – bis zur ästhetischen Krise in den Industrieländern ... Atlantis soll daran mitwirken, daß humanes Handeln auf der Grundlage eines ständig erweiterten Wissens über den Menschen selbstverständlich wird, für jeden einzelnen ebenso wie für Gruppen und Institutionen«, sagt der Stuttgarter Hans Jürgen Müller, der »Atlantis 2000« mit seiner Frau Helga initiiert hat. Ein Projekt, das von führenden Persönlichkeiten aus aller Welt unterstützt wird.

Die Vorkämpfer neuer sozialer und humaner Wertsysteme sehen sich gezwungen, den Menschen in den Mittelpunkt ihrer Entscheidungen zu stellen. In anderen Worten: Wirtschaft und Technik müssen den Bedürfnissen des Menschen untergeordnet werden. Es ist unmenschlich, der mit den fortschreitenden Erkenntnissen unserer Zeit lebenden Menschheit Ordnungen aufoktroyieren zu wollen, die den Menschen nur noch zum gut funktionierenden Automaten degradieren, damit er ins politische Räderwerk paßt.
Es kann letztlich nicht im Interesse der Vertreter von Wissenschaft und Technik sein, das Gefühlsleben der Menschen mit seinem enormen Potential herabwürdigen oder gar abschaffen zu wollen. Das widerspräche jedem wissenschaftlichen Verhalten. Wurde doch gerade heute durch die Naturwissenschaft der Nachweis erbracht, daß der Mensch ohne ein ausgewogenes Seelenleben verloren ist.
Die Voraussetzung für das Überleben unserer Zivilisation ist das Metadenken – die Synthese aus Vernunft und Gefühl, aus Glauben und Wissen; also das aus Glauben und Wissen gepaarte holistische Denken in Verbindung mit der Verantwortung für die gesamte Schöpfung. Wir sind gehalten, das Schicksal in die eigenen Hände zu nehmen und Gott zu bewegen, den Würfel günstig fallen zu lassen.

Begriffserläuterungen

Allgemeine Relativitätstheorie: Die von Albert Einstein entwickelte Gravitationstheorie. Nach dem Grundgedanken dieser Theorie ist die Gravitation eine Folge der Krümmung des Raum-Zeit-Kontinuums.

Antimaterie: Der Begriff Antimaterie beschreibt das physikalische, auf der Erde nicht vorhandene Gegenstück der normalen Materie. So bestehen z. B. Antilithiumkerne aus drei negativ geladenen Antiprotonen und drei bis fünf Antineutronen. Für jedes Teilchen gibt es ein entsprechendes Antiteilchen. Gewisse vollkommen neutrale Teilchen, wie das Photon und das Meson, die ihre eigenen Antiteilchen verkörpern, bilden hier eine Ausnahme. Antimaterie setzt sich aus Antiprotonen, Antineutronen und Antielektronen – also Positronen – zusammen. Bei der Wechselwirkung mit gewöhnlicher Masse zerstrahlt Antimaterie.

Astralreisen: Ein Zustand, in dem der sogenannte feinstoffliche Körper seine leibliche Fülle verläßt, um sich bewußt zu den unterschiedlichsten Orten und Zeitperioden auf die Reise zu begeben.

Astrophysik: Modernes Teilgebiet der Astronomie, das die physikalische und chemische Eigenschaft kosmischer Objekte erforscht.

ASW: Außersinnliche Wahrnehmung.

Attraktor, seltsamer: Ein Attraktor ist die geometrische Struktur im Zustandsraum, die aus allen Zuständen besteht, die ein dynamisches System auf lange Sicht annehmen kann. Auf lange Sicht heißt: nachdem das System eventuelle Einschwingvorgänge durchlaufen hat. Die geometrische Dimension eines Attraktors ist stets kleiner als die Dimension des gesamten Zustandsraums, in dem der Attraktor eingebettet ist. Zu jedem Attraktor gehört ein Bereich, der größer ist als der Attraktor selbst, aus dem alle Zustände des dynamischen Systems im Laufe der Zeit auf den Attraktor führen.

Automatisches Schreiben: Unbewußtes Schreiben eines Mediums im Trance-Zustand.

Calibi-Yau-Räume: Diese sechsdimensionalen Räume entstehen, so nimmt man an, wenn zehn Dimensionen der Superstringtheorie bis auf vier Dimensionen kompaktifiziert werden. Sie stehen auch in Beziehung zu Orbifold-Räumen.

Chaos, deterministisches: Bezeichnung für das irreguläre Verhalten eines nichtlinearen Systems, dessen zeitliche Entwicklung durch mathematische Gleichungen eindeutig beschrieben wird – determiniert ist. Die Lösungen dieser Gleichungen sind aber nicht in einer geschlossenen analytischen Form angebbar. Daher lassen sich vergangene oder zukünftige Zustände des Systems nicht beliebig angeben. Die Zustände des Systems hängen von den Anfangsbedingungen ab. Die zeitliche Entwicklung von zwei beliebig nahe benachbarten Zuständen läuft exponentiell auseinander. Diese empfindliche Abhängigkeit der Lösungen von den Anfangsbedingungen zusammen mit der Tatsache, daß wir weder beliebig genau messen noch beliebig genau rechnen können, verhindert eine langfristige Vorhersage des Verhaltens eines deterministisch chaotischen Systems.

Chaotische Inflation: Nach neuesten Theorien hat sich unser Universum, neben vielen anderen, aus einer Art sprudelndem »Raumzeit-Schaum« in chaotischer Unordnung, durch inflationäre Aufblähung gebildet.

Chiralität: Eine Bezeichnung für die fundamentale Händigkeit der Natur. Grundlegende Theorien über Elementarteilchen und über Superstrings müssen Chiralität besitzen.

Determinismus: Der weltweite Glaube, daß eine Kenntnis der Naturgesetze sowie des Zustandes eines Systems zu einem Zeitpunkt das Verhalten dieses Systems für alle Zeiten, Vergangenheit und Zukunft, eindeutig und genau berechenbar macht. Der Determinismus hatte seine Blütezeit im 18. und 19. Jahrhundert als Folge der großen Anfangserfolge der Newtonschen Mechanik bei der Beschreibung der unbelebten Natur.

Dimension: Art und Zusammensetzung einer physikalischen Größe aus Faktoren von Grundgrößen und deren Potenzen zu einem Produkt.

Dualismus Welle – Korpuskel: Die Tatsache, daß Wellen auch Korpuskeleigenschaften zeigen und umgekehrt.

Einstein-Rosen-Brücke: Die unmittelbare Passage von einem Teil des Universums zu einem anderen: also die Verbindung zwischen einem Schwarzen Loch zu einem zugehörigen Weißen Loch. Einstein und sein Kollege Rosen erwähnten diese Art Brücken erstmals 1935. Inzwischen wurden sie durch andere Theoretiker bestätigt.

Ereignishorizont: Im Makrokosmos: Umgebung eines kosmischen Schwarzen Lochs – ein Bereich, von dem aus keine Kommunikation mit der Außenwelt mehr möglich ist, weil die Fluchtgeschwindigkeit über der Lichtgeschwindigkeit liegen müßte. Rotierende Schwarze Löcher besitzen zwei Ereignishorizonte: einen äußeren und einen inneren. Ein Schwarzloch-Weißloch-Verbundsystem – auch Einstein-Rosen-Brücke genannt – besitzt somit vier Ereignishorizonte. Im Mikrokosmos: Randbereiche der rotierenden Mini-Schwarzen und Mini-Weißen Löcher (analog zu den Makro-Verwandten).

Feld: Hier handelt es sich um einen grundlegenden Begriff zur Beschreibung von Zuständen und Wirkungen im Raum.

Feldtheorie, einheitliche: In Erweiterung der Allgemeinen Relativitätstheorie versuchte Albert Einstein, die elektrischen, magnetischen und Gravitationsfelder von einem einheitlichen Standpunkt aus zu deuten.

Fraktal: Ein Fraktal ist eine geometrische Struktur, deren Dimension nicht ganzzahlig ist. Denkt man sich die Struktur durch sehr viele Punkte in einem n-dimensionalen Raum gegeben und legt man um einen Punkt der Struktur eine Kugel, so nimmt die Zahl der Punkte innerhalb dieser Kugel mit einer bestimmten Potenz des Durchmessers der Kugel zu. Ist der diese Skalierung beschreibende Exponent für alle Punkte gleich und nicht ganzzahlig, so wird die Struktur ein einfaches Fraktal genannt. Der Wert des Exponenten ist dann gleich der Dimension des Fraktals. Ist der Exponent für verschiedene Punkte unterschiedlich und nicht ganzzahlig, wird die Struktur als multifraktal bezeichnet.

Frequenz: Anzahl der Schwingungen pro Zeiteinheit.

Friedmann-Modell: Hier handelt es sich um ein mathematisches Modell der Raum-Zeit-Struktur des Universums, das auf der Allgemeinen Relativitätstheorie und dem kosmologischen Prinzip beruht.

Geometrodynamik: Durch die Verbindung der Quantentheorie und der Allgemeinen Relativitätstheorie entwickelte Wheeler die Geometrie der gekrümmten Raum-Zeit – seine sogenannte Geometrodynamik.

Geonen: Aus der Geometrodynamik von J. A. Wheeler ergeben sich Raumquanten, die er Geonen nennt.

Geonenraumwand: Professor J. A. Wheeler vergleicht unser Universum auch mit einem Kranz, auf dessen fester, gekrümmter Oberfläche, der sogenannten

Geonenraumwand, sämtliche Sterne und Galaxien angesiedelt sind; das Kranzloch symbolisiert den zeitlosen Hyperraum.

Gravitation: Eine Eigenschaft der Raum-Zeit-Struktur, die durch die Masse eines Objekts verursacht wird.

Gravitationskonstante: Die fundamentale Konstante in der Newtonschen und Einsteinschen Gravitationstheorie.

Gravitationswellen: Durch Störung des Gravitationsfeldes – z. B. durch Änderung des Orts oder Dichte der Masse – hervorgerufene Wellen, die sich ausbreiten. Gravitationswellen, die sich aus den Einsteinschen Feldgleichungen ergeben, wurden in den siebziger Jahre in den USA mit einiger Sicherheit durch Professor J. Weber nachgewiesen.

Graviton: Das noch nicht nachgewiesene Quant des Gravitationsfeldes in der Allgemeinen Relativitätstheorie und der Quantentheorie der Wellenfelder.

Große Vereinheitlichung: Ein Versuch zur Vereinheitlichung aller Naturkräfte. Während es ganz gut gelang, die Farbkraft, die zwischen Quarks wirkt, mit der elektroschwachen Kraft zu vereinheitlichen, stieß das Bemühen, die Gravitation einzubeziehen, stets auf Schwierigkeiten. Deshalb wurde die Große Vereinheitlichung schließlich durch die Superstringtheorie ersetzt.

Halbwertzeit: Die Zeit, in der die Hälfte einer radioaktiven Substanz zerfallen ist.

Heisenbergsche Unschärferelation: Die für die moderne Physik grundlegende Erkenntnis, daß Ort und Geschwindigkeit – genauer gesagt: der Impuls eines atomaren Teilchens – prinzipiell nicht gleichzeitig mit beliebiger Genauigkeit angegeben werden können, da ein Teilchen neben seiner korpuskularischen Natur auch Wellencharakter besitzt.

Hemispheric consensus profile test – HCP: Test zur Überprüfung der individuellen Prognosefähigkeit.

Holismus (griechisch: »holos« = ganz): Ganzheitslehre nach Professor S. Moser. Alle psychischen, biologischen und physikalischen Vorgänge können danach in einem hierarchischen System aus einem universalen Ganzen abgeleitet werden.

Hologramm: Das Prinzip des Hologramms besteht darin, daß man aus einem Teilbereich das Ganze reproduzieren kann. Hier: Räumlich wirkendes (3D)-Gebilde; materiell erscheinende Projektion.

Hypnose: Ein durch Suggestion herbeigeführter, schlafähnlicher Zustand, in dem der Hypnotisierte annehmbaren Suggestionen bewußt Folge leistet.

Hypnotische Rückführung: Die Hypnotisierte wird in eine vorgeburtliche Existenz zurückgeführt.

Kaluza-Klein-Theorie: Ein früher Versuch zur Vereinheitlichung von allgemeiner Relativitätstheorie und Elektromagnetismus durch Rückgriff auf fünf Dimensionen. Das elektromagnetische Feld ergibt sich durch Aufwicklung oder Kompaktifizierung der zusätzlichen Dimension. Als man anfing, höherdimensionale Theorien wie die Superstringtheorie zu entwickeln, kam auch der Kaluza-Klein-Ansatz wieder in Mode.

Kausalität: Die Kausalität (lateinisch »causa« = Grund, Ursache) verknüpft verschiedene Ereignisse über einen gesetzmäßigen Zusammenhang als Ursache und Wirkung. Das Kausalprinzip sagt aus: Keine Wirkung ohne Ursache.

Kausalitätsprinzip oder Kausalgesetz: Auf der Verknüpfung von Ursache und Wirkung beruhendes Gesetz. Über Raum- und Zeitgrößen sind in der Quantenmechanik nur statistische Aussagen möglich. Da in der Mikrophysik alles von der Beobachtungsart abhängt, werden Aussagen über die Kausalität prinzipiell unmöglich.

Klartraum: Im Zustand des Klartraums weiß der Schlafende, daß er träumt, und kann den Ablauf seines Traums steuern.

Koch-Kurve: Die Koch-Kurve ist eine in sich geschlossene fraktale Kurve. Sie schließt ein endliches Volumen ein, ist selbst aber unendlich lang. Die Koch-Kurve ist selbstähnlich, das heißt, sie sieht bei jeder Vergrößerung gleich aus.

Kompaktifizierung: Das »Aufwickeln« von sechs der zehn Dimensionen der Superstringtheorie.

Kosmische Strings: Einige moderne kosmologische Theorien gehen davon aus, daß sich zwischen verschiedenen Regionen des Universums im Augenblick der Schöpfung Grenzen gebildet haben. Sie haben bis heute als »kosmische Strings« überlebt, als unglaublich dünne, aber mit sehr großen Massen ausgestattete Strings, die mehrere Lichtjahre lang sind.

Kosmologie: Ein Zweig der Astronomie, der sich mit der Untersuchung der physikalischen und mathematischen Struktur des Universums als Ganzem befaßt.

Kosmologische Konstante: Einsteins allgemeine Relativitätstheorie läßt auch im leeren Universum eine Raum-Zeit-Krümmung zu. Das Ausmaß dieser Krümmung gibt die kosmologische Konstante an. Nach neuesten Erkenntnissen muß sie Null sein, doch warum sich das so verhält, bleibt ein Geheimnis.

Lorentz-Kontraktion: Eine zuerst von Lorentz zur Erklärung des Michelson-Versuchs angenommene Verkürzung – Kontraktion – bewegter Körper in Richtung ihrer Bewegung. Sie macht sich erst bei relativistischen Geschwindigkeiten bemerkbar.

Lorentz-Transformation: Ein System von Gleichungen zur Umrechnung von Orts- und Zeitkoordinaten eines Bezugssystems in diejenigen eines anderen, relativ zu ihm gleichförmig bewegten Bezugssystems. Die spezielle Relativitätstheorie beruht auf der Lorentz-Transformation.

Massenzunahme: Die von der Relativitätstheorie geforderte und experimentell an Elementarteilchen nachgewiesene Zunahme der Masse eines sich sehr schnell fortbewegenden Objekts.

Morphogenetisches Feld: Eine hypothetische Feldkraft, die für die Ausbildung sowie mögliche Regeneration von Form und Gestalt von Organismen verantwortlich ist.

Multiversum: Nach theoretischen Überlegungen ist unser Universum eine gigantische Raum-Zeit-Blase, die vor etwa 20 Milliarden Jahren neben einer Unzahl anderer Universen entstanden ist.

Nichtlinearität: Nichtlinear heißt ein System, wenn es auf eine Eingabe (Änderung eines Parameters, Störung, Fluktuation) anders als direkt proportional reagiert. In der Natur sind praktisch alle Vorgänge nichtlinear.

Parapsychologie: Erforschung von Psi-Phänomenen wie Telepathie, Psychokinese usw.

Planck'sche Länge: Der Grenzwert, an dem, wie man annimmt, die normalen Vorstellungen der Raumzeit ihre Gültigkeit verlieren.

Präkognition: Vorherwissen durch außersinnliche Wahrnehmung.

Quanten: Bezeichnung für die kleinsten Energie-Einheiten, die bei mikrophysikalischen Vorgängen als Ganzes, z. B. von Atomen, aufgenommen oder abgegeben werden.

Quanten-Geometrodynamik: Geometrie der gekrümmten Raumzeit auf Quantenebene. Das Heim'sche Modell der Quanten-Geometrodynamik umfaßt sechs Dimensionen (vier raumzeitliche und zwei sogenannte Transkoordinaten).

Quantengravitation: Ein allgemeiner Ausdruck, um die Versuche zur Quantisierung der Gravitation zu bezeichnen. Das Elementarteilchen des Gravitationsfeldes ist das Graviton.

Quantenmechanik: Die Mechanik atomarer Teilchen, die sowohl die Teilchen- als auch die Wellennatur der Elektronen berücksichtigt. In den Bewegungsgleichungen der Quantenmechanik werden Energie, Impuls und Ortskoordination durch Matrizen bzw. durch Systeme von Differentialgleichungen ersetzt, aus deren Lösungen sich wiederum beobachtbare Größen, wie z. B. Ladungsdichte, ableiten lassen. Die Heisenbergsche Unschärferelation ist hier von fundamentaler Bedeutung.

Quantensprung: Nach den Erkenntnissen der Quantenphysik gehen die Elektronen spontan (sprunghaft) vom Anfangs- zum Endzustand über, ohne dabei Zwischenzustände einzunehmen; sie springen übergangslos von einem Energieniveau zum anderen über (hier jedoch nur im übertragenen Sinne zu verstehen).

Quantentheorie: Eine Theorie, nach der Energie nicht gleichmäßig, sondern sprunghaft in Portionen entsteht.

Raum-Zeit-Koordinaten: Vierdimensionale Darstellungsform raumzeitlicher Vorgänge.

Reinkarnation: Wiedergeburt, Seelenwanderung. Nach der Reinkarnations-Vorstellung gibt es ein Weiterleben nach dem Tod mit der Konsequenz einer Wiederverleiblichung.

Relativitätstheorie: Von Albert Einstein 1905 und 1916 begründete Theorie über die Struktur von Raum und Zeit, die sich als relativ erweisen.

Resonanz: Allgemein das Mitschwingen eines Systems bei einer periodischen Anregung von außen. Dieses Mitschwingen ist besonders ausgeprägt, wenn die Anregungsfrequenz einer Eigenfrequenz des Systems entspricht.

Schwarzes Loch: Ein bis zur unendlichen Dichte kollabiertes Himmelsobjekt, das mit großer Wahrscheinlichkeit aus unserem Universum verschwindet, aber einen rotierenden Schwerkraftstrudel hinterläßt. In dieser Region ist die Raum-Zeit-Struktur entartet. Mit großer Wahrscheinlichkeit taucht die in dem Schwarzen Loch verschwundene Materie in einem anderen Teil unseres Universums durch sein Pendant – Weißes Loch – wieder auf. Heute vermuten einige Wissenschaftler in Quasaren Weiße Löcher.

Schwarzschild-Radius: Ereignishorizont eines Schwarzen Lochs.

Selbstähnlichkeit: Selbstähnlichkeit ist die Eigenschaft einer Struktur, bei jeder beliebigen Vergrößerung stets wieder ähnliche Strukturen zu zeigen. Beispiele für selbstähnliche Strukturen in der Natur sind Bäume mit ihrer Verzweigung von Stamm in Äste, von Ästen in Zweige, in kleine Zweige und so fort. In der Mathematik gibt es eine Reihe selbstähnlicher Strukturen, die alle fraktale Dimensionen haben.

Selbstorganisation: Bilden sich in einem System ohne unmittelbaren Zwang von außen im Laufe der Zeit Strukturen mit einem zunehmenden Grad an Organisation, so spricht man häufig von Selbstorganisation. Beispiele sind Muster bei chemischen Reaktionen, die Entstehung des Lebens.

Singularität: Der mathematische Mittelpunkt eines Schwarzen Lochs, wo die Dichte praktisch unendlich ist.

Spezielle Relativitätstheorie: Das 1905 von Albert Einstein veröffentlichte revolutionäre Konzept über Raum und Zeit. Daraus ergibt sich, daß die Geschwindigkeit des Lichts, unabhängig von der Bewegungsgeschwindigkeit seiner Quelle oder der eines Beobachters, unverändert bleibt und niemals die maximale Grenze von rund 300 000 Kilometern pro Sekunde überschreitet. Ein System, in dem sich Teilchen mit annähernd Lichtgeschwindigkeit fortbewegen, wird relativistisch genannt und muß nach den Regeln der Speziellen Relativitätstheorie behandelt werden, nicht nach denen der klassischen Mechanik.

String: Die ursprüngliche Überlegung, daß die Elementarteilchen als ausgedehnte, eindimensionale Objekte zu beschreiben sind, wurde als Stringtheorie bezeichnet. Da die Enden der Strings mit Lichtgeschwindigkeit herumwirbeln, nannte man sie auch Lichtstrings. Spätere Versuche, die Spin-½-Fermionen in die Stringtheorie einzubeziehen, führte zu der Bezeichnung »spinning«-Strings. Strings, die supersymmetrisch sind, nennt man Superstrings. Heterotische Strings verbinden Räume zweier unterschiedlicher Dimensionalitäten. Der Terminus String dient als Gattungsbezeichnung, um alle diese verschiedenen Spielarten, einschließlich der Superstrings, zu bezeichnen.

Superraum: Ein von dem amerikanischen Astrophysiker Professor John A. Wheeler postuliertes Universum, das Seite an Seite mit unserem Universum existiert, in dem aber gänzlich andere physikalische Gesetze gelten. Zeit und Raum im üblichen Sinn haben dort ihren Wert verloren.

Tachyonen: Hypothetische Teilchen, die sich nur mit Überlichtgeschwindigkeit fortbewegen.

Telepathie: Gedankenübertragung. Das heißt: Erfassen seelischer Vorgänge eines anderen ohne Vermittlung durch Sinnesorgane.

Twistor: Der Twistor ist ein Objekt ohne Masse, aber mit linearem Impuls und Drehimpuls. Er läßt sich durch ein Spinorenpaar definieren. Twistoren sind die Koordinaten des Twistorraums, aber sie haben auch eine geometrische Deutung in der Raumzeit. Twistoren mit der Helezität Null entsprechen Null-Linien, während allgemeinere Twistoren als Kongruenzen von Null-Linien darzustellen sind.

Uhrenparadoxon: Aufgrund der Relativitätstheorie ergibt sich folgendes Paradoxon: Die sich mit nahezu Lichtgeschwindigkeit fortbewegende Mannschaft eines Raumschiffs würde nach ihrer Rückkehr auf die Erde jünger sein – also weniger Lebensjahre zählen – als z.B. zur gleichen Zeit geborene Menschen, die auf der Erde geblieben sind.

Unbewußte, das: Inbegriff für alle Inhalte, die dem Bewußtsein nicht gegenwärtig sind: unbewußte physiologisch-körperliche Vorgänge, noch nicht oder nicht mehr Bewußtes.

Viele-Welten-Interpretation der Quantenmechanik: Sie wurde von den an der Princeton University, New Jersey, dozierenden Physik-Professoren Hugh Everett III und John A. Wheeler 1957 vorgestellt und bestätigt ausdrücklich die Existenz praktisch unendlich vieler orthogonaler, d.h. dimensional versetzter Welten (Parallelwelten bzw. Realitäten).

Weiße Löcher: Sie sind das Pendant Schwarzer Löcher. Im Gegensatz zu den letzteren stoßen sie Materie und Energie aus, anstatt diese zu verschlucken. Damit stellen sie eine Art »kosmischer Geysire« dar. Schwarze und Weiße Löcher werden als Ein- und Ausgänge der Einstein-Rosen-Brücke betrachtet.

Zeitdilatation: Mit diesem Begriff ist die Zeitdehnung in der Speziellen

Relativitätstheorie, entsprechend der Lorentz-Transformation, gemeint (s. Uhrenparadoxon).

Zufall: Ein Ereignis heißt zufällig, wenn verschiedene Ereignisse möglich sind und kein feststellbarer Zusammenhang zwischen den Ereignissen besteht. Man kann daher nicht vorhersagen, welches der möglichen Ereignisse tatsächlich eintritt.

Literaturverzeichnis und Quellennachweis

I Nichts steht geschrieben

Lawrence, Thomas Edward: »The Seven Pillars of Wisdom«, London 1934

Loye, David: »Gehirn, Geist und Vision«, Basel 1986

Talbot, Michael: »Das holographische Universum«, München 1992

Zeitschriften:

Beloff J., Evans, L.: »A Radioactivity Test for PK«, in: »Journal of the Society for Psychical Research«, Nr. 41, 1961

Bohm, David, Bub, J.: »A Proposed Solution for the Measurement Problem in Quantum Mechanics by a Hidden Variable Theory«, in: »Reviews of Modern Physics«, Nr. 38, 1966

Chauvin, R., Genthen, J.: »Psychokinetische Experimente mit Uranium und Geigerzähler«, in: »Zeitschrift für Parapsychologie und Grenzgebiete der Psychologie«, Nr. 8, 1965

Radin, D. I., May, E. C., Thompson, M. J.: »Psi Experiments with Random Number Generators«, in: »Proceedings of the Parapsychology Association Convention«, Nr. 1, 1985

Rhine, L. E., Rhine, J. B.: »The Psychokinetic Effect«, in: »Journal of Parapsychology«, Nr. 7, 1943

Schmidt, Helmut: »Quantum-mechanical Random-Number Generator«, in: »Journal of Applied Physics«, Nr. 41, 1970

–: »Mental Influence on Random Events«, in: »New Scientist and Science Journal«, Nr. 6, 1971

–: »Comparison of PK on two Different Randon Number Generators«, in: »Journal of Parapsychologie«, Nr. 38, 1974

–: »PK Effect on Pre-recorded Targets«, in: »The Journal of the American Society for Psychical Research«, Nr. 70, 1976

–: »Can an Effect Precede its Cause?«, in: »Foundations of Physics«, Nr. 8, 1981

–: »Addition Effect for PK on Pre-recorded Targets«, in: »Journal of Parapsychology«, Nr. 49, 1985

–: »The Strange Properties of Psychokinesis«, in: »Journal of Scientific Exploration«, Nr. 2, 1987

Schmidt, Helmut, Morris, R., Rudolph, L.: »Channeling Evidence for a

Psychokinetik Effect to Independent Observers«, in: »Journal of Parapsychologie«, Nr. 50, 1986
Walker, J. A., Feynman, R. P.: »The Quantum Theory of Psi Phenomena«, in: »Psychoenergetic Systems«, Nr. 3, 1979

II Experimente mit dem Schicksal

Bohm, David: »Die implizite Ordnung«, München 1985
Buttlar, Johannes von: »Drachenwege«, München 1990
–: »Adams Planet«, München 1991
Dammann, Erik: »Erkentnisse jenseits von Zeit und Raum«, München 1990
Gruber, Elmar R.: »Psi-Phänomene«, Bruchsal 1988
Loye, David: »Gehirn, Geist und Vision«, Basel 1986
Snow, Chet B.: »Zukunftsvisionen der Menschheit«, Genf 1991
Talbot, Michael: »Das holographische Universum«, München 1992
Weber, Renée: »Wissenschaftler und Weise«, Grafing 1987
Wilber, Ken (Hrsg.): »Das holographische Weltbild«, Bern 1986

III Das Hologramm des Tao

Bohm, David: »Die implizite Ordnung«, München 1985
Bohm, David, Peat, F. David: »Das neue Weltbild«, München 1990
Capra, Fritjof: »Das Tao der Physik«, München 1984
–: »Wendezeit«, Bern 1983
–: »Das Neue Denken«, Bern 1987
Dürr, Hans-Peter (Hrsg.): »Physik und Transzendenz«, Bern 1986
Dürr, Hans-Peter, Zimmerli, Walter (Hrsg.): »Geist und Natur«, Bern 1989
Fergusson, Marylin: »Die sanfte Verschwörung«, Basel 1983
Grof, Stanislav (Hrsg.): »Alte Weisheit und modernes Denken«, München 1986
Kakuska, Rainer (Hrsg.): »Andere Wirklichkeiten«, München 1984
Krishnamurti, Jiddu: »Einbruch in die Freiheit«, Berlin 1979
Krishnamurti Jiddu, Bohm, David: »Vom Werden zum Sein«, München 1987
Pietschmann, Herbert: »Das Ende des naturwissenschaftlichen Zeitalters«, Berlin 1983
Sheldrake, Rupert: »Die Wiedergeburt der Natur«, Bern 1991
Stikker, Albert: »Tao, Teilhard und das westliche Denken«, München 1988
Talbot, Michael: »Das holographische Universum«, München 1992
Weber, Renée: »Wissenschaftler und Weise«, Grafing 1987
Wilber, Ken: »Halbzeit der Evolution«, Bern 1984

–: »Das Spektrum des Bewußtseins«, Bern 1987
– (Hrsg.): »Das holographische Weltbild«, Bern 1986

IV Metadenken – die nächste Stufe der Evolution

Berman, Morris: »Die Wiederverzauberung der Welt«, München 1984
Capra, Fritjof: »Das neue Denken«, Bern 1987
Dürr, Hans-Peter (Hrsg.): »Physik und Transzendenz«, Bern 1986
Gebser, Jean: »Ursprung und Gegenwart«, Stuttgart 1953
Krishnamurti, Jiddu, Bohm, David: »Vom Werden zum Sein«, München 1987
Lionel, Frederic: »Aufbruch zu Neuem Bewußtsein«, Genf 1985
Loye, David: »Gehirn, Geist und Vision«, Basel 1986
Russell, Peter: »Die erwachende Erde«, München 1984
Weber, Renée: »Wissenschaftler und Weise«, Grafing 1987
Wilber, Ken (Hrsg.): »Das holographsiche Weltbild«, Bern 1986

V Die Rückseite des Chaos

Gleick, James: »Chaos – Making a New Science«, London 1988
Gould, Stephen Jay: »Zufall Mensch«, München 1991
Morfill, Gregor, Scheingraber, Herbert: »Chaos ist überall ... und es funktioniert«, Berlin 1991
Peat, F. David: »Der Stein der Weisen«, Hamburg 1992

Zeitschriften:

Gerken, Gerd: »Unsere Kultur erfindet ein neues Konzept von Zeit«, in: »Radar für Trends«, Nr. 6, 1992
–: »Die Multiphrenie entsteht«, in: »Radar für Trends«, Nr. 8, 1992
–: »New Edge«, in: »Radar für Trends«, Nr. 9, 1992

VI Zeitreisen

Buttlar, Johannes von: »Die Einstein-Rosen-Brücke«, München 1982
–: »Supernova«, München 1988
Born, Max (Hrsg.): »Albert Einstein, Briefwechsel 1916–1955«, Reinbek 1972
Cameron, A. G. W. (Hrsg.): »Astrophysics Today«, New York 1984
Clark, Ronald W.: »Albert Einstein«, München 1974
Hawking, Stephen W.: »A Brief History of Time«, London 1988

Leshan, Lawrence, Margenau, Henry: »Einstein's Space and Van Gogh's Sky«, New York 1982
Morris, Richard: »The Fate of the Universe«, New York 1982
Peat, F. David: »Superstrings«, Hamburg 1989
Penrose, R.: »The Emperor's New Mind«, Oxford 1989
–: »Computerdenken«, Heidelberg 1991
Rothman, Tony: »Science à la Mode«, Princeton, N. J., 1989
Sagan, Carl: »The Cosmic Connection«, New York 1975
Sheldrake, Rupert: »Das Gedächtnis der Natur«, Bern 1990
Soucek, Theodor V.: »Ungleichheit – vom Uratom zum Kosmos«, München 1987
Swenson, Loyd S.: »Genesis of Relativity«, New York 1979
Thompson, Richard L.: »Vedic Cosmography and Astronomy«, London 1989
Vallee, Jacques: »Dimensions«, London 1988
Weinberg, Steven: »Die ersten drei Minuten«, Zürich 1978
Wicke, Lutz, Hucke, Jochen: »Der ökologische Marshallplan«, Frankfurt 1989

Zeitschriften:
Appleyard, Brian: »Gott auf der Spur«, in: »Zeit-Magazin«, 5.8.1988
Breuer, R.: »Neue Rätsel um den Urknall«, in: »Bild der Wissenschaft«, Nr. 3, 1990
Morris, M. S., Thorne, K. S., Yurtsever, U.: »Wormholes, Time Machines, and the Weak Energy Condition«, in: »Physical Review Letters«, Nr. 13, 1988
»The Search for the Beginning of Time«, in: »The New York Times Magazine«, New York, 11.2.1990
»Was war vor dem großen Knall?«, in: »Der Spiegel«, Nr. 42, 1988
»Die Zertrümmerung der Zeit«, in: »Der Spiegel«, Nr. 45, 1991

VII Dreamland – Nachrichten aus der Schwarzen Welt

Beckley, Timothy Green: »MJ 12 and the Riddle of Hangar 18«, New York 1989
Buttlar, Johannes von: »Adams Planet«, München 1991
Good, Timothy: »Alien Liaison«, London 1991
Hamilton, William F.: »Cosmic Top Secret«, New York 1991
Lindemann, Michael: »UFOs and the Alien Presence«, Santa Barbara/CA 1990
Majestic 12: »Project Aquarius (TS) – Executive Briefing Paper«, Washington, D. C. 1976

Steinman, William S., Stevens, Wendelle C.: »UFO Crash at Aztec«, Tucson/AZ 1986
Valerian, Valdemar: »Matrix II«, Las Vegas/NV, 1990

Zeitschriften:
Hesemann, Michael: »Top Secret: Project Aquarius«, in: »Magazin 2000«, Nr. 86/87, 1991

VIII Fremde unter uns

Barrow, John D., Tipler, Frank J.: »The Anthropic Cosmological Principle«, Oxford 1986
Buttlar, Johannes von: »Drachenwege«, München 1990
Crane, O., Monstein, Chr.: »Universal-Experten und Systeme«, Rapperswil 1992
O'Neill, John J.: »Prodigal Genius – The Life of Nikola Tesla«, London 1968
Pike, Sir Thomas (Hrsg.): »The Assessment (Cosmic Top Secret) – An Evaluation of a Possible Military Threat to Allied Forces in Europe«, Roquencourt (SHAPE HQ) 1964
Stringfield, Leonhard H.: »UFO Crash/Retrievals: The Inner Sanctum«, Cincinatti/Ohio, 1991
Witt, Armin: »Das Galilei-Syndrom«, München 1965

Zeitschriften:
Dean, Robert O.: »UFOs und die NATO«, in: »Magazin 2000«, Nr. 86/87, 1991

IX Projekt Merlin

Ashe, Geoffrey: »The Quest for Arthur's Britain«, London 1968
–: »The Landscape of King Arthur«, Exeter/Devon 1987
Bord, Janet and Colin: »Mysterious Britain«, London 1974
Buttlar, Johannes von: »Drachenwege«, München 1990
Braem, Harald, Mayrhofer, Frieder: »Die Inseln des Drachenbaums«, in: »Terra X«, München 1991
Douglas, Alfred: »Extra-Sensory Powers«, London 1976
Hawkins, Gerald S.: »Stonehenge Decoded«, London 1966
Markale, Jean: »Die Druiden«, München 1985
Matthews, Caitlin und John: »Der westliche Weg«, Reinbek 1988
Michell, John: »Die vergessene Kraft der Erde«, Frauenberg 1981
–: »Die Geomantie von Atlantis«, München 1984

–: »New Light on the Ancient Mysteries of Glastonbury«, Glastonbury 1990
Pennick, Nigel: »Die alte Wissenschaft der Geomantie«, München 1982
–: »Einst war uns die Erde heilig«, München 1990
Pieper, Werner (Hrsg.): »Starke Plätze«, Löhrbach 1986
Scott, Ernest: »Die Geheimnisträger«, München 1989
Stewart, Robert John: »Merlin«, München 1988
Tolstoy, Nicolai: »Auf der Suche nach Merlin«, München 1987
White, T. H.: »Das Buch Merlin«, Köln 1980

X Kontakt aus der Zukunft

Bekh, Wolfgang Johannes: »Das dritte Weltgeschehen und seine Folgen für Deutschland«, München 1989
Beloff, John: »New Directions in Parapsychology«, London 1974
Dimde, Manfred: »Die Weissagungen des Nostradamus«, München 1991
Gruber, Elmar R.: »Psi-Phänomene«, Bruchsal 1988
Hesemann, Michael: »Findet der Weltuntergang statt?«, Kiel 1983
Schnyder, Henri: »Wie überlebt man den Dritten Weltkrieg«, München 1991
Tabori, Paul, Raphael, Phyllis: »Signale aus dem Unbekannten«, Bonn 1972
Targ, Russell, Puthoff, Harold: »Jeder hat den 6. Sinn«, Köln 1977

Zeitschriften:

Bender, Hans: »Kriegsprophezeiungen«, in: »Zeitschrift für Parapsychologie«, Nr. 1–4, 1981
Feinberg, G.: »Precognition: A Memory of Things' Future?« in: »Conference of Quantum Physics and Parapsychology«, 1. 8. 1974

XI Zeitenwende

Buttlar, Johannes von: »Unsichtbare Kräfte«, München 1984
Hawkins, Gerald S.: »Mindsteps to the Cosmos«, New York 1983
Smola, Karl-Heinz W.: »Mega- und Metatrends«, München 1991
Lawrence, Thomas Edward: »The Seven Pillars of Wisdom«, London 1934

Zeitschriften:

Gerken, Gerd: »Ein neuer Trend ist da«, in: »Radar für Trends«, Nr. 3, 1992
–: »Evolution goes to Business«, in: »Gerken-Zukunft«, Nr. 3–4, 1992

Register